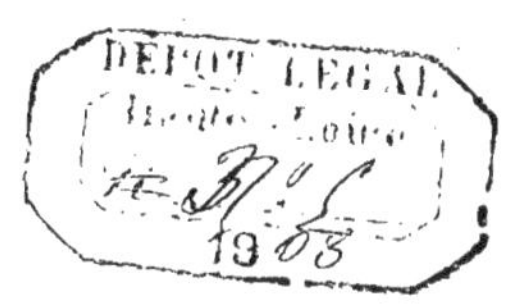

MANUSCRIT RAMIREZ

HISTOIRE

DE

L'ORIGINE DES INDIENS

QUI HABITENT LA NOUVELLE ESPAGNE

SELON LEURS TRADITIONS

PUBLIÉ PAR

D. CHARNAY

PARIS

ERNEST LEROUX, ÉDITEUR

28, RUE BONAPARTE, VI°

1903

RECUEIL DE VOYAGES

ET DE

DOCUMENTS

POUR SERVIR

A L'HISTOIRE DE LA GÉOGRAPHIE

Depuis le XIIIe jusqu'à la fin du XVIe siècle.

PUBLIÉ

Sous la direction de MM. CHARLES SCHEFER, membre de l'Institut
et HENRI CORDIER

XIX

MANUSCRIT RAMIREZ

HISTOIRE DE L'ORIGINE DES INDIENS

QUI HABITENT LA NOUVELLE ESPAGNE

SELON LEURS TRADITIONS

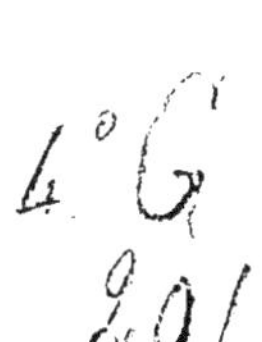

HISTOIRE

DE

L'ORIGINE DES INDIENS

QUI HABITENT LA NOUVELLE ESPAGNE

SELON LEURS TRADITIONS

PUBLIÉ PAR

D. CHARNAY

PARIS

ERNEST LEROUX, ÉDITEUR

28, RUE BONAPARTE, VIe

1903

LETTRE PRÉFACE

DE

M. LE SÉNATEUR ALFREDO CHAVERO

A M. DÉSIRÉ CHARNAY

———

Monsieur et cher Collègue,

J'ai reçu votre lettre d'Alger, dans laquelle vous me demandez une notice sur notre grand historien et archéologue Don José Fernando Ramirez, notice devant servir de préface à la traduction du manuscrit Ramirez que vous avez dessein de publier. Je m'empresse d'accéder à votre demande, avec d'autant plus de plaisir que vous rendez et avez rendu les plus éclatants services à l'histoire ancienne du Mexique, et que, dans cette étude, je glorifie la mémoire du véritable maître de nos études historiques modernes.

Fernando Ramirez se présente à nos yeux sous trois aspects différents : le grand jurisconsulte, l'homme politique et l'historien. Je ne m'occuperai que de l'historien.

Je commencerai par examiner l'état de nos études historiques dans les temps antérieurs. Aux premiers jours de la conquête, alors que Cortès et ses compagnons s'efforçaient de détruire tout ce qu'ils rencontraient, les moines, les Franciscains notamment, s'efforcèrent de leur côté de sauver les traditions des vaincus. Je n'ai point à signaler, puisqu'ils sont connus, les efforts de Sahagun pour nous transmettre ces traditions, ni les travaux de Motolinia et du Père Olmos, malheureusement perdus, ni les œuvres de Mendieta, ni celles des dominicains Casas et Duran. Nous pouvons dire que ces anciennes chroniques nous ont donné directement l'histoire des indiens; elles nous la donnent simple et naïve et elles nous ont conservé toute la vie sociale de ces populations, qui nous échappe dans les relations confuses des bons pères.

A l'époque où parurent ces chroniques et pendant le siècle de la conquête, quelques-uns des Indiens qui avaient survécu, ou leurs descendants, écrivirent des annales et histoires spéciales de diverses provinces et même des villages; mais il faut ajouter, que si elles contiennent des détails précieux, elles ne méritent pas la coufiance que nous inspirent les écrits des religieux. C'est que souvent ces Indiens ménageaient des intérêts de clochers dont ne s'accommode pas l'impartialité de l'histoire et que d'autres se laissaient aller à l'apologie de certaines peuplades ou de villes qu'ils glorifiaient au détriment de villes rivales, mêlant et confondant les faits et causant ainsi de grandes obscurités qui amenèrent à leur suite de nombreuses discussions.

Dans le siècle suivant (XVII⁰), les écrivains se contentèrent de copier les vieilles chroniques manuscrites, comme Torquemada, pendant que d'autres n'en donnaient que des extraits qui, avec le temps et surtout au XVIII⁰ siècle, tronquèrent notre histoire et la semèrent de mille vulgarités, la laissant inconnue et sans caractère. A peine, excuserons-nous Veytia qui ne fit que copier Ixtlilxochitl, et Clavigero, dont le plus bel éloge consisterait à dire qu'il fut un bon' historien pour son temps.

Dans la première période du XIX⁰ siècle, les regards des hommes d'études se dirigèrent vers les sources sérieuses. A la même époque, Kingsborough publiait en Europe les principaux manuscrits hiéroglyphiques connus, accompagnés de quelques chroniques primitives, pendant que D. Carlos M. Bustamente faisait paraître le Sahagun et d'autres publications importantes. Ramirez vint enfin nous initier à une nouvelle manière d'écrire l'histoire. Comprenant

qu'avant toutes choses, nous devions chercher la vérité et puiser aux
sources primitives, il s'efforça de réunir le plus grand nombre possible d'anciens documents, il acquit à cet effet tout ce qu'il put décou-
vrir d'ouvrages imprimés même les plus rares, touchant l'histoire
de Mexico et se mit à la recherche de tous les hiéroglyphes et manuscrits qui existaient dans les poudreuses bibliothèques des couvents; il
parvint ainsi à réunir une magnifique collection dont j'eus la bonne
fortune d'hériter à sa mort.

Fernando Ramirez s'appliquait également à l'étude de l'antiquité
sous toutes ses formes, ruines et monuments divers, et il formait un
musée précieux d'idoles rares et précieuses, auquel il joignait le plus
grand nombre de manuscrits indiens, soit originaux, soit copies,
faisant prendre en outre des dessins de tous les monuments et vestiges
de monuments que l'ancienne civilisation indienne nous avait
laissés.

Je tiens à faire remarquer qu'il entreprit ce travail, très coûteux,
au milieu des plus grandes complications politiques, alors que chacun, à sa place, se fut uniquement occupé de ses intérêts et de son
salut.

Dans ses nombreux voyages en Europe, il poursuivit son but
sans défaillance : réunir le plus grand nombre d'éléments sérieux
pour écrire la véritable histoire ancienne de Mexico. Ce fut là qu'il
fit prendre copie de divers codex inconnus au Mexique, ce fut là
qu'il fit annoter un exemplaire en noir de lord Kingsborough, cor-
rigeant les nombreuses erreurs de cette publication; et ce fut là,
qu'il acquit des manuscrits originaux et qu'il en fit copier d'autres
des plus précieux, entre autres, presque tous ceux de la collection
Aubin.

Mais, entraîné par les événements politiques et constamment
préoccupé de réunir ses documents historiques, on peut dire que Fernando Ramirez n'écrivit presque rien des choses qu'il savait — il
avait cependant le désir de le faire, car il ne voyageait point sans sa
chère bibliothèque et quand il mourut, en Allemagne, il l'avait à
ses côtés et son dernier regard fut sans doute pour les précieux ma-

nuscrits qui entouraient son lit de mort — il n'y avait pas un seul de ces livres, qu'il n'eut non seulement lu, mais profondément étudié, car tous étaient annotés de sa main ; et ses annotations dénonçaient de longues études : telles celles du *Torquemada*, où il avait signalé tous les passages empruntés à *Sahagun*, avec toutes les références y ayant trait.

Mais dans le peu que nous a laissé *Ramirez* quels enseignements ?

En *1844*, D. *Ignacio Cumplidos* et D. *Vicente Garcia Torrès* publiaient deux traductions de l'histoire de la conquête de Mexico de *Prescott*, et les notices de D. *Lucas Alaman* dans l'une de ces éditions et les études de D. *Isidro, R. Gondra* dans l'autre, vinrent donner une nouvelle direction aux travaux en cours sur notre histoire ancienne.

Fernando *Ramirez* vint peu après, en *1847*, pour nous donner, dans son important appendice au procès de Pedro de *Alvarado*, les véritables règles auxquelles on devait assujétir les études historiques. — La première de ces règles, c'était de recourir aux sources originales ; tirer des archives poudreuses pour les étaler à la lumière, les manuscrits les plus importants, afin de substituer les événements et les faits aux banalités que les auteurs se transmettaient depuis nombre d'années dans leurs chroniques et dans leurs histoires. La seconde se trouvait dans les notices historiques de *Nuño de Guzman* (procès d'*Alvarado*) au sujet duquel, je viens de le dire, *Ramirez* écrivit un *Appendice*. C'est dans cet écrit qu'il se révèle comme un maître dans la nouvelle manière d'écrire l'histoire. Ce n'est plus l'écrivain qui répète aveuglément ce qu'ont écrit ses prédécesseurs, se préoccupant uniquement de le dire dans les meilleurs termes ; ce n'est plus l'homme s'appliquant uniquement à servir une cause, celle du roi ou de la religion : non, ce sera dorénavant un chercheur consciencieux qui expose les faits sous leur véritable jour, sans préoccupation aucune et sans idée préconçue, auxquels logiquement établis, il appliquera une saine critique et un jugement rigoureux ; la troisième, et la non moins importante, c'est l'étude des trois planches hiéroglyphiques publiées dans l'ouvrage cité plus haut. En somme, il nous enseigne, que nous devons recourir aux sources originales, à l'histoire écrite par les Indiens dans leurs manuscrits, et il nous donne pratiquement la manière de les déchiffrer.

Ramirez, à cette époque, ne s'occupait pas seulement de réunir tous les ouvrages traitant de notre histoire, il s'occupait aussi à copier les manuscrits inédits des archives de la nation; et nous en avons la preuve dans la copie des œuvres d'Ixtlilxochitl, faite toute entière de sa main, car les marges sont pleines d'annotations touchant les divers épisodes de l'invasion espagnole et les combats qui se livrèrent dans la vallée de Mexico. Ces annotations et les appendices qu'il y ajouta prouvent son intention de publier son œuvre. Il ne put cependant le faire, et cette même copie qui me servit à moi, pour l'édition des ouvrages d'Ixtlilxochitl que je fis paraître en 1891 et 1892, édition dans laquelle je ne fis que corriger les variantes qui résultaient de la comparaison du manuscrit avec la traduction de Kingsborough; et si j'y ajoutai quelques notices de ma main, j'eus soin de respecter celles de Ramirez en les signalant en leur lieu.

La copie de Tezozomoc avec notes et appendices doit appartenir à la même époque, car elle est aussi de la main de Ramirez. Pas plus que la première, il ne put la publier, et ce ne fut que plus tard que le Señor Vigil publia cette importante chronique.

Les occupations politiques de Ramirez, et, plus tard, son entrée au ministère sous la présidence du général Arista ne lui permirent point de continuer son œuvre de copiste, mais il la fit continuer par des hommes intelligents, et l'on comprend, qu'en réunissant cette collection de précieux manuscrits, son intention était bien de les publier. — Parmi ces copies, je citerai celle de l'histoire de la conquête de la Nouvelle Galice, par Mota Padilla, que je communiquai à Don Hernandez Davalos qui publia cette importante chronique en 1870 ; celle de l'histoire de Tlascala de Muñoz Camargo, que je publiai en 92, et la chronique de Michoacan de Beaumont que je cédai à la bibliothèque ibérienne sous condition de la mettre au jour.

A la chute du président Arista, Ramirez eut probablement plus *de loisir à consacrer aux études historiques, car, en l'année 1833, il collaborait au dictionnaire universel d'histoire et de géographie que publiaient MM. Andrade et Escalanté, et quoiqu'il dut, à cette époque s'éloigner de Mexico, nous le voyons, en 1858, chargé dans l'Atlas de Garcia Cubas, de l'interprétation des tableaux hiéroglyphiques de la pérégrination des tribus Astèques qui peuplèrent la vallée de Mexico. Ce fut dans cette interprétation et dans les recherches historiques qu'il poursuivait, touchant le baptême et la mort de Moteczuma qu'il traça définitivement la nouvelle route que dorénavant devaient suivre les écrivains qui voulaient se dédier à l'étude de notre histoire ancienne.*

Rompant pour jamais avec des systèmes préconçus et des traditions absurdes, issues de notions religieuses mal appliquées, ainsi qu'avec des idées puériles s'efforçant d'innocenter les conquérants de crimes propres à leur époque, il n'admet aucun des contes ridicules qui avaient cours depuis trois siècles; au lieu des voyages d'Asie en Amérique, et de la confusion des langues, il nous indiqua simplement les diverses stations des tribus dans la vallée de Mexico, jusqu'à la fondation de Tenochtitlan. Il raya de l'histoire le baptême apocryphe du prisonnier de Cortès et lui attribua la responsabilité de la mort du souverain. Ces études qu'on pourrait traiter de superficielles, suffirent à émanciper les écrivains nouveaux et elles leur enseignèrent à ne plus compter que sur les documents les plus sérieux. Un simple rayon de soleil ne suffit-il pas pour annoncer le jour ?

Je n'ai pas l'intention de rendre compte dans cet aperçu, de tous les travaux de Ramirez; je veux me borner à signaler son influence.

Les divers événements politiques avaient amené l'abolition des corporations religieuses et la nationalisation de leurs biens; les bibliothèques des couvents renfermaient de véritables trésors historiques que Ramirez entreprit de sauver d'une destruction certaine. C'est ainsi qu'il nous conserva l'important codex de Siguenza, qui me servit à écrire sa biographie; le codex franciscain que je prêtai à

*mon excellent ami Icazbalceta pour qu'il en prît copie et qu'il publia
dans la dernière série de ses documents anciens; des lettres diverses
de Zumarraga que je confiai également à Icazbalceta, et qu'il utilisa dans la vie qu'il publia de cet illustre prélat; le rapport de
Zurita et la chronique de Pomar, copiés et publiés par Icazbalceta,
sans parler d'une foule de documents des plus importants.*

*Parmi ces documents que découvrit Ramirez, se trouvait le phé-
nix des manuscrits, cherché depuis si longtemps, et que l'on croyait
perdu. Nous savons qu'il se préparait à le publier, car il en avait fait
tirer une copie qui se trouve aujourd'hui entre mes mains. Peu après,
Ramirez entreprit un voyage en Europe. Dans un premier voyage,
il s'était mis en relation avec tous les savants qui s'occupaient de
nos antiquités, il se lia d'amitié avec le baron Humbolt; il visita
les bibliothèques et les musées et prit copie des rapports et des documents les plus intéressants. Comment se glissa-t-il dans l'intimité
de M. Aubin qui avait enlevé de Mexico une foule de manuscrits
et de codex hiéroglyphiques, les uns provenant de l'antique collection
Boturini, les autres du couvent de San-Francisco? toujours est-il,
qu'il en obtint la permission de prendre une copie des plus importants, et mieux encore, la faculté d'en imprimer quelques-uns, qui
eussent été perdus pour nous, et que, grâce à son zèle, nous avons été
à même d'utiliser.*

*Avec les copies des manuscrits en langue mexicaine que possédait
Ramirez et avec celles qu'il se procura de la collection Aubin, il
forma deux volumes précieux intitulés,* Annales de Mexico et de
ses environs. *Au texte Nahuatl, il ajouta quelques traductions
faites par M. Aubin lui-même et d'autres qu'il demande au Señor
Galicia Chimalpopoca. Les premières de ces annales, celles de Cuau-
titlan, furent publiées par le musée de Mexico, sous la surveillance
du Señor Mendoza, alors directeur de notre grand établissement, à
qui je les communiquai. Parmi ces codex, on imprima les suivants : une histoire des Mexicains depuis leur pérégrination à laquelle je donnai le nom de Codex Aubin, qui accompagnait un
autre petit Codex des rois mexicains et une étude de M. Aubin sur*

sa collection ; le fameux Tonalamatl *de San Francisco ; les cartes Tlotzin et Quinatzin de la collection Boturini ; les annales Tolteco-Chichimèques, provenant de la même source ; l'histoire Synchronique de Tepechpan et de Mexico, et un autre Codex ayant trait aux fêtes religieuses des anciens Mexicains. On comprendra dès lors l'immense service que nous rendit Ramirez par la publication de ces nombreux manuscrits.*

Ce fut alors qu'il rencontra, dans la bibliothèque nationale de Madrid, le manuscrit inédit de l'histoire des Indes de la Nouvelle-Espagne, rédigé par le Fr. Diego Duran, vers l'année 1580. Comprenant toute son importance, Ramirez obtint d'en faire prendre une copie, avec le dessein de la faire publier à Mexico. Il fit d'abord imprimer en Europe la partie hiéroglyphique qui forme l'Atlas et, dans l'année 1867, il en fit imprimer le premier volume avec des annotations et précédé d'une notice sur l'auteur et son œuvre. De nouvelles vicissitudes obligèrent Ramirez à quitter le Mexique, et il ne put mettre au jour le second volume de cette histoire.

Le manuscrit fut égaré après le départ de Ramirez ; j'eus la bonne fortune de le retrouver dans les greniers du collège des Mines, et je le publiai en 1880 en y ajoutant un appendice.

Parmi les travaux les plus importants de Ramirez, le plus important est, sans contredit, la création d'une collection de plus de deux mille caractères aztecs, au dessous de chacun desquels il fit dessiner une figure hiéroglyphique avec son interprétation. Pour ce travail, il ne consulta pas seulement les ouvrages imprimés, mais tous les codex connus en Europe, il s'était tout d'abord préoccupé de l'interprétation exacte du livre des tribus du codex Mendoza et tous les caractères et figures de ce Codex se trouvaient réunis dans sa collection qui appartient aujourd'hui à M. Peñafiel, qui lui ont été du plus grand secours dans ses savantes publications et qui lui seront des plus utiles pour le dictionnaire des hiéroglyphes auquel il travaille en ce moment. Je ne saurais oublier que Ramirez, ayant appris que le manuscrit de Tlaxcala, dans lequel les

Indiens avaient peint les divers épisodes de la conquête, allait être transporté en Europe, en fit prendre copie, de crainte qu'il ne fût égaré. Cette crainte se réalisa, le manuscrit disparut et ce fut grâce à cette copie, que je pus, en 1892, publier ce précieux document. J'ajouterai, qu'ayant acquis la bibliothèque de Ramirez, je la mis à la disposition de Orozco y Berra qui l'utilisa pour son histoire ancienne de Mexico et de Icazbalceta qui s'en servit pour ses diverses publications ; nous pourrons alors affirmer que tout ce que nous avons publié n'est qu'un développement des études de Ramirez, et, qu'en toute justice, nous pouvons l'appeler le père de notre histoire ancienne.

Je n'ai point voulu faire ici une étude complète des travaux de Fernando Ramirez, mais en signaler seulement les plus importants : mais il me faut dire quelques mots de l'importante chronique que vous allez traduire en français.

Le manuscrit se trouvait dans la bibliothèque du couvent de San Francisco. Le Père Omedez, supérieur des Franciscains, en fit présent à Fernando Ramirez qui le prit pour l'œuvre de quelque laïque et que Bandelier et Troncoso jugèrent être du père Tovar. Ce dernier en fit certainement une traduction qui, plus tard, servit à Acosta. Pour moi, en l'honneur de son illustre propriétaire, je lui donnai le nom de Codex Ramirez et je suis heureux de voir que ce nom lui est resté ; le manuscrit se composait d'une colonne en caractères espagnols et d'une autre colonne en blanc destinée probablement au texte Nahuatl. Fernando Ramirez pensait à coup sûr à le publier, car il en avait fait mettre une copie au net. Je fis don de cette copie à M. Orozco qui me demanda la permission de le publier ; il fut en effet publié en 1878 par M. Vigil, avec une étude d'Orozco.

Vous avez raison d'appeler ce Codex le document le plus important que nous possédions sur l'histoire ancienne de Mexico ; il servit de base aux travaux d'Acosta et aux magnifiques récits de Tezozomoc et de Duran, qui, en réalité, n'en sont qu'une longue ampliation. Ce n'est qu'en étudiant ces ouvrages, que l'on se pénétrera du véritable esprit du peuple mexicain. Vous rendrez donc un nouveau et très important service à notre histoire en publiant, à Paris, une traduction du manuscrit Ramirez. Puisse cette lettre vous paraître suffisante pour la préface que vous me demandez et veuillez 'me croire, cher monsieur, votre bien affectionné collègue et ami.

Alfredo CHAVERO.

CODEX OU MANUSCRIT RAMIREZ

INTRODUCTION

L'original de ce manuscrit forme un volume in-4° de 269 pages, lettres du xvie siècle, très petites et en lignes très serrées; divisé en deux colonnes, celle de gauche est la seule écrite, car celle de droite est en blanc : cette circonstance m'a fait penser qu'on l'avait destinée à une autre langue, probablement à un texte mexicain et que par conséquent le texte que nous avons n'en serait que la traduction. La division en colonnes n'existe que dans la relation principale, mais point dans les fragments. Sur l'original, j'ai noté les choses suivantes :

« J'ai découvert ce manuscrit dans le grand couvent de San Francisco de cette ville, au moment de la sauvage destruction effectuée par ordre du gouvernement, sous prétexte d'une conspiration, dans la nuit du 16 septembre 1856.

« Le ministre de l'Intérieur, Don Manuel Siliceo, me chargea conjointement avec Don Manuel Orozco, de dresser l'inventaire des livres et manuscrits, afin de les préserver de la rapacité des démolisseurs qui profitèrent des premiers moments de confusion. Grâce à cette mesure on put sauver la bibliothèque et les archives. Quoique le gouvernement m'eut autorisé à m'emparer des documents que je considérerais comme utiles à notre histoire, je demandai cette permission au Révérend Bonaventure Homédes, provincial de l'Ordre, qui me l'accorda.

« Le manuscrit était relié en parchemin, mais dans un si grand désordre, qu'à première vue on eut dit une collection de fragments. J'en classai les feuilles avec l'espoir de le mettre en ordre et j'obtins comme résultat une œuvre assez complète et trois fragments.

« Le style de la relation, la forme ou la disposition de la copie, me feraient croire qu'originairement elle fut écrite en langue mexicaine, car on ne saurait comprendre que la colonne parallèle restée en blanc eut une autre destination, que de recevoir le texte original de la narration. Cette conjecture en entraîne une autre, c'est que l'auteur est un indigène et un laïque. Les faits suivants prêtaient une grande probabilité à la première : 1º les diverses étymologies et les traductions de noms mexicains, encore que certaines d'entre elles soient erronées; 2º l'éloge et l'estime toute particulière que l'auteur semble accorder aux Mexicains par rapport aux autres peuples; 3º le laconisme avec lequel il parle, sans le justifier, du massacre de Cholula; l'horrible description qu'il nous donne de l'attentat d'Alvarado contre la noblesse mexicaine sans le disculper, loin de là, car il admet comme motif de cette boucherie les basses convoitises des conquérants; le dédain, ou plutôt le mépris avec lequel il parle de Motecuhzoma, quand il raconte sa fin tragique l'attribuant aux Espagnols; et d'une foule d'autres insinuations disséminées dans le corps de l'ouvrage et qui sont loin de leur être favorables.

« Que l'auteur était laïque, cela ressort clairement de la sévérité avec laquelle il traite les ecclésiastiques. A la page..... il leur reproche leur paresse et leur indifférence à répandre la foi chrétienne, qu'il met en opposition avec le zèle qu'on déployait dans l'ancien culte idolâtre. A la page...... il dit qu'on ne baptisa pas Motecuhzoma, parce que le prêtre qui accompagnait les Espagnols s'occupa beaucoup plus d'amasser des richesses que de catéchiser le pauvre roi, etc., » — le langage des écrivains ecclésiastiques est tout différent.

« Le manuscrit ne fournit aucun indice qui permette de lui assigner une date; cependant, il est indubitablement d'un contemporain et d'autres raisons, dont nous parlerons plus tard, nous feraient croire qu'il fût écrit vers le milieu du xvie siècle. Dans l'un des paragraphes cités plus haut, j'en trouve la preuve péremptoire, puisque l'auteur prétend tenir la chose dont il parle de témoins oculaires, et à la page..... il cite les ruines du grand temple comme encore existantes.

« Mais la preuve incontestable d'antiquité et avec elle celle d'un plagiat longtemps discuté, c'est l'*Histoire des Indiens* écrite par le dominicain Fray Diego Duran qui nous la donne. La partie rituelle qu'elle renferme fut achevée en 1569 et la partie historique en 1581 comme il nous le dit à la fin de chacune d'elles. Eh bien, le fond ou la matière de cette histoire dans son entier est tirée de ce manuscrit; et il a si bien été copié, qu'avec le texte du Père Duran j'ai pu suppléer et corriger les omissions et les erreurs qu'avait commises le copiste du manuscrit dans une autre copie que j'écrivis moi-même avec le plus grand soin. Le Père Duran ne fit qu'amplifier la narration, en ajoutant de nombreux détails, ainsi qu'une foule de traditions recueillies chez les contemporains. C'est de cette manière qu'il l'augmenta au point de former un ouvrage cinq ou six fois plus considérable que l'original.

« La découverte de ce manuscrit résout la question touchant le plagiat du P. Jose Acosta, auteur de *l'Histoire naturelle et morale des Indes*, qui lui donna une si grande renommée et qui jouit de tant de faveur depuis la fin du xviᵉ siècle. On avait déjà soupçonné ce plagiat lors de la brève et significative mention que Davila Padilla introduisit dans son histoire ou chronique de la province dominicaine de Mexico, touchant les ouvrages du Père Duran. Cette mention dit : « Ses travaux ne lui ont pas coûté grand « peine, puisque *une partie d'entre eux sont publiés* dans la phi- « losophie naturelle et morale » du Père Jose Acosta, *à qui les donna le père Juan de Tobar* qui vit dans le Collège de la compagnie de Mexico.

« Le Père Acosta ne fait aucune mention de l'histoire du Père Duran et à la manière dont il parle, il semble attribuer ses documents au Père Tobar, sans pour cela nommer l'ouvrage où il les puisa. Il nous le fait connaître principalement comme chargé par le vice-roi D. Martin Enriquez de rechercher les documents historiques et citant ces documents comme la source d'où il tira son histoire. Clavigero ne cite pas davantage le Père Duran parmi les historiens du Mexique et le peu qu'il en dit, c'est pour en attribuer faussement à l'ouvrage à Davila Padilla, qu'il suppose l'auteur d'une histoire ancienne des Mexicains en se servant des documents recueillis par *Fernando* Duran, dominicain de Tezcuco. Il se trompait aussi sur le nom de l'auteur.

« D'après toutes ces indications vagues et confuses et le soin que prirent les jésuites de laver le Père Acosta de l'accusation de plagiat que Davila Padilla lui imposait délicatement mais clairement, il résulterait qu'ils auraient fait du Père Tobar l'auteur d'une histoire ancienne des rois de Mexico, d'Acolhuacan et de Tlacopan, que cite Clavigero et de laquelle le P. Acosta aurait tiré ses documents. Je ne nierai point qu'il eût écrit cette histoire ou une autre semblable, mais je suis sûr que ce ne fut pas celle qu'écrivit le Père Acosta, et la preuve en est flagrante. Elle consiste dans la comparaison de son texte avec celui du manuscrit, que j'ai faite en divers endroits, constatant que généralement il était *textuellement*, ou bien remplacé par des phrases équivalentes. — Je m'en rapporterai à la seule partie où il traite des choses de Mexico.

« Il y a, dans sa narration historique, un passage qui nous rend palpable l'évidence du plagiat, en nous conduisant en outre à d'autres curieuses découvertes. Le P. Acosta parle longuement des exploits extraordinaires et de la grande faveur dont a joui sous plusieurs règnes, un personnage du nom de Tlacaelel, introduisant dans sa narration le drame sanglant d'un frère de Motecuhzoma Ier, qui se suicida à Chalco pour ne pas manquer à la fidélité qu'il devait à son roi. Torquemada rejette toute l'histoire de Tlacaelel, se refusant à croire au drame tragique et donnant pour raison, qu'il n'en avait trouvé aucune trace dans les nombreuses chroniques qu'il avait consultées.

« J'en demande pardon au P. Acosta, ajoute-t-il, mais je tiens ce capitaine pour un être imaginaire; ce n'est pas la faute du Père, mais bien celle de la mauvaise et fausse relation où il puisa; relation que j'ai chez moi, manuscrite, dans le langage et le style de celui qui l'écrivit, et dont tant de choses relatées sont loin de toute exactitude et vérité. Puis il nous donne quelques détails qui lui font supposer que cette dénomination de Tlacaelel n'était qu'un surnom sous lequel se dissimulait un grand capitaine qui fut depuis roi de Mexico sous le nom d'Itzcohuatl.

« Eh bien, cette relation à laquelle Torquemada fait allusion, est précisément celle de ce manuscrit, le seul du reste qui nous ait conservé cette tradition, embellie depuis par le Père Duran ; de façon qu'il nous donne la confirmation du plagiat du P. Acosta, en même temps que la conjecture qui tourne en certitude, que le manuscrit soit réellement le même qui appartint à Torquemada et qui, par un heureux hasard, échappa aux multiples soustractions dont ont souffert les archives et la bibliothèque des Franciscains. Tous ses autres riches trésors historiques avaient disparu dans la dernière invasion que facilita un libéralisme mal entendu, bien que ce soit à lui qu'on doive cette trouvaille. Malheureusement pour la sienne, ce trésor comme tous ceux confiés aux mains ecclésiastiques ont été et sont encore des tombes fermées à ceux qui veulent les consulter ou les utiliser, mais ouvertes aux aventuriers qui les dispersent ou les vendent.

« Quoique l'appréciation d'une autorité aussi compétente que celle du P. Torquemada paraisse assez défavorable au manuscrit, elle n'est cependant pas absolue ; et quand elle le serait, cela ne suffirait pas pour nous faire rejeter un tel témoignage, car tous ceux qui ont quelque pratique de l'histoire, connaissent ces divergences qui se produisent même dans les récits contemporains. Que seront-elles alors pour les collectionneurs de traditions anciennes et surtout de traditions orales ! Il y a beaucoup à prendre dans cette relation, et je peux dire que personnellement, avec ses mauvais dessins, elle seule a pu me donner la solution d'un doute, que je n'avais pu résoudre avec aucune de nos nombreuses relations. Je veux parler de l'étymologie du nom de la grande divinité mexicaine, Huitzilopochtli. Le choix que fit le Père

Duran de ce manuscrit pour base de son histoire, est un fait digne de considération. J'admets, du reste, qu'il abonde en contes et traditions absurdes que nos historiens partagent avec ceux de tous les peuples. Les nôtres, sans conteste, sont les plus sages.

« La partie historique du manuscrit est complète et nous n'avons certainement pas un meilleur résumé de la partie ancienne. Je présume cependant, d'après le système si uniformément employé par nos historiens, que le manuscrit a dû perdre un ou deux cahiers de la fin. Ils devaient nous donner l'explication du calendrier ou plutôt la répartition de l'année solaire, avec la partie astrologique qui jouait un si grand rôle dans le culte et dans la vie civile des Mexicains. Cette perte peut se réparer avec l'histoire du P. Duran qui, probablement a suivi son modèle jusqu'à la fin, car nous voyons qu'il ne l'a pas abandonné un seul instant.

« A la relation principale, succèdent les fragments qui, d'après leur disposition, attestent qu'ils appartenaient à un autre ouvrage, quoique traitant du même sujet. Le premier contient la relation d'événements ayant trait à l'histoire de Motecuhsoma le vieux et le fragment indique qu'il appartenait à une œuvre plus considérable quoique s'occupant des mêmes traditions.

« Le fragment nº 2 est un original et d'une écriture entièrement différente. Les nombreuses ratures indiquent clairement que c'était un brouillon. Il était divisé en chapitres et laissait la pagination en blanc. L'auteur y traite en abrégé les événements de la conquête, depuis l'arrivée des Espagnols à Tezcuco jusqu'aux jours qui précédèrent la chute de Mexico.

« Le troisième fragment introduit dans la partie ancienne n'a rien de commun avec l'histoire; il contient seulement trois feuillets, avec le titre suivant : Catéchisme ou instruction pour les infidèles, où l'on donne la preuve de l'existence d'un seul vrai Dieu et du mensonge de l'existence de plusieurs dieux; vu le peu de rapport de cette pièce avec les précédentes, on l'a jointe à d'autres du même genre.

« Je reviens à la *relation* principale du manuscrit pour faire part d'une réflexion qui m'échappa lorsque j'en parlai dans le principe. Quelqu'un pourrait penser que ce serait là l'œuvre du P. Tobar cité par Clavigero; mais cette supposition n'est pas probable pour les raisons que j'ai citées; le mépris que l'auteur manifeste pour les conquérants et la critique qu'il fait de la conduite des ecclésiastiques dans l'administration des affaires religieuses. Le P. Tobar, tout indigène qu'il fut, ne se serait point exprimé de cette façon, car il était prébendé de la cathédrale et il endossa de bonne heure la soutane de la Compagnie. Ce qui me paraît probable, c'est que la relation écrite dans le principe en mexicain, fut ensuite confiée au P. Tobar pour qu'il la traduisît en espagnol, car il était considéré comme le mieux versé dans cette langue, si bien qu'on l'appelait le Cicéron Mexicain. C'est ce qui expliquerait également sa possession du manuscrit et la communication qu'il en fit au P. Acosta. Peut-être celui-ci ne connut-il point l'ouvrage du P. Duran, dont on en faisait le plagiaire; car, si ce manuscrit avait existé dans la bibliothèque des Jésuites, Clavigero l'aurait cité dans son catalogue des historiens mexicains.

« C'est là l'introduction placée à la tête de l'original. Il me reste à expliquer, au sujet de cette copie, le sens des interlignes, des parenthèses et apostilles écrites en encre rouge. Avec les interlignes j'ai suppléé ou corrigé les négligences du copiste, suivant en général le sens naturel de la lecture et faisant d'autres corrections avec le texte de l'histoire du P. Duran. Celles de ce genre sont indiquées par une apostille marginale qui est notée P. Duran. Le texte placé entre parenthèses indique qu'il faut en supprimer le contenu ou lui substituer la correction; j'ai de plus en divers passages modifié l'orthographe qui, dans l'original, est absolument défectueuse.

Mexico, septembre 10, 1860.

JOSE F. RAMIREZ.

On pourrait ajouter à la liste des copistes de cet ouvrage le P. Fray Bernardino de Sahagun, qui, dans son chap. xx, traduction Jourdanet, s'est profondément inspiré du récit du manuscrit, au sujet du massacre de la noblesse mexicaine dans la cour du temple par Pedro de Alvarado.

D. C.

HiSTOIRE

DE

L'ORIGINE DES INDIENS

QUI HABITENT LA NOUVELLE ESPAGNE

SELON LEURS TRADITIONS

Les Indiens de cette nouvelle Espagne procèdent, selon leurs traditions, de deux peuples divers : elles donnent au premier le nom de *Nahuatlaca*, ce qui veut dire, *gens à la parole et au langage clair,* par opposition à celui du second, peuple sauvage et barbare, ne s'occupant que de chasse et auquel elles donnèrent le nom de *Chichimèques,* qui veut dire chasseurs, parce qu'il ne vivait que de cette primitive industrie. On nommait aussi les gens de ces tribus, *Otomies,* On leur appliqua la première appellation, parce qu'ils habitaient les rochers et les lieux les plus inaccessibles des montagnes, où ils vivaient nus, bestialement et sans lois : leur vie entière se passait à chasser lièvres, chevreuils, lapins, belettes, taupes, chats sauvages, oiseaux, serpents, lézards, rats, vers et sauterelles, dont ils faisaient avec certaines racines toute leur nourriture.

Ils étaient fort adroits et si persévérants, que, dans le seul but de s'emparer d'une couleuvre ou de tout autre reptile, ils restaient une journée entière en embuscade derrière une haie sans songer à rien amasser et moins encore à cultiver et à semer. Ils dormaient dans les grottes, ou à l'abri des buissons; les femmes suivaient leurs maris dans leurs courses, s'astreignant aux mêmes fatigues, laissant leurs petits suspendus à quelque branche d'arbre, enveloppés dans une grossière étoffe de joncs et privés de nourriture jusqu'au retour de leurs mères. Ils étaient en petit nombre et si disséminés, qu'ils n'avaient entre eux aucune relation; ils n'admettaient point de chef, ne reconnaissaient aucun dieu, ne pratiquaient aucune cérémonie religieuse, satisfaits de leur vie nomade, où chacun vivait à sa fantaisie. Ces Chichimèques furent les premiers habitants de ce pays, et comme ils étaient peu nombreux et qu'ils habitaient le sommet des montagnes, les *Nahuatlacas* qui vinrent d'une autre contrée située au nord où l'on a tout nouvellement découvert un royaume appelé le nouveau Mexique, trouvèrent les plaines et les meilleures terres inoccupées. Ce royaume se divisait en deux provinces, dont l'une se nommait *Aztlan,* ce qui veut dire, *pays des hérons,* et l'autre *Teuculhuacan,* ce qui veut dire, patrie des gens qui ont des aïeux divins. Dans cette seconde province se trouvaient sept grottes, d'où sortirent sept chefs des *Nahuatlacas* qui peuplèrent cette nouvelle Espagne, selon ce que nous racontent leurs peintures et leurs traditions.

En nous racontant que les Nahuatlacas sortirent de sept grottes, ces traditions ne veulent point dire qu'ils les habitaient, puisqu'ils avaient leurs maisons, des champs cultivés, un gouvernement, des dieux, des cérémonies religieuses et tout ce qui constitue un peuple hautement policé ainsi que nous le prouvent les restes de civilisation qui abondent dans le nouveau Mexique, d'où vinrent les *Nahuatlacas*, et qui sont des plus remarquables. C'est qu'il était d'usage, en ces provinces, de désigner chaque famille par le nom d'un site ou d'un lieu connu, appliquant aux unes et aux autres le nom de telle grotte, comme nous disons en Espagne, la maison des Velascos, des Mendoza, etc.

Planche I. — Les Sept tribus issues des Sept Caves.

Les *Nahuatlacas* abandonnèrent donc leurs demeures et leurs grottes, l'année de Notre-Seigneur *huit cent vingt et un,* et mirent plus de quatre-vingts ans pour arriver en ce pays. C'est qu'ils avançaient lentement, étudiant les contrées qu'ils traversaient, cherchant les signes auxquels ils reconnaîtraient l'endroit que leurs dieux avaient indiqué comme patrie et sur l'ordre desquels ils avaient émigré — et lorsque sur leur route ils rencontraient de bonnes terres, ils s'y établissaient, cultivant et moissonnant jusqu'à ce que, découvrant des vallées plus fertiles, ils abandonnaient leurs campements pour aller s'y établir, laissant derrière eux les malades, les vieillards et les infirmes qui peuplèrent ainsi les lieux abandonnés, où se trouvaient de beaux édifices dont nous trouvons aujourd'hui les ruines et les restes épars sur le chemin qu'ils suivirent. Nous connaissons ainsi la raison véritable de ce long voyage, que, d'autre façon, l'on pourrait faire en un mois. Les *Nahuatlacas* arrivèrent donc en cet endroit de la Nouvelle-Espagne, l'an 902.

Les premières tribus qui abandonnèrent leurs grottes étaient au nombre de six, à savoir : *Les Xuchimilcas*, ce qui veut dire, *gens qui sèment des fleurs*; de *Xuchitl*, fleurs, et *milli*, action de semer, se compose le mot *Xuchimilli*, *moisson de fleurs*, d'où s'est formé le nom de *Xuchimilca*, qui veut dire propriétaire de *moissons de fleurs*.

La seconde tribu fut celle des *Chalcas*, ce qui signifie *les gens des embouchures;* parce que *Challi* peut se traduire par une cavité en manière de bouche ou embouchure, et ils appellent la cavité de cette bouche *Camachalli*, qui se compose de *Camac*, la bouche, et de *Challi*, le creux; et de ce nom *Challi* et de la particule *Ca* se compose l'appellation *Chalca* qui signifie *les propriétaires des embouchures* [1].

La troisième tribu est celle des *Tepanecas* qui veut dire *les gens du pont* ou *du passage de pierres;* appellation dérivée de *Tepanohuayan*, qui signifie pont de pierre, et qui se compose de *tetl*, pierre, de *panohua*, *passage de l'eau*, et de *yan*, lieu, *endroit :* d'où les trois mots réunis font *Tepanohuayan*, puis, prenant le nom de *Tepano* dont ils convertissent le *o* en *é* et en y ajoutant la particule *Ca*, ils ont fait *Tepaneca*.

La quatrième tribu est celle des *Culhuas* qui veut dire gens de la chose *tordue* ou *courbe*, parce que dans le pays d'où ils vinrent se trouvait une montagne dont le sommet était courbe : il se compose de *coltic* qui signifie *chose tordue*

---

1. Il faut ajouter que les Chalcas occupaient les bords du lac d'eau douce de la vallée de Mexico et les bords de l'embouchure de ce lac dans le lac salé, et que ce nom de Chalcas, comme aussi celui de Xuchimilcas pour la première tribu leur a sans doute été donné à toutes deux, après leur établissement dans la vallée.

et de la particule *hua* qui dénote la *possession* : Ils disent donc *Culhuas*.

La cinquième tribu est celle des *Tlalhuicas,* nom dérivé de *Tlalhuic* qui signifie *terre de labour* et se compose de *Tlalli,* terre et de la particule *huic* de *labour;* ils prennent alors ce vocable *Tlalhuic,* lui ajoutent la particule *Ca* et en composent le nom *Tlalhuica, gens de la terre de labour.*

La sixième tribu est celle des *Tlaxcaltecas,* qui veut dire les *gens ayant du pain* et qui se compose de *Tlaxcalli,* pain, et de la particule *tecatl,* faisant *Tlaxcalteca.*

Tous ces noms et surnoms des tribus américaines leur viennent de leurs ancêtres, les uns dérivés des lieux qu'elles habitaient, de leurs chefs et de leurs dieux. Nous avons appuyé sur ces étymologies parce que ces appellations reviendront souvent dans le récit, et que nous n'aurons pas à nous répéter, ce qui nous eût entraîné dans une trop grande prolixité.

Les six tribus dont nous venons de parler, n'émigrèrent pas toutes à la fois, ni dans la même année, mais l'une d'abord, les autres ensuite, abandonnant à tour de rôle leurs champs et leurs maisons. Les premiers qui partirent furent les *Xuchimilcas,* suivis par les *Chalcas,* par les *Tépanécas* et les *Culhua.* Les *Tlalhuic* vinrent ensuite, puis les *Tlaxcaltecas.* Quant aux habitants de la septième grotte qui sont les *Mexicains,* ils restèrent fort longtemps en arrière et ce fut, disent-ils, par une communication divine, leur promettant la seigneurie de toutes les terres occupées par les tribus mentionnées plus haut et qui les avaient précédés de trois cent deux ans dans cette nouvelle Espagne. Les gens de *Xuchimilco,* qui partirent les premiers, habitèrent donc la vallée six cent deux ans et les *Mexicains* qui arrivèrent les derniers ne l'occupèrent que trois cent et une années.

Dans l'émigration de ces tribus, les *Xuchimilcas* qui furent les premiers vinrent s'établir dans une grande plaine entourée de montagnes dont les versants venaient mourir aux bords d'une immense lagune d'eau douce et d'eau salée, où s'élève aujourd'hui la grande ville de Mexico. Ces *Xuchimilcas* construisirent leur capitale sur la rive de cette lagune, du côté du Midi, puis ils s'étendirent par toute la plaine jusqu'à la montagne en un grand espace qui constituait leur province toute semée de villes, de bourgs et de villas. Ils appelèrent leur capitale *Xuchimilco*, la ville des fleurs, du nom de ceux qui l'avaient fondée.

Peu après, arrivèrent les *Chalcas* qui se réunirent aux *Xuchilmicas* avec lesquels ils partagèrent paisiblement le nouveau territoire sur lequel ils multiplièrent également. Ils appelèrent leur pays *Chalco*, lieu des embouchures, appellation dérivée de leur nom *Chalcas*.

Les *Tépanécas* vinrent ensuite et s'établirent aussi sans conteste sur les bords de la lagune. Mais ils s'établirent sur la rive occidentale et ses environs où ils multiplièrent si bien, qu'ils appelèrent le chef-lieu de la province *Axcaputzalco*, qui veut dire *fourmilière*, tant était grande leur multitude. Ce fut, dès lors, le plus important des royaumes des six nations.

Vinrent ensuite ceux qui peuplèrent la grande province de *Teztcuco* et qu'on appelait les *Culhuas*. Ceux-ci s'établirent sur la rive orientale de la lagune où ils prospérèrent si rapidement qu'ils finirent par en occuper tous les rivages restés libres. Les gens de cette tribu étaient d'un naturel plus doux et plus poli que leurs voisins et leur langue était si châtiée et si belle qu'elle pouvait rivaliser en élégance avec les plus belles du monde. Ils nommèrent leur capitale *Teztcuco*, parce qu'il y poussait une plante appelée *Teztcull*; et de ce nom et de la particule *Co* qui signifie lieu, ils firent *Teztcuco*, lieu de la plante Teztculli.

Les bords de la lagune se trouvant occupés par ces quatre tribus, qui s'étaient, en outre, partagé le territoire jusqu'au sommet des montagnes qui entouraient la vallée, arrivèrent les *Tlalhuicas*, qui étaient les gens les plus grossiers des six tribus et qui, trouvant la vallée entière occupée jusqu'aux montagnes, se dirigèrent vers le sud au-delà de la cime cotière, où ils trouvèrent une vaste contrée absolument déserte. Les montagnes abritant cette contrée contre les vents du nord, le climat en était chaud, la terre y était fertile et abondait en toutes choses nécessaires à la vie. La nouvelle population crut si rapidement que bientôt s'élevèrent de toutes parts de grandes villes ornées de somptueux édifices, des multitudes de villages et de maisons de campagne. Ils appelèrent cette province *Tlalhuic*, puisqu'elle fut colonisée par les *Tlalhuicas* et ils appelèrent leur capitale *Quaunahuac*, qui veut dire, *le lieu où résonne la voix de l'aigle*. Cette province est, aujourd'hui, le *Marquesado*.

Les *Tlaxcaltecas* vinrent ensuite qui, trouvant aussi la vallée occupée, passèrent à l'Orient de l'autre côté de la chaîne des montagnes qu'on nomme la *Sierra nevada* parce qu'elle est toute l'année couverte de neige, et c'est là que s'élève un volcan, situé entre *Mexico* et *Puebla*, la ville des anges. Les *Tlaxcaltecas* trouvèrent là de grandes étendues désertes, ils s'y fixèrent et multiplièrent à tel point que nous ne saurions dire les villages, fermes, maisons de campagnes et villes superbes où s'élevaient autant de merveilleux édifices que dans les autres provinces. Ceux-ci appelèrent leur capitale *Tlaxcallan*, ce qui veut dire *la terre du pain*. Ce nom lui venait des *Tlaxcaltecas* qui l'avaient fondée. Aujourd'hui, cette province est exempte de tribut, parce que les habitants furent les alliés fidèles des Espagnols dans la conquête de la Nouvelle Espagne.

A l'époque où ces peuplades occupaient les différentes contrées qu'elles avaient trouvées désertes les *Chichimecs*, qui habitaient les montagnes et qui, ainsi que nous l'avons dit, étaient les premiers habitants du pays, loin de se livrer à quelque manifestation hostile, ne montrèrent que surprise et admiration devant les œuvres des nouveaux occupants et se retirèrent dans les parties les plus reculées de la montagne. Quant à ceux qui habitaient de l'autre côté de la Sierra, là où s'étaient fixés les *Tlaxcaltecas*, et que la tradition nous présente comme des géants, ils voulurent défendre leur pays; mais comme ils étaient aussi simples que barbares, il était facile de les tromper. On leur jura donc que l'on voulait vivre en paix avec eux; puis, les voyant rassurés, on les invita à un grand banquet autour duquel on avait mis en embuscade des hommes armés, pendant que d'autres enlevaient en silence les armes des invités, qui étaient d'énormes massues, des boucliers et des épées de bois, etc. Et lorsqu'ils virent les *Chichimecas* reposant en paix sur la foi jurée, et lorsque leurs armes eurent disparu, les gens en embuscade sortirent tout à coup et tombèrent sur ces malheureux dont pas un n'échappa. Quelques-uns cependant tentèrent de se defendre, et comme ils n'avaient plus d'armes, ils arrachèrent les branches des arbres avec autant de facilité qu'ils eussent coupé une rave et s'en servirent avec le plus grand courage. Ils succombèrent néanmoins, et l'on retrouve encore sur l'emplacement de la lutte de nombreux ossements d'une dimension telle, qu'ils ne pouvaient appartenir qu'à des géants.

Voilà donc les *Tlaxcaltecas* en paix, comme leurs voisins des autres tribus, tous à l'envie, construisant villes, villages et hameaux, déterminant avec soin leurs limites frontières, afin de mieux connaître les possessions et terres leur appartenant, en communications constantes les uns avec les autres, cultivant leurs terres et vivant sans dispute ni procès. Devant un tel exemple, les *Chichimecs* commencèrent à se civiliser; renonçant à leur nudité, ils montrèrent une pudeur qu'ils n'avaient point eue jusque-là, entrèrent en communication avec les gens qu'ils avaient fuis et redoutés, s'unirent à eux par des mariages, construisirent des cabanes et des huttes, et, se réunissant en communauté, ils élurent des chefs dont ils reconnurent l'autorité. Ils échappèrent ainsi à la vie bestiale qu'ils avaient menée jusqu'à ce jour; mais ils vécurent toujours à part et dans les montagnes les plus éloignées.

Lors donc que ces *Chichimecs* commençaient à se policer et que la contrée entière était occupée par les descendants des six tribus dont nous avons parlé, c'est-à-dire trois cent deux ans après que les premiers eurent abandonné leurs établissements et leurs grottes, les gens de la septième tribu arrivèrent à leur tour. C'était la nation mexicaine qui, comme les autres, venait d'*Aztlan* et *Teuculhuacan*, nation belliqueuse et brave, appelée à de grandes destinées, soit dans la guerre, soit dans la paix.

Ces Mexicains apportaient avec eux une idole qu'ils appelaient *huitzilopuchtli*, ce qui veut dire *l'aile gauche d'un oiseau*, de plumage très riche dont ils font des images, des ornements, des tableaux et des étoffes merveilleuses [1]. Ce nom se compose de *huitzitzili*, c'est ainsi que s'appelle l'oiseau, et de *Opochtli*, qui veut dire la gauche, l'aile gauche, ce qui fait *huitzilopuchtli*. Ils affirment que cette idole leur ordonna d'abandonner leur patrie, promettant de les rendre seigneurs et maîtres de tous les pays occupés par les six autres tribus, où abondaient l'or, l'argent, les pierres précieuses, les plumes, les riches étoffes et toutes les choses nécessaires à la vie. Les Mexicains partirent donc comme les enfants d'Israël, à la recherche de la terre promise; portant leur idole dans une arche de jonc, comme ceux-ci dans l'arche du testament. Ils marchaient sous la conduite de quatre anciens, les plus vénérés de leurs prêtres qui leur dictaient des lois, leur enseignaient les rites, les cérémonies et les sacrifices les plus superstitieux, les plus cruels et les plus sanglants qui se puissent

---

1. C'est un oiseau de la famille des oiseaux-mouches.

imaginer, comme il se dira plus tard; en somme, ils ne faisaient rien que sur le conseil et les ordres de cette idole, de sorte que l'on n'a jamais vu démon s'entremettre aussi souvent avec les gens d'ici-bas. L'on peut donc affirmer que tous leurs actes et sacrifices cruels leur furent inspirés par l'ennemi du genre humain. Ils cheminaient ainsi avec leur arche, là où l'idole les conduisait, sous la conduite d'un chef appelé *Mexi*, d'où leur nom de Mexicains; parce que, de *Mexi* et de la particule *ca* ils faisaient *Mexica*, qui veut dire les gens de Mexico. Ils voyagèrent avec la même lenteur que les autres tribus, s'arrêtant, cultivant et moissonnant leurs terres, laissant de çà, de là, des traces que l'on reconnaît aujourd'hui, exposés à des travaux et à des périls sans nombre; leur premier soin, lorsqu'ils s'arrêtaient quelque part, était d'édifier un tabernacle ou un temple en l'honneur de leur faux dieu, selon le temps qu'ils devaient séjourner en cet endroit; ils construisaient ce temple au milieu de leur camp, l'arche toujours placée sur un autel, comme le fait notre sainte église, qu'en beaucoup de choses leur idole s'efforçait d'imiter.

Leur second soin était de semer des maïs et autres céréales dont ils faisaient leur nourriture, sans plus s'en préoccuper, et ce, avec une telle indifférence, que si leur dieu tenait pour bien qu'ils moissonnassent, ils moissonnaient; si, au contraire, il leur enjoignait de partir, ils laissaient là leurs moissons pour le soutien des infirmes, des vieillards et des gens fatigués qu'ils abandonnaient derrière eux afin que la contrée entière fut peuplée par des gens de leur nation, ce qui était leur principal objectif. Poursuivant ainsi leur voyage, ils arrivèrent dans la province de *Michhuacan*, qui veut dire *pays de ceux qui ont du poisson*; il y en a beaucoup, en effet, car ce pays est plein de belles lagunes qui lui donnent un climat délicieux. Séduits par la beauté du site, les Mexicains demandèrent à leur dieu *Huitzilopuchtli* si ce n'était pas la terre promise? qu'il permît en tous cas à une partie de la tribu de s'y établir. L'idole répondit qu'il accueillait leur demande avec plaisir, mais que cela devait se faire de la manière suivante : comme il y avait un grand lac près de l'endroit où s'étaient arrêtés les Mexicains, endroit qui s'appelait Pazcuaro, il fut convenu que tous ceux, hommes et femmes qui iraient se baigner dans le lac seraient surveillés de près, qu'on leur enlèverait le plus adroitement possible leurs vêtements, après quoi on lèverait le camp en toute hâte; ce qui fut fait. Les baigneurs qui ne s'aperçurent point de ce mauvais tour, se trouvèrent au sortir de l'eau sans aucuns vêtements, et, se voyant bafoués et abandonnés par leurs compatriotes, ils en conçurent un ressentiment mortel et, pour briser à jamais avec eux, ils changèrent de costume et de langage, ce qui les différencia dorénavant de la nation mexicaine[1].

Les autres poursuivant leur chemin emmenaient avec eux une femme qu'ils appelaient la sœur de leur dieu *Huitzilo-puchtli*; cette femme était méchante et grande sorcière et sa fréquentation désastreuse; elle se faisait redouter par ses injures et les maux qu'elle jetait autour d'elle par mille sortilèges dont elle usait pour se faire adorer. Les Mexicains la souffraient en leur compagnie comme sœur de leur dieu; mais ne pouvant plus tolérer ses agissements, les prêtres s'en plaignirent à Huitzilopuchtli, qui leur répondit, par l'entremise de l'un d'eux, combien il souffrait lui-même des incartades de sa sœur; qu'il ne lui avait point donné pouvoir sur les animaux nuisibles, vipères, scorpions, mille pattes et araignées venimeuses pour qu'elle se vengeât de ses ennemis et les fît mourir par les piqûres empoisonnées de ces affreuses bêtes; que, par suite du grand amour qu'il portait à ses fidèles et pour les délivrer de cette tyrannie, il ordonnait que cette nuit même ils profitassent de son premier sommeil pour partir le

---

1. La tradition, en ce point, est fausse car les Tarasques, habitants du Michhuacan, appartiennent à une autre race que les Aztecs.

plus secrètement possible sans laisser personne qui pût la renseigner sur la direction qu'ils auraient prise et le lieu de leur campement; que telle était sa volonté; qu'il ne voulait pas qu'ils réduisissent en leur sujétion par les incantations de cette femme les peuples qu'ils étaient appelés à combattre; mais qu'ils devaient les vaincre par leur courage, la vaillance de leurs cœurs et la force de leurs bras.

C'était par ce moyen qu'ils proclameraient la grandeur de son nom et qu'ils élèveraient jusqu'au ciel la gloire de la nation mexicaine; c'était ainsi qu'il les rendrait maîtres de l'or, de l'argent, de tous les métaux précieux, des plumes riches de toutes les couleurs, des émeraudes et des pierres fines et qu'ils pourraient édifier à leur usage et en l'honneur de leur dieu, des palais et des temples d'émeraudes et de rubis comme seuls possesseurs des pierres précieuses, et du cacao qui croît en cette terre et des étoffes d'un si riche travail; aussi c'était bien pour cela qu'il avait guidé les Mexicains dans ces régions nouvelles, afin de leur donner le repos et la récompense de leurs fatigues.

Le prêtre communiqua cette réponse au peuple, qui, reconnaissant et consolé, fit ce que l'idole lui ordonnait. Abandonnant la sorcière et sa famille, il poussa plus avant sous la conduite de son dieu, qui le guida jusqu'en un lieu appelé Tula.

Quand le jour parut et que la sorcière comprit le mauvais tour qu'on lui avait joué, elle se lamenta et se plaignit à son frère Huitzilopuchtli, et, ne sachant pas de quel côté s'était dirigé la tribu, elle résolut de se fixer dans l'endroit où elle se trouvait; elle y fonda un village qui s'appelle *Malinalco*, du nom de cette sorcière qui s'appelait *Malinalnochi*, de sorte que, en y ajoutant la particule, on en a fait *Malinalco*, c'est-à-dire *lieu ou patrie de Malinalxochi*. Les gens de cette ville furent, par la suite, tenus pour de grands sorciers, étant les fils d'une telle mère, et ce fut la seconde fois que les Mexicains se séparèrent d'une partie des leurs; car la première fois, nous l'avons dit, ce fut en *Michhuacan;* et cela, sans parler des malades, des vieillards et des gens fatigués qu'ils abandonnèrent en divers pays et que ceux-ci colonisèrent comme nous l'avons raconté plus haut.

Lorsque les débris de la tribu, sous la conduite de leur chef, arrivèrent, portant l'Arche, en un lieu qu'on appelle aujourd'hui Tula, le nombre des gens se trouva fort diminué par suite des milliers de colons dont ils avaient semé leur route; aussi, pour se refaire et d'hommes et de vivres, ils se fixèrent sur une colline appelée *Cohuatepee,* ce qui veut dire la *Colline des serpents.* Une fois établis en cet endroit, le grand prêtre reçut en songe une communication de son dieu qui ordonnait aux Mexicains d'endiguer les eaux d'une grande rivière qui contournait le pied de la colline, afin que l'eau se

Planche II. — La montagne de Tula Cohuatepec.

répandît dans la plaine; pour les gens de la tribu, ils devaient se fixer sur la colline même où ils se trouvaient; l'idole voulant ainsi leur donner un échantillon de la terre et du site qu'elle leur avait promis pour patrie. La digue une fois faite, l'eau s'étendit par toute la plaine, formant une grande et belle lagune que les Mexicains entourèrent de saules, de peupliers et d'arbres divers. Il y poussa bientôt des joncs et des glaïeuls, et c'est pour cela qu'on appela cet endroit *Tula*, c'est-à-dire *la terre des joncs et des glaïeuls*. Bientôt, les eaux se peuplèrent de poissons et d'oiseaux d'eau tels que canards, hérons, oies sauvages et autres espèces de palmipèdes dont est couverte aujourd'hui la lagune de Mexico. Les abords se couvrirent aussi de joncs et de plantes marines ou abondaient de nombreuses espèces d'oiseaux au brillant plumage dont les cris harmonieux se mêlaient au chant des oiseaux qui voletaient parmi les arbres, ce qui faisait de la nouvelle colonie un paysage des plus délicieux qui se puisse voir [1].

Les Mexicains vivaient dans cette délicieuse campagne, oublieux de ce que leur avait dit l'idole : que cette contrée n'était qu'une pâle copie de celle qu'elle leur destinait. Quelques-uns commencèrent donc à répéter à tous propos, qu'ils devaient rester ici à jamais, que c'était bien le lieu choisi par *Huitzilopuchtli* et que c'était de là, d'après les prophéties, qu'ils devaient rayonner sur toute la terre. L'irritation du dieu fut telle, qu'il dit à ses prêtres : « Quels sont ces misérables qui veulent contrecarrer mes desseins et mépriser mes ordres? Sont-ils plus puissants que moi? dites-leur que ma vengeance les atteindra avant demain, afin qu'ils n'aient l'audace de s'opposer à ce que j'ai résolu, et qu'ils sachent tous, qu'ils ne doivent obéissance qu'à moi seul. »

Les prêtres, en leur rapportant ce discours, affirmaient que la figure de l'idole s'était contractée de si épouvantable façon qu'ils en éprouvèrent tous une grande terreur. On raconte que cette nuit, alors que tous reposaient, on entendit dans certaine partie de la ville un grand bruit, et qu'au matin, les

---

1. C'est la colline de Tula appelée *Cohuatepec, colline des serpents,* elle est entourée d'eau où poussent les joncs et les glaïeuls, où s'ébattent des poissons, et entourée d'arbres ou volètent les oiseaux. — Les deux personnages qui occupent les deux côtés de l'image représentent les premiers occupants qui étaient des Otomies et qui avaient aussi pour dieu *Huitzilopuchtli.*

Mexicains étant accourus, ils trouvèrent morts, la poitrine ouverte et le cœur arraché, tous ceux qui avaient déclaré leur volonté de rester en ce lieu. Ce fut ainsi que fut inauguré ce sacrifice cruel qu'ils pratiquèrent par la suite, qui consistait à ouvrir la poitrine de la victime dont ils arrachaient le cœur pour l'offrir à leur dieu, disant qu'il ne se nourrissait que de cœurs humains.

Après ce châtiment, *Huitzilopuchtli* ordonna à ses fidèles de détruire la digue et les travaux qui constituaient la lagune afin que l'eau s'écoulât et que la rivière reprît son ancien cours ; cet ordre fut exécuté, après quoi la contrée redevint sèche comme auparavant. A la vue de la stérilité dans laquelle était retombé le pays et pensant que leur dieu avait pardonné, les Mexicains le consultèrent : il leur répondit de plier bagage et de partir ; ils obéirent et abandonnèrent le territoire de Tula dans l'année 1168.

Ils s'avancèrent jusqu'à la grande lagune de Mexico, dans le même ordre, comme ils avaient toujours fait, s'arrêtant çà et là, semant et récoltant sans avoir de difficulté sérieuse avec les occupants du sol ; quoiqu'ils allassent toujours avec prudence, ils s'enhardirent cependant jusqu'à la petite colline appelée *Chapultepec* qui veut dire *la colline des sauterelles*, où ils eurent une affaire que nous raconterons plus tard et que dans leurs manuscrits ils peignent de la manière suivante : la colline de Chapultepec surmontée d'une sauterelle, entourée de bosquets et de grands arbres, d'où s'échappe la source qui plus tard alimentera Mexico ; à droite, le roi des Tepanecs avec ses guerriers, à gauche, les Mexicains commandés par leurs chefs.

Arrivés à cette colline de *Chapultepec* qui se trouvait tout près de la grande lagune, les Mexicains y dressèrent leurs tentes non sans une certaine appréhension, on pourrait même dire frayeur, car ils se touvaient là chez des *Tepaneçs*, la plus illustre des nations de la vallée, dont la capitale, avec la cour du roi était Azcaputzalco qui veut dire *fourmilière*, nous l'avons déjà dit, à cause de la multitude de ses habitants. Les Mexicains s'établirent en cet endroit du mieux qu'ils purent, puis ils demandèrent à leur dieu ce qu'ils avaient à faire? Celui-ci leur répondit qu'ils attendissent en toute confiance; qu'il savait ce qu'il leur faudrait faire et qu'il les en aviserait en temps voulu. Mais il les avertissait que ce n'était

Planche III. — La colline de Chapultepec.

point là le lieu qu'il avait choisi pour leur demeure; qu'ils n'en étaient pas éloignés; qu'ils se tinssent prêts, parce qu'ils auraient de grandes luttes à soutenir contre deux nations, et qu'ils élevassent leur cœur à la hauteur des circonstances. Effrayés de cette réponse, les Mexicains élurent pour leur chef un de leurs capitaines les plus illustres, nommé *Huitzilihuitl*, qui veut dire la plume de l'oiseau dont nous avons déjà parlé et qui s'appelle *Huitzitzili*. Ils le choisirent parce que tous le connaissaient pour un homme habile et vaillant et qu'il saurait les guider et les défendre. Élu comme capitaine général et tous lui ayant juré obéissance, *Huitzi-*

lihuitl, entoura les abords de la colline de terre-pleins et de retranchements, fit établir sur le sommet un vaste espace où la tribu s'établit et qu'il fortifia également, posa des gardes et des sentinelles qui veillèrent nuit et jour; mit les femmes et les enfants au centre de l'armée pendant que tous fabriquaient des flèches, des lances, des frondes et autres armes de guerre.

Les Mexicains étant donc entourés d'une multitude de gens qui tous leur étaient hostiles, se demandaient inquiets, quel serait leur sort; en ce même temps, la sorcière qu'ils avaient abandonnée et qu'ils appelaient la sœur de leur dieu, avait un fils nommé *Copil,* homme dans la vigueur de l'âge à qui elle avait conté l'outrage que lui avait fait *Huitzilopuchtli; Copil* furieux de l'insulte faite à sa mère, lui jura d'en tirer une vengeance éclatante. Ayant appris que l'armée mexicaine se trouvait à Chapultepec, il se faufila parmi les groupes armés qui assiégeaient la colline, leur prêchant la mort et la destruction de ce peuple mexicain qu'il leur présentait, lui qui les connaissait bien, comme des êtres dangereux, des guerriers cruels, des tyrans, des êtres doués des instincts les plus pervers. Exaspérés par les discours de *Copil,* les assiégeants jurèrent la mort et l'anéantissement de la nation mexicaine.

Voyant ses desseins en bonne voie, *Copil* se retira sur une colline proche de la lagune de Mexico, là où se trouvent des sources d'eau chaude que les Espagnols nomment aujourd'hui le Peñol, pour y attendre le succès de ses manœuvres et l'accomplissement de sa vengeance. *Huitzilopuchtli* fort irrité de cette affaire, appela ses prêtres et leur ordonna de se rendre tous au Peñol où ils trouveraient le traître *Copil* attendant l'heure du massacre; ils devaient le tuer et rapporter son cœur. Les prêtres se mirent en route et s'étant emparé de lui par surprise, le tuèrent et lui arrachèrent le cœur qu'ils présentèrent à l'idole. Celle-ci leur manda d'entrer dans la lagune et d'aller jeter le cœur dans une jonceraie qui se trouvait aux alentours, ce qui fut fait. La tradition prétend que ce fut de ce cœur que naquit le cactus sur l'emplacement duquel s'éleva plus tard la ville de Mexico. La même tradition ajoute, qu'aussitôt après la mort de *Copil* sur le Peñol, surgirent à l'endroit où il mourut les sources d'eau chaude qui existent encore ; et c'est pour cela qu'on les appelle *Acopilco, lieu des eaux ou des sources de Copil.*

La mort de *Copil*, auteur de ces dissensions, ne changea rien à la situation des Mexicains, qui, aux yeux de leurs voisins, restèrent infâmes et odieux comme devant ; ils s'en aperçurent bien en voyant s'avancer les armées des nations voisines, jusqu'aux *Chalcas,* qui accouraient du fond de la lagune, toutes résolues d'en finir avec la nation mexicaine. A la vue de tant d'ennemis, les femmes et les enfants commencèrent à se désoler et à pousser de grands cris, mais les Mexicains ne désespérèrent point pour cela, et puisant dans le danger de nouvelles forces, ils firent face à tous les assiégeants. Dans la première rencontre on leur enleva Huitzilihuitl leur capitaine général; mais loin de se décourager, ils en appelèrent à leur dieu Huitzilopuchtli, se firent jour au travers des *Chalcas* et prenant au milieu d'eux les femmes et les enfants ils s'enfuirent jusqu'à la ville des *Atlacuihayan* qu'ils trouvèrent déserte et où ils se fortifièrent. Les *Chalcas* et leurs alliés se voyant repoussés par cette poignée de gens n'osèrent pas les poursuivre ; ils se contentèrent d'emmener le chef des Mexicains qu'ils mirent à mort dans un village des *Culhuas* appelé *Culhuacan.*

Les Mexicains se reposèrent et se fournirent d'armes dans la ville qu'ils occupaient. C'est là qu'ils inventèrent un engin nouveau, qu'ils appelèrent *Atlatl,* et c'est pour cela qu'ils baptisèrent la ville *Atlacuihuayan,* c'est-à-dire *lieu où ils se servirent de l'arme Atlatl* [1].

1. Il dut y avoir au sujet de ce mot *Atlatl* une erreur commise soit par l'auteur du

S'étant bien pourvus de toutes choses, ils continuèrent leur marche par le bord de la lagune, jusqu'à ce qu'ils arrivassent à *Culhuacan* ou l'idole *Huitzilopuchtli* dit à ses prêtres : « Pères et fidèles amis, j'ai été témoin de vos épreuves et de vos afflictions, mais prenez courage, le moment est venu pour vous de dresser la tête et de faire face à vos ennemis; envoyez donc des messagers au roi de *Culhuacan* et sans plus de prières ni de supplications, qu'ils lui demandent simplement de vous indiquer l'endroit où vous pourrez vous établir; qu'ils ne craignent point de l'aborder en toute assurance, car j'aurai préparé son cœur à les bien recevoir. Acceptez le site bon ou mauvais qu'il vous aura désigné et dressez-y vos tentes jusqu'à l'époque déterminée pour votre établissement définitif ». Pleins de confiance en leur idole, les prêtres envoyèrent des messagers au roi de *Culhua-can* auquel ils exposèrent le but de leur démarche, disant qu'ils s'adressaient à lui, comme au meilleur des souverains de la vallée, avec l'espérance qu'il leur accorderait non seulement un lieu où ils puissent se fixer, mais aussi des terres qu'ils cultiveraient pour le soutien de leurs femmes et de leurs enfants.

manuscrit, soit par les commentateurs modernes. La traduction espagnole du mot Atlatl est trident; ce serait donc une arme véritable. Je crois me rappeler que les Mexicains avaient, en effet, au temps de Cortes, une longue lance barbelée.

D'un autre côté, d'après les commentateurs, et notamment, d'après une étude fort documentée de Madame Zélia Nuttall, l'Atlatl ne serait pas une arme, mais un instrument, une espèce de levier en bois qui permettait de jeter la lance avec beaucoup plus de force. Ce levier que les Américains appellent *throwing stick*, littéralement, *bâton pour lancer*, se trouve en Australie où les naturels s'en servent encore aujourd'hui; j'en ai rapporté de nombreux exemplaires pour le musée du Trocadéro. Les Esquimaux en ont également de toutes les formes et de toutes les dimensions, si bien qu'on en a publié une monographie à Washington. Le throwing stick mexicain était beaucoup plus court; on le trouve à la main de tous les guerriers dans les bas-reliefs de Chichen-itza, il est aussi dans la main de tous les personnages qui s'étalent sur le pourtour de la pierre de Tizoc à Mexico, et qui, courbés sous la main victorieuse de l'empereur Aztec semblent, en signe de soumission, lui rendre leur *Atlatl*. Maintenant, l'Atlatl était-il une lance nouvelle, c'est-à-dire une arme comme le dit le manuscrit? ou simplement un levier pour jeter la lance, un throwing stick?

Le roi de *Culhuacan* reçut gracieusement les envoyés des Mexicains et les hébergea du mieux qu'il put; puis, il exposa l'affaire à ses conseillers et aux grands personnages de sa cour qui manifestèrent une telle haine contre les Mexicains, que si ce n'eût été la volonté formelle du roi, on ne les eut point admis. Cependant, après de nombreux pourparlers, il fut résolu qu'on leur accorderait un coin de terre qui s'appelait *Tizapan*, c'est-à-dire *lieu des eaux blanches*, lieu choisi en toute malice par les gens de *Culhuacan*, parce qu'il était situé au pied d'une montagne peuplée de serpents, de vipères et autres reptiles des plus venimeux qui envahissaient l'endroit et l'avaient rendu inhabitable. En l'accordant aux Mexicains, on était convaincu qu'ils succomberaient bientôt sous les morsures de ces dangereuses bêtes. Les messagers rapportèrent la réponse aux Mexicains qui acceptèrent le site avec joie et s'y établirent. Ils se trouvèrent dans le principe en face de tant de reptiles, qu'ils en éprouvèrent une grande terreur; mais Huitzilopuchtli sut les calmer en leur apprenant à s'en servir, de sorte qu'ils en firent un des principaux articles de leur alimentation. Ils se nourrissaient donc de ces couleuvres et de ces vipères qu'ils trouvaient si savoureuses, que bientôt il n'en resta plus une seule. Les Mexicains construisirent en cet endroit une fort jolie ville avec son temple, de belles demeures et tout à l'entour des champs bien cultivés, où ils vivaient dans l'abondance, multipliant rapidement. Au bout d'un certain temps, les gens de Culhuacan ayant appris que les nouveaux venus se nourrissaient de reptiles; le roi leur dit : « Allez donc voir ces Mexicains, saluez-les de ma part et voyez ce que deviennent ceux qui survivent dans l'endroit que nous leur avons accordé. » Ces envoyés trouvèrent les Mexicains joyeux et contents, leurs champs cultivés et en parfait état; ils remarquèrent le temple qu'ils avaient élevé à leur dieu et les virent tous bien installés dans leurs maisons, pendant que sur leurs foyers et dans leurs pots rôtissaient et bouillaient toutes sortes de reptiles.

Les gens de *Culhuacan* remplirent la commission dont les avait chargé le roi, ce dont les Mexicains les remercièrent fort, disant la prospérité dont ils jouissaient et les suppliant de présenter à leur maître leurs actions de grâce pour les bienfaits qu'ils en avaient reçus; ils demandaient, sachant le roi si clément pour eux, qu'il voulut encore leur accorder deux choses : l'entrée de sa capitale avec liberté d'y commercer et la permission de s'allier à ses sujets par voie de mariage.

De retour à *Culhuacan*, les envoyés racontèrent au roi la force de résistance des Mexicains et leur multiplication; ils dirent ce qu'ils avaient vu et ce qu'on leur avait répondu. Le roi et ses principaux officiers demeurèrent fort étonnés d'une réussite aussi extraordinaire et tous éprouvèrent de nouveau une grande crainte de ces Mexicains. Le roi dit à ses gens : « C'est là une race protégée par son dieu, une race mauvaise et de mœurs dangereuses; prenez garde à ne pas lui faire du mal, car tant que vous ne l'offenserez point, vous vivrez en paix avec elle. » Depuis lors, les Mexicains commencèrent à pénétrer à Culhuacan; ils y commercèrent librement et bientôt ils s'unirent à leurs voisins, se traitant de frères et d'alliés.

Cette tranquillité, cette paix, ne pouvait convenir à *Huitzi-lopuchtli*, qui, voyant le peu qu'il en pouvait retirer de favorable à ses desseins, dit à ses serviteurs et à ses prêtres : « Il nous faut trouver une femme qui s'appellera pour le présent *la femme de la discorde* et que plus tard, dans l'endroit où nous irons demeurer, vous appellerez *mon aïeule;* car ce n'est point ici le lieu où nous devons fixer nos habitations; la patrie que je vous ai promise est plus loin, et il nous faut soulever un motif, guerre ou mort quelconque qui nous permette d'abandonner le pays que nous habitons; il est temps que nous prenions les armes, arcs et flèches, sabres et boucliers, et que nous étalions aux yeux du monde, la valeur de nos bras. Munissez-vous donc de toutes les choses nécessaires, armes offensives et défensives et cherchez une raison qui nous autorise à quitter cette ville; et tenez : allez trouver le roi de *Culhuacan* et demandez-lui sa fille pour mon service, il vous la donnera et c'est elle qui deviendra *la femme de la discorde,* comme vous le verrez plus tard. »

Les Mexicains qui, toujours obéissaient scrupuleusement à leur dieu, s'en allèrent auprès du roi de *Culhuacan* auquel ils soumirent leur demande; celui-ci très flatté qu'on lui demandât sa fille pour être la reine des Mexicains et l'aïeule de leur dieu, l'accorda sans difficulté. La jeune princesse fut entourée d'honneurs par les Mexicains qui l'emmenèrent, à la grande joie des deux parties.

Cette nuit même *Huitzilopuchtli* convoqua ses prêtres et leur tint ce discours : « Je vous ai déjà dit que cette femme devait être la pomme de discorde entre vous et les gens de *Culhuacan;* afin que ce que j'ai résolu s'accomplisse, tuez cette jeune vierge et sacrifiez en mon honneur, celle que dès aujourd'hui je prends pour mère. Une fois morte, écorchez-la avec soin et revêtez de sa peau l'un de vos meilleurs jeunes hommes, que vous habillerez ensuite avec les vêtements de la victime; vous inviterez alors le roi son père à venir adorer la déesse, sa fille, et à lui faire des sacrifices. » Tout se passa comme l'idole l'avait ordonné.

C'est depuis cette époque que les Mexicains adoptèrent cette jeune fille comme déesse sous le nom de *Toci, notre aïeule,* ainsi qu'il est dit dans le livre des sacrifices.

On appela donc le roi, son père, afin que, d'après l'ordre de l'idole, il vint adorer sa fille; le roi se rendit à l'invitation accompagné des grands de sa cour, leur ayant recommandé de se munir de nombreux présents qu'ils offriraient à la

jeune déesse des Mexicains. Ceux-ci y consentirent, chargèrent leurs esclaves d'une foule de ces choses qu'ils avaient
coutume d'offrir dans leurs sacrifices et formant cortège au
roi, se rendirent chez les Mexicains qui les accueillirent de
leur mieux. Quand leurs hôtes furent bien reposés, les
Mexicains conduisirent le jeune homme vêtu de la peau de
la princesse dans le sanctuaire de *Huitzilopuchtli* et le plaçant
à son côté, ils appelèrent le roi de Culhuacan lui disant :
« Seigneur, plaise à ta grandeur de vouloir bien entrer dans le
temple pour y voir notre dieu et la déesse ta fille, leur faire
tes dévotions et leur offrir tes présents. » Le roi se leva, pénétra dans le sanctuaire, ou, après nombreuses génuflexions,
il se mit à couper les têtes des perdrix et d'autres oiseaux
qu'il avait apportés pour le sacrifice ; il posait en même temps
devant le dieu une foule de mets, de l'encens, des fleurs et
autres présents habituels dans la circonstance; comme la
pièce était obscure, il ne pouvait voir devant qui il se trouvait et à qui il faisait ces sacrifices ; lorsqu'ayant pris un
brasero pour encenser le dieu et que le brasero s'enflammant
dissipa l'obscurité de la pièce et qu'il se trouva devant le
dieu et qu'il reconnut la dépouille de sa fille, le malheureux
rempli d'angoisse et d'horreur, jeta l'encensoir et s'enfuit
du temple en poussant des cris lamentables : « A moi, à
moi, mes vassaux de *Culhuacan*, ces Mexicains immondes
viennent de commettre un crime qu'on ne saurait imaginer !
ils ont tué ma fille, l'ont écorchée et ont vêtu de ses
dépouilles un de leurs jeunes hommes qu'ils m'ont fait
adorer; qu'ils meurent, qu'ils soient détruits ces misérables
aux sanguinaires pratiques, qu'ils soient exterminés, ô mes
vassaux et qu'il ne reste d'eux ni trace ni mémoire. »
Les Mexicains entendant les cris que poussait le roi de
Culhuacan et voyant l'agitation de ses sujets qui couraient
aux armes, conservèrent leur sang-froid, se retirèrent dans
la lagune, emmenant avec eux leurs femmes et leurs enfants,

espérant trouver dans les flots un refuge contre leurs ennemis. Mais les gens de *Culhuacan* avisèrent les habitants de
la ville de l'attentat et la nation toute entière accourut en
armes pour combattre les Mexicains qu'ils poussèrent dans
la lagune jusqu'à leur faire perdre pied. Les femmes et les
enfants poussaient des cris de désespoir; mais rien n'enta-
mait le courage des Mexicains qui commencèrent à couvrir
les gens de *Culhuacan* de dards en forme de tridents [1], ce
dont ils souffrirent tellement, qu'ils commencèrent à se
retirer. Les Mexicains purent alors sortir de la lagune et
gagner la terre, pour aller se réfugier en un certain endroit
des bords du lac appelé *Itztapalapan;* de là ils passèrent à un
autre lieu appelé *Acatzintitlan* où une grande rivière se jette
dans la lagune. Cette rivière était si profonde qu'on ne pouvait la passer à gué; ils firent donc des radeaux avec leurs
lances, leurs boucliers et des joncs qu'ils trouvèrent aux
alentours, sur lesquels ils passèrent les femmes et les enfants.
Lorsque tous eurent atteint l'autre bord, ils se réfugièrent
dans la lagune au milieu des joncs et des glaïeuls où ils
passèrent la nuit dans une angoisse inexprimable, au milieu
des cris et des sanglots des femmes et des enfants qui les
suppliaient de les laisser mourir, qu'ils ne voulaient pas aller
plus loin et qu'ils avaient assez souffert. Témoin des tour-
ments de son peuple, *Huitzilopuchtli* chargea ses prêtres de
ranimer le courage des gens, de leur persuader que cela était
pour leur bien futur et qu'ils se reposassent en cet endroit.
Quelque peu ranimés par les exhortations de leurs prêtres,
les malheureux passèrent la journée à faire sécher leurs vêtements et leurs armes et construisirent à cet effet un bain
qu'ils nomment *Temazcalli,* espèce de four avec d'un côté
un foyer qu'ils allumaient et dont la chaleur faisait une

---

1. Ici nous retrouvons le mot de *fisga* trident, que l'auteur du manuscrit appliquait
à l'*Atlatl* qui, dès lors, ne serait point un levier, un *throwing stick.*

chaude étuve, ils appellent cette manière de se baigner [1].....

Ils construisirent ce bain en un lieu près de cette ville, aujourd'hui *Mexicalzinco*, où ils se baignèrent et se refirent un peu ; de là, ils passèrent en un autre endroit appelé *Izta-calco* qui se trouve plus près de la ville de *Mexico*, où ils restèrent quelques jours. Ils se dirigèrent ensuite vers un autre lieu situé à l'entrée de cette ville, où s'élève maintenant l'hermitage de saint Antoine et ils entrèrent alors dans un quartier qui fait aujourd'hui partie de la ville de San Pablo, où la femme de l'un des principaux seigneurs accoucha, ce qui leur fit donner à cet endroit le nom de *Mixiutlan, lieu de l'accou-chement.*

C'est de la sorte que l'idole les conduisait petit à petit vers le site qu'elle avait choisi pour qu'on y édifiât sa grande ville. Les Mexicains commencèrent donc à chercher, de ci, de là, dans la lagune, quelque endroit qui leur parût convenable pour y jeter les fondements de leur ville, puisque toute la terre aux alentours était occupée par leurs ennemis. Ce fut ainsi que, cherchant de droite et de gauche, au milieu des joncs et des glaïeuls, ils trouvèrent une source des plus belles, où ils virent des choses merveilleuses et de toute admiration, choses que les prêtres leur avaient prédites d'après les ordres de leur dieu. La première chose qu'ils découvrirent en cet endroit fut une sabine blanche au pied de laquelle surgissait la source ; puis ils remarquèrent que tous les saules qui croissaient autour de la fontaine n'avaient pas une seule feuille verte et étaient entièrement blancs ; les joncs et les glaïeuls aussi étaient blancs, et comme ils regardaient ce spectacle avec grande attention, ils virent sortir de l'eau de jolies grenouilles toutes blanches. L'eau de cette fontaine s'échappait entre deux monticules, si claire et si limpide que c'était un grand plaisir à la voir.

---

1. Le nom ou la phrase correspondante manque dans l'original.

Les prêtres se rappelant ce que Dieu leur avait dit, se mirent à pleurer de joie et d'allégresse et s'écrièrent : « Voilà donc enfin la terre qui nous a été promise; les épreuves du peuple mexicain sont arrivées à leur terme et nous n'avons plus rien à souhaiter. Frères et enfants, soyez heureux, nous avons trouvé ce que notre dieu nous a promis; mais silence, taisons-nous et retournons à l'endroit où nous étions tout à l'heure et où nous attendrons les ordres de notre seigneur Huitzilopuchtli. » De retour à l'endroit d'où ils étaient venus, l'idole apparut en songe à l'un de ses prêtres et lui dit : « Vous devez être convaincus maintenant, que je ne vous ai rien promis qui ne soit arrivé et c'est en cet endroit où je vous ai conduits, que vous avez vu et compris les choses que je vous ai annoncées; mais attendez encore, afin que vous soyez aptes à tout comprendre. Vous vous souvenez certainement que je vous donnai l'ordre de tuer *Copil*, fils de cette sorcière qui se disait ma sœur, que je vous ordonnai de lui arracher le cœur et de le jeter au milieu des joncs et des glaïeuls de cette lagune, ce que vous avez fait : sachez que ce cœur est tombé sur une pierre et qu'il en naquit un cactus, devenu aujourd'hui si grand et si beau, qu'un aigle en a fait son gîte; que perché sur le haut de sa tige, il s'y nourrit des plus beaux oiseaux qui se puissent voir; qu'il y étend ses superbes et grandes ailes et qu'il y jouit de la chaleur des jours et de la fraîcheur des matins. Rendez-vous là de bonne heure; vous y trouverez le grand aigle perché sur le cactus et tout autour de lui vous verrez une foule de plumes vertes, bleues, rouges, jaunes et blanches provenant des beaux oiseaux qu'il a dévorés; eh bien! ce lieu où vous aurez rencontré le cactus et l'aigle, je lui donne le nom de *Tenuch-titlan*. » Ce nom est aujourd'hui le nom de cette ville de *Mexico*, qui ayant été fondée par les Mexicains, s'appelle *Mexico*, ce qui veut dire *lieu des Mexicains;* et quant à l'emplacement du site, il s'appelle *Tenuchtitlan*, parce que *tetl*, c'est une *pierre* et *nochtli* un *cactus*, et de ces deux noms se compose *tenochtli* qui signifie *le cactus et la pierre* sur laquelle il avait poussé, et en ajoutant cette particule *tlan* qui veut dire *lieu*, on a composé le mot de *Tenuchtitlan, lieu du cactus sur la pierre*.

Le lendemain à la première heure, le grand prêtre fit assembler tout le peuple, hommes et femmes, les vieux, les jeunes et les enfants, ordonnant qu'il n'y manquât personne; et lorsque tous furent réunis, il leur communiqua sa révélation, proclamant bien haut les insignes faveurs et les grâces qu'ils recevaient chaque jour de leur dieu, et conclut en disant : « Ce lieu où croît le cactus est le lieu où nous verrons la fin de nos épreuves, le lieu de notre repos et de notre tranquillité; c'est là que grandira et que sera glorifié le nom de la nation mexicaine; c'est là que nous ferons connaître la force de nos bras et le courage de nos cœurs vaillants; c'est de là que nous marcherons à la conquête des nations voisines et que nous assujettirons d'une mer à l'autre les villes et les provinces les plus éloignées et que nous deviendrons les maîtres de l'or et de l'argent, des joyaux et des pierres précieuses, des plumes et des étoffes riches et........... C'est là que nous deviendrons seigneurs de toutes ces nations, maîtres de leurs terres et de leurs biens, de leurs fils et de leurs filles; c'est là qu'elles viendront nous jurer obéissance et nous apporter leurs tributs et c'est là que nous devrons édifier cette ville fameuse appelée à devenir la reine de toutes les villes, et que nous y recevrons les seigneurs et les rois accourant de toutes parts pour s'incliner devant notre pouvoir suprême. Pénétrons donc, mes enfants, parmi ces roseaux et ces glaïeuls, dans l'épaisseur du marécage et cherchons l'endroit où s'élève le Cactus; vous ne sauriez à ce sujet douter de la parole de notre dieu, qui ne nous a jamais trompés. » Ce discours terminé, les Mexicains se prosternèrent, rendirent grâce à leur Dieu et se divisant en escouades, pénétrèrent dans le plus épais des jonceraies. Après avoir fureté de côté et d'autre, ils finirent par retrouver la fontaine qu'ils avaient vue le jour précédent et remarquèrent que l'eau, qui la veille s'échappait claire et limpide, s'écoulait aujourd'hui presque aussi rouge que du sang et qu'elle se divisait en deux branches, dont la seconde avait une eau d'un bleu si foncé qu'ils en demeurèrent fort étonnés; et quoique ayant remarqué le mystérieux de ce phénomène, ils n'en poursuivirent pas moins la recherche du cactus et de l'aigle; ils le trouvèrent ce cactus sur lequel se tenait l'aigle, les ailes étendues, se chauffant aux rayons du soleil et tenant dans ses pattes un oiseau d'un plumage pré-

Planche IV. — La lagune de Mexico représentée par les joncs et les poissons; au centre s'élève le cactus où se trouve perché l'aigle avec un oiseau dans sa serre. De droite et de gauche des prêtres et des guerriers mexicains.

cieux et resplendissant. A sa vue, les Mexicains se prosternèrent et lui adressèrent leurs hommages comme à un être divin, à quoi l'aigle répondit aussitôt en saluant de la tête tous leurs groupes. En voyant l'aigle s'incliner devant eux et comprenant qu'ils avaient atteint le but de leurs désirs, ils se mirent à pleurer de joie et se livrèrent à toutes les démonstrations que pouvaient inspirer l'allégresse et le bonheur. En manière d'actions de grâce ils disaient : « Comment avons-nous mérité un tel bien ? Qui nous a rendu dignes de faveurs si grandes ? Nous avons ce que nous désirions, nous avons trouvé ce que nous cherchions, là sera notre patrie et là s'élèvera notre capitale ; rendons grâce au créateur de toutes choses et à notre dieu Huitzilopuchtli. » Ce jour-là, ils allèrent se reposer, après avoir bien signalé cet endroit, que dans leurs manuscrits ils peignent de cette manière.

Le jour suivant, le grand prêtre dit aux Mexicains : « Mes enfants, nous avons des grâces à rendre à notre dieu pour les biens dont il nous a comblés ; allons tous dans la lagune et construisons près du Cactus un petit hermitage où pourra reposer notre dieu ; et comme, pour le moment, nous ne pouvons le construire en pierres, faisons-le en gazon et en terre mêlée de paille, en attendant que nous puissions faire mieux. » Tous acquiescèrent à cette invitation et s'en allèrent au cactus, où ils découpèrent les plus grosses mottes de gazon qu'ils purent trouver dans le marécage, et dont ils firent une assise carrée près du Cactus, et qui servit de fondation à la chapelle, qui se composait d'une petite maison couverte du chaume que fournissait la lagune ; ils ne pouvaient naturellement rien entreprendre de plus solide, car ils construisaient en un lieu qui ne leur appartenait pas et qui était situé sur les confins d'*Azçaputzalco* et de *Tetzçuço,* car c'était là que se trouvaient les bornes frontières des deux états ; et ils se sentaient si pauvres, si abandonnés et réduits à telle extrémité, qu'ils élevèrent en tremblant cette pauvre petite chapelle à leur dieu.

Ils se réunirent alors pour tenir conseil et quelques-uns d'entre eux demandèrent qu'une députation fut envoyée auprès des gens d'*Azçaputzalco* et chez les *Tepaneças* qui habitent *Taçuba* et *Cuyuhuacan* pour se déclarer en toute humilité leurs amis et les amener à leur accorder les pierres et les bois nécessaires à l'édification de leur ville; mais la plupart furent d'un avis contraire, disant que c'était ravaler le caractère et la dignité de la nation, sans préjudice des risques d'être mal reçus, et des injures et des mauvais traitements qui pourraient s'en suivre, et qu'il valait mieux, que les jours de marché, ils s'en allassent dans les villages et les villes à l'entour de la lagune et qu'accompagnés de leurs femmes, ils vinssent offrir, du poisson, des grenouilles et autres bestioles que produisent les marécages, en même temps que des oiseaux aquatiques qui abondaient dans la lagune, avec lesquels ils achèteraient de la pierre et du bois pour la construction de leurs demeures; et cela ouvertement, sans se reconnaître les obligés, ni les vassaux de personne, puisque c'était leur dieu qui leur avait désigné cet endroit. Ce moyen parut à tous le plus digne et on le mit à exécution. Les uns se répandirent dans les marais, au milieu des joncs et des glaïeuls, où ils recueillirent une multitude de poissons, de grenouilles et de crevettes, pendant que d'autres se livraient à la chasse des canards, des oies sauvages, des sarcelles, des poules d'eau et d'une foule d'autres oiseaux aquatiques; puis les jours de marché, ils se présentaient comme des chasseurs et des pêcheurs qui venaient troquer leur butin contre des solives, poutrelles, bois à brûler, de la chaux et de la pierre; et quoique pierres et pièces de bois fussent petites, ils n'en commencèrent pas moins à construire le temple de leur dieu; la toiture était en bois et ils en couvrirent les murailles en torchis, d'une couche de petites pierres reliées par un mortier de chaux et quelque petite et pauvre que fut la chapelle, elle avait déjà un certain air d'élégance et de grâce [1] : puis, ils s'occupèrent des chaussées

---

1. Cette ornementation en petits cailloux disposés en losanges ou autres figures

et des terrassements sur lesquels ils assoieraient leurs maisons au-dessus de l'eau, enfonçant une foule de pilotis entre lesquels ils jetaient de la terre et des pierres.

Ayant achevé leur temple comme nous l'avons dit, et ayant aveuglé une grande surface de la lagune par des terre-pleins pour la fondation de la ville, *Huitzilopuchtli* tint à l'un de ses prêtres le discours suivant : « Convoque la nation mexicaine et tu diras à leurs chefs et seigneurs que chacun d'eux réunisse ses parents, ses amis et ses alliés et qu'ils se divisent ensuite en quatre quartiers principaux rayonnant autour du temple que vous m'avez élevé, et que là, chaque parti construise ses demeures à volonté. » Ces quartiers sont les mêmes que ceux qui existent encore aujourd'hui dans cette ville de Mexico et qui se nomment, *san Pablo, santa Maria la redonda, san Juan* et *san Sebastian*. Après cette division en quatre faubourgs, l'idole ordonna aux Mexicains de répartir entre eux les dieux qu'elle leur désignerait et que chaque faubourg principal se divisât en d'autres faubourgs plus petits, où l'on élèverait des autels à ces dieux ; chaque quartier ou faubourg se divisa donc en autant de nouveaux quartiers correspondant au nombre des idoles que *Huiztilo-puchtli* leur commandait d'adorer, faubourgs qu'on appelait *Capultetes*, c'est-à-dire *les dieux des faubourgs*. Cette division une fois faite avec l'agrément des gens et l'avis des idoles, quelques-uns des anciens se trouvant lésés dans ce partage, se plaignirent qu'on ne les avait point traités selon leurs mérites et se tenant pour offensés, eux, leurs parents et leurs amis se mutinèrent et s'en furent à la recherche d'un nouvel emplacement. En parcourant la lagune, ils trouvèrent un banc de sable ou terre-plein, qu'ils appellent *Tlatéloli* où ils s'établirent et ils baptisèrent l'endroit *Tlatélulco*, c'est-à-dire *le lieu du terre-plein*. Ce fut ainsi la troisième scission de

géométriques se retrouve encore aujourd'hui, dans les cases primitives des Indiens Mayas au Yucatan.

la nation mexicaine. La première nous l'avons dit, eut lieu en *Michhuaçan* et la seconde à *Malinalco* avec les descendants de la sorcière — l'histoire nous raconte que ces gens de la troisième division étaient des hommes inquiets, turbulents et mal intentionnés; c'était donc un fort mauvais voisinage, et du jour où ils se séparèrent, ils n'eurent plus aucun lien d'intimité avec leurs frères mexicains; ils formèrent bande à part et sont devenus des ennemis.

Les Mexicains demeurés fidèles à l'emplacement du cactus, inquiets des agissements séditieux de ceux de leurs concitoyens qui s'étaient installés à *Tlatelulco*, se réunirent pour délibérer sur la sauvegarde de la ville et de leurs personnes, craignant de se trouver à la merci de leurs voisins qui progressaient et multipliaient d'une façon prodigieuse, et que ces révoltés, ces hommes aux instincts pervers ne vinssent un jour leur imposer leur joug; redoutant qu'ils ne se donnassent un roi et n'élevassent à leur côté un royaume indépendant. Il s'agissait de les prévenir, et après maintes délibérations, ils se dirent : « Choisissons un roi qui sera notre maître, et en même temps le maître des gens de *Tlatelulco* : c'est un moyen de couper court aux inconvénients et aux difficultés que nous redoutons; si vous le jugez bon, il ne sera point pris parmi nous, mais au dehors, soit à *Azcaputzalco* dont nous occupons une portion de territoire, soit à *Culhuacan* ou dans la province de *Teztcuco*. » Puis, se souvenant que des Mexicains s'étaient alliés aux gens de *Culhuacan* et que de part et d'autre on avait eu des enfants et des neveux : les grands seigneurs et le peuple, à l'unanimité, résolurent d'élire roi, un jeune homme appelé *Acama-pichtli*, fils d'un prince mexicain et d'une princesse, fille du roi de *Culhuacan*. L'élection faite, il leur parut bien de la valider, en demandant au roi de Culhuacan, dont le nouvel élu était le neveu, de vouloir bien le leur donner pour roi. A cet effet, les Mexicains préparèrent un présent magnifique, et chargèrent deux de leurs anciens et principaux orateurs de la présenter au roi. Ces ambassadeurs lui adressèrent le discours suivant : « Illustre seigneur, nous, tes serfs et vassaux, les Mexicains, qui vivons perdus dans les jonceraies et les glaïeuls de la lagune, seuls et isolés de toutes les nations, là où notre Dieu nous a conduits, dans les confins de ton royaume, de celui d'*Azcaputzalco* et de celui de *Tezlcuco*; nous, à qui tu as permis de nous établir sur ton territoire, serait-il juste que nous vivions sans un chef, sans un maître qui nous commande, nous reprenne, nous guide dans la voie de bien vivre et nous défendre contre nos ennemis? Nous nous adressons donc à toi, sachant que parmi tes sujets, il y a des enfants de notre race apparentée avec la tienne, sortis de nos communes entrailles, de ton sang et du nôtre et nous avons jeté les yeux sur l'un de tes neveux et notre fils, appelé *Acamapichtli,* te suppliant de nous le donner pour souverain, faveur que nous apprécierons comme elle le mérite, puisqu'il est de la lignée des seigneurs de Mexico et des rois de *Culhuacan.*

Le roi de *Culhuacan,* après avoir écouté la requête des Mexicains, comprenant qu'il n'avait rien à perdre en leur donnant son neveu pour régner à Mexico, répondit : « Nobles Mexicains, j'ai entendu la juste demande que vous venez de m'adresser et je me réjouis de pouvoir vous donner satisfaction, car en dehors de l'honneur que vous me faites, mon neveu ne me serait ici d'aucune utilité ; prenez-le donc et emmenez-le pour votre plus grand bonheur; qu'il devienne votre Dieu au lieu et place de *Huitzilopuchtli ;* qu'il conduise et gouverne les créatures de celui par qui nous existons, le seigneur du jour, de la nuit et des vents, le seigneur des eaux et de la terre où s'est fixée la nation mexicaine : (puis se rappelant comment la fille de son prédécesseur avait été tuée et écorchée) il ajouta : mais sachez bien que si c'était une femme, jamais je ne vous l'aurais donnée; emmenez-le donc et traitez-le comme il le mérite, c'est-à-dire comme mon fils et mon neveu. »

Les Mexicains reconnaissants rendirent au roi mille grâces et le supplièrent de leur accorder encore une princesse de la même lignée pour épouse de leur roi ; ce qui leur fut accordé ; le mariage se fit sur l'heure avec une des plus grandes dames de *Culhuacan* ; comme les envoyés ramenaient avec tous les honneurs imaginables leur nouveau souverain à Mexico, la nation entière, hommes et femmes, petits et grands, s'élança au devant du monarque qu'elle accompagna jusqu'à la demeure royale, qui, à cette époque, était bien modeste, et l'ayant porté ainsi que la reine sur les trônes qui avaient été préparés pour la circonstance, l'un des anciens se leva et harangua le roi de la manière suivante : « Oh! mon fils, notre seigneur et notre roi, sois le bienvenu dans cette pauvre ville et dans cette pauvre maison, au milieu de ces marécages où les ascendants de tes pères, parents et aïeux ont souffert ce que seul connaît le maître de toutes choses. Sache, seigneur, que tu viens parmi nous, pour être le protecteur, le refuge et le guide de cette nation mexicaine, pour laquelle tu deviens l'image, le représentant de notre Dieu *Huitzilopuchtli*, en vertu de quoi nous te donnons le droit de haute et basse justice. Tu sais déjà que nous ne sommes pas ici chez nous, puisque la terre que nous occupons appartient à des étrangers et nous ne savons pas ce que demain nous réserve ; tu ne viens donc pas ici pour te reposer ou te réjouir, mais pour te livrer à une besogne accablante, à un travail éternel ; te voilà l'esclave de cette multitude dont tu as pris charge, comme aussi des nations voisines que tu t'efforceras de ne jamais léser, puisque nous vivons chez eux et sur leurs frontières ; je termine en te souhaitant la bienvenue parmi nous à toi et à la reine notre souveraine. » Le prince rendit grâce et répondit qu'il prenait charge du royaume, s'engageant à le défendre et à s'occuper uniquement de tout ce qui toucherait

au bien de la république; après quoi il fut sacré roi de Mexico
et reçut le serment d'obéissance de ses nouveaux sujets qui lui
attribuèrent tous les droits régaliens. On lui mit aussitôt sur
la tête une couronne royale qui ressemblait quelque peu à la
couronne de la seigneurie de Venise, avec les ornements que
nous dépeignent les manuscrits.

Ainsi fut élu le premier roi de Mexico, qui, nous l'avons dit,
se nommait *Acamapichtli*, ce qui veut dire *roseau en main;* parce

Planche V. — Portrait du premier roi de Mexico Acamapichtli.

que de *Acatl*, roseau, et *mapiqui* qui signifie, *fermer la main et
la serrer*, ils forment *Acamapichtli, le preneur de roseaux* ou *les
roseaux au poing*, comme on dirait en espagnol, la lance au
poing. D'autres appellent ce premier roi *Acamapich*, ce qui est
la même chose, et pour le désigner dans leurs peintures, ils
ont dessiné une main tenant un paquet de roseaux [1].

Ceux des Mexicains qui s'étaient séparés du corps de la

1. Le prince debout avec la tiare sur la tête, le roseau à la main, ses sujets
accroupis devant lui et à gauche une main fermée tenant un paquet de roseaux.

nation pour aller vivre à *Tlatelulco*, n'assistèrent pas à l'élection d'*Acamapich*, pas plus qu'ils ne lui jurèrent obéissance; ils se tinrent à l'écart sans faire cas du roi, persévérant sans crainte dans leur révolte, comme gens appartenant à une autre nationalité. Les Mexicains de Mexico frémirent sous l'injure, mais n'en laissèrent rien paraître pour mieux dissimuler leur dessein de les attaquer maintes fois et de les détruire comme nous le dirons plus tard.

Acamapich commença donc à régner l'année de Notre-Seigneur, *mille trois cent dix-huit;* il avait vingt ans : les Mexicains jetaient à cette époque les fondements de la ville de Mexico; leur situation s'améliorait, leur nom se répandait aux alentours et jouissant de quelque tranquillité, ils multipliaient d'autant plus rapidement, qu'ils s'étaient alliés avec les nations voisines; il y avait encore parmi eux quelques vieillards qui avaient fait le pèlerinage de la lointaine patrie à Mexico, vieillards qui devinrent les anciens, les seigneurs chargés des grands offices, et de la conduite de la nation.

L'histoire nous raconte que la femme de ce roi fut stérile et que les grands et les principaux personnages résolurent de lui donner leurs filles, dont il eut des fils de cœurs courageux et vaillants, dont quelques-uns devinrent rois par la suite; d'autres devinrent capitaines et chargés de grands commandements. Parmi ceux-ci, le roi en eut un d'une esclave, qu'il nomma *Izcohuatl*, et qui, grâce à ses grandes qualités et à sa grande valeur, devint roi, comme nous le verrons plus tard. Le règne d'*Acamapich* fut pour la nation une époque de bien-être, de paix et de quiétude pendant laquelle les Mexicains de plus en plus nombreux travaillaient à l'embellissement de leur ville. Ce que voyant, les *Tépanecs*, dont la capitale était *Azcaputzalco,* où résidaient le roi et sa cour, et à qui les Mexicains payaient tribut, se réunirent, et le roi parlant à ses vassaux et aux grands de sa cour leur dit : « Habitants d'*Azcaputzalco,* avez-vous observé comment les Mexicains, après avoir occupé nos terres, ont élu un roi et construit une ville ? Que devons-nous faire ? remarquez que si nous avons toléré un mal, il ne nous est pas permis d'en tolérer un autre : qui saurait nous dire, en effet, si après nous, ces gens ne pourraient s'assujettir nos enfants ou leurs successeurs et si, une fois les plus forts, ils ne nous traiteraient point en tributaires et sujets? d'après ce que nous voyons, ils me paraissent chaque jour s'élever, s'enorgueillir et chercher à nous dominer; si donc il vous paraît bien et pour qu'ils ne grandissent pas davantage, allez et dites leur qu'ils auront à payer dorénavant un double tribut en témoignage de leur sujétion. » Tous approuvèrent la décision du roi et, selon son ordre, on dépêcha des messagers à Mexico chargés de dire au roi lui-même de la part du roi d'*Azcaputzalco,* que le tribut que payaient les Mexicains était trop modeste, qu'il le fallait augmenter; que le roi d'*Azcaputzalco* voulait transformer et embellir sa capitale et qu'en dehors du tribut accoutumé, ils devraient apporter des sapins et des saules de grande taille pour être plantés dans la ville; qu'on leur demandait aussi de peupler la surface de la lagune de champs cultivés qui flotteraient comme des radeaux et sur lesquels ils sèmeraient les plantes qui servaient à leur nourriture, telles que maïs, piments, haricots, blettes ou poirées qu'ils appellent *huautli* [1], calebasses, etc. [2]. A cette nouvelle,

---

1. Le mot *huautli* ou ahuautli, que l'auteur du manuscrit traduit par blette, se traduit aujourd'hui à Mexico par *œufs de mouches* dont les Mexicains autrefois faisaient une consommation prodigieuse. Ces œufs, déposés sur les bords de la lagune par des nuages épais de mouches noires, sont restés dans l'alimentation des Indiens d'aujourd'hui; ils se mangent fortement assaisonnés de piment et rappellent un peu le caviar.

2. Ces champs cultivés flottants se composaient d'une épaisse couche de joncs et de bois légers sur lesquels les Indiens amassaient quarante ou cinquante centimètres de terre et de fumier, ou fleurs et légumes poussaient à profusion; ils provoquèrent la surprise et l'admiration des Espagnols qui en parlent souvent et les appellent *Chinampas.*

les Mexicains se répandirent en lamentations; mais cette nuit même *Huitzilopuchtli* fit au grand prêtre la communication suivante : « J'ai été témoin de l'affliction de mes fidèles et de leurs larmes; dis-leur de ne point perdre courage, que je saurai les tirer de toutes leurs épreuves; qu'ils acceptent le tribut, et dis à mon fils *Acamapich* qu'il fasse enlever les sapins et les saules qu'on lui demande et qu'il fasse faire le radeau sur lequel il sèmera tous les légumes et les fleurs qu'on exige, ce sera facile et la chose ira de soi. » Le matin, le grand-prêtre s'en fut trouver le roi *Acamapich* à qui il rapporta la révélation de l'idole, ce qui le réconforta : il ordonna aussitôt à ses sujets d'accepter le tribut et de se mettre à l'œuvre pour en remplir les conditions. Les Mexicains trouvèrent facilement les sapins et les saules, ils les portèrent à *Azcaputzalco* et les plantèrent aux lieux que le roi leur indiqua ; ils fabriquèrent également le champ flottant dans la lagune qui se remplit bientôt d'épis de maïs, de piments, de tomates, de blettes, de haricots, de calebasses et d'une foule de roses; tout poussa et fleurit en une saison, ce dont le roi d'*Azcaputzalco* fut tellement émerveillé qu'il dit aux gens de sa cour : « Ceci, mes amis, me paraît quelque chose de surhumain; lorsque je le commandai je le tenais pour impossible, et pour que vous sachiez que je ne me trompe pas, appelez-moi ces Mexicains, je veux que vous compreniez qu'ils sont gens protégés par leur dieu, et je crains qu'un jour ils ne s'élèvent au-dessus de toutes les autres nations. » Les Mexicains amenés devant lui, le roi leur dit : « Il me paraît, frères, que tout vous est facile et que vous êtes doués d'un grand pouvoir; j'exige donc qu'en me livrant le tribut auquel vous êtes obligés, vous m'apportiez en même temps parmi les grains et les fleurs du radeau, un héron et un canard couvant leurs œufs, et il faudra qu'ils arrivent ici le jour même où leurs petits devront éclore, et ce pour vous, sous peine de mort. » Les Mexicains vinrent conter la chose à leur roi, et la nouvelle s'étant répandue par la ville y jeta l'inquiétude et l'angoisse; mais *Acamapich*, plein de confiance en son Dieu *huitzilopuchtli*, manda qu'on n'eût l'air d'attacher aucune importance à cette affaire, qu'on ne montrât ni couardise, ni douleur et qu'au contraire on ne montrât partout que visages riants, quelle que fût l'inquiétude que l'on pût éprouver. L'idole, du reste, voulut consoler ses fidèles et s'adressant à l'un de ses prêtres, le plus vieux et le plus autorisé, il lui dit : « Chasse toute crainte et méprise les menaces; dis à mon fils, ton roi, que je sais ce qu'il convient de faire et que je me charge de tout; qu'il fasse ce qu'on lui demande, toutes choses qui viendront en paiement du sang et de la vie de ses oppresseurs, qui, dans un jour prochain, seront nos victimes et nos esclaves; que mes enfants souffrent et prennent patience, leur temps viendra. » Le vieux prêtre rapporta cette communication au roi, et son peuple et lui y puisèrent un nouveau courage et une confiance plus vive dans leur Dieu.

A l'époque où l'on devait payer le tribut à *Azcaputzalco*, apparurent sur le radeau, on ne sait comment, un canard et un héron couvant leurs œufs sur leurs nids; les Mexicains les emportèrent à la ville et l'on vit les jeunes éclore juste au moment de leur arrivée à *Azcaputzalco*. Le roi fut plus surpris que jamais à la vue de ce phénomène, qui confirmait tout ce qu'il avait dit l'année précédente aux grands de sa cour et, de nouveau, il leur exposa ses craintes. Quant aux Mexicains, ils payèrent ce tribut pendant cinquante ans, souffrant en silence, dissimulant leur haine grandissante et prenant chaque année de nouvelles forces.

Entre temps, le roi *Acamapichtli* mourut à l'âge de soixante ans, ayant régné quarante ans, en paix et tranquillité; il laissait une ville ou s'élevaient de nombreuses maisons séparées par des rues et des canaux et un peuple doté d'une organisation et des lois qui font une bonne république ; il donna tout son temps à l'administration de son royaume. Sentant sa mort approcher, il convoqua les grands de sa cour et leur adressa de longues exhortations, leur recommandant le dévouement à la chose publique, leur laissant en garde ses femmes et ses enfants, sans vouloir désigner aucun d'eux comme héritier de son trône; voulant que le peuple choisisse celui qui lui paraîtrait le plus digne et qu'il leur laissait à cet égard toute liberté. Ce fut une coutume qui prévalut à l'avenir parmi les Mexicains, car les fils des rois n'héritaient point de la couronne, ils ne la recueillaient que par élection, comme il se verra ci-après. *Acamapich* exprima la plus grande douleur de n'avoir pu délivrer son peuple de la sujétion à *Azcaputzalco* et du tribut qu'il lui payait. Ainsi mourut ce roi, laissant ses sujets dans la tristesse et la désolation. On fit à ce prince les obsèques les plus solennelles et les plus magnifiques, accompagnées des cérémonies accoutumées, mais non point avec le grand appareil de richesses et d'esclaves dont ils se servirent plus tard; les Mexicains étaient encore trop misérables, et, pour ne pas nous répéter, nous remettrons à un autre chapitre, le récit détaillé de ces cérémonies.

Les funérailles d'*Acamapich* terminées, on s'occupa de l'élection d'un nouveau roi; le peuple se réunit en comices, dont faisaient partie les grands seigneurs et nombre de simples citoyens; le plus ancien des notables et le plus vénéré prit la parole et dit : « Notre roi est mort; qui vous plaira-t-il, Mexicains, de choisir pour monarque et chef de cette ville, quel sera celui de nous, appelé à prendre soin des vieillards, des veuves et des orphelins, le père de notre république? car ne sommes-nous pas tous les cils de ses yeux et la barbe de son visage? A qui avez-vous résolu de donner le sceptre? Qui placerez-vous sur le trône de ce royaume pour nous protéger et nous défendre, car bientôt, selon les avis de notre dieu, il faudra armer nos mains et exalter nos cœurs? Quel est le vaillant qui triplera la force de nos bras, sacrifiera sa vie à la défense de notre ville et de nos personnes, et qui loin d'avilir le nom de notre dieu dont il sera l'image, le glorifiera aux yeux du monde, et fera apprécier des nations voisines la valeur mexicaine appelée à les vaincre et à les assujétir? » Après le discours de l'ancien, tous s'inclinèrent devant l'un des fils du roi défunt appelé *Huitzilihuitl ;* à la grande joie de la population qui attendait en silence le nom d'un nouvel élu. Aussitôt s'élevèrent de la foule, des cris, des acclamations équivalentes à celles que nous avons l'habitude de pousser en Espagne, vive le roi, etc.

L'élection terminée, les seigneurs, en bon ordre, se rendirent tous auprès de *Huitzilihuitl,* le retirèrent d'entre ses frères et ses parents, le prirent au milieu d'eux et le conduisirent vers le trône où ils le placèrent; ils lui mirent alors sur la tête la couronne royale, lui oignirent le corps de la substance qu'ils avaient coutume lors de l'élection des rois et qu'ils appelaient onction divine, pour être la même que celle dont ils oignaient *Huitzilopuchtli* et l'ayant revêtu des attributs royaux, l'un d'eux lui adressa le discours suivant : « Vaillant jeune homme, notre seigneur et roi, ne t'effraies point de la lourde charge qui t'incombes, à devenir le guide de ce royaume perdu dans ce désert marécageux de joncs et de glaïeuls, où nous vivons sous l'égide de notre dieu *Huitzilopuchtli,* dont tu es l'image; tu connais l'inquiétude dans laquelle nous vivons; tu connais les travaux et les peines qui nous affligent comme habitants d'une terre étrangère et comme tributaires d'*Azcaputzalco :* penses-y sans cesse, non que je puisse croire que tu l'oublies, mais afin d'y puiser un nouveau courage; ne pense pas surtout que tu viennes occuper ce trône pour y reposer, mais pour y constamment travailler, car nous n'avons à t'offrir autre chose que la misère et la pauvreté dans lesquelles a régné ton père et qu'il souffrit avec patience et courage. » Après ce discours, tous vinrent lui faire leurs révérences, chacun le félicitant à sa manière. Ce fut ainsi que se passa l'élection du second roi de Mexico, dont le règne commença l'année 1359. Il s'appelait *Huitzili-huitl*, nous l'avons dit, ce qui signifie *plume riche*, parce que, *huitzili*, est *l'oiseau du plus riche plumage qu'il y ait* et que du

Planche VI. — Second roi de Mexico Huitzilihuitl.

mot qu'ils y ajoutent, *ihuitl* ils composent le nom de *huitzi-lihuitl, plume de ce bel oiseau* [1].

Ce roi, quand il fut élu, était garçon, aussi, s'occupa-t-on immédiatement de le marier. On chercha même à faire tourner ce mariage au plus grand profit du peuple mexicain en demandant au roi d'*Azcaputzalco* de vouloir bien donner une de ses filles, ce qui entraînerait sans doute un allègement de tribut. On mit aussitôt le projet à exécution et les envoyés de Mexico se rendirent à Azcaputzalco, ou, admis en présence du roi, ils lui dirent : « Seigneur, nous sommes venus nous prosterner en toute humilité devant ta grandeur pour implorer de toi une insigne faveur ; à qui, en effet, pourrions-

---

1. Election de Huitzilihuitl, le roi sur son trône avec ses attributs royaux, les électeurs mexicains à ses pieds et sur la gauche, la tête du bel oiseau, signe figuratif du nouveau monarque.

nous avoir recours, sinon à toi dont nous sommes les vassaux et les serviteurs, à toi dont nous attendons les mandements royaux, pendus que nous sommes aux lèvres de ta bouche, pour exécuter tout ce que ton cœur désire? tu vois à tes pieds, seigneur, les envoyés de tes serviteurs, les vieillards et les anciens de notre nation, qui te supplient de prendre pitié de ton vassal le roi de Mexico qui gouverne ses pauvres sujets au milieu d'affreux marécages, notre roi *Huitzilihuitl* qui est célibataire et que nous voulons marier. Nous demandons que tu daignes nous accorder l'un de tes joyaux et plumes riches qui sont tes filles, afin que l'une d'elles vienne en cette terre étrangère, pour en être la maîtresse souveraine ; nous te supplions, seigneur, de nous accorder cette grâce. » Le roi ayant écouté avec attention la supplique des Mexicains, se montra tout disposé à exaucer leurs vœux et ce fut avec la plus grande bienveillance qu'il leur répondit : « Convaincu et gagné par vos paroles et votre humilité, oh ! Mexicains, je ne puis vous dire qu'une chose : c'est que je vous accorde votre demande ; parmi mes filles, je choisis l'une qui se nomme *Ayauhcihuatl*, je vous la donne, emmenez-la accompagnée de mes souhaits de bonheur. » Les Mexicains prosternés rendirent au roi mille et mille actions de grâce, et la princesse entourée d'une foule de gens d'*Azcaputzalco* les suivit à Mexico où elle fut reçue au milieu des acclamations et des réjouissances publiques ; on la conduisit au palais, où on lui adressa des discours de bienvenue, après quoi on l'unit à *Huitzilihuitl* d'après le cérémonial usité dans les mariages, qui consistait à attacher le manteau de l'un au manteau de l'autre en signe des liens du mariage, sans parler d'autres pratiques que nous signalerons plus tard.

Peu après le mariage de la fille du roi d'*Azcaputzalco* avec le souverain de Mexico, cette princesse eut un fils, événement qui répandit la joie et l'allégresse dans toute la ville. On en porta la nouvelle au roi son père qui en fut également très heureux et qui tint à honneur de baptiser lui-même son petit-fils. Après avoir consulté ses devins, il nomma l'enfant *Chimalpopoca*, c'est-à-dire *le bouclier qui fume*. Le jour où l'on devait baptiser le petit prince à Mexico, toute la cour d'*Azcaputzalco* et les *Tepanecs* qui habitent Tacuba et Cuyuhuacan s'y rendirent chargés de présents pour l'accouchée, chacun lui présentant son offrande et ses compliments, chose où ils excellent. Quant aux deux nations, elles se félicitèrent mutuellement. La reine de Mexico pensant que les circonstances étaient des plus favorables pour alléger ses sujets de leurs humiliations et de leurs tributs, pria son père le roi d'*Azcaputzalco* de vouloir bien considérer, qu'il avait un neveu Mexicain et que sa fille étant reine de cette nation, il serait juste de les délivrer d'un joug aussi pesant. Le roi trouvant la requête juste, réunit son conseil, lui exposa l'affaire et résolut d'affranchir les Mexicains de leur servitude et de leurs tributs, décidant qu'en reconnaissance du droit de seigneurie d'*Azcaputzalco*, ils seraient simplement tenus de payer chaque année deux canards, des poissons et des grenouilles et quelques bestioles qu'il leur était facile de se procurer dans leur lagune. Cette mesure remplit les Mexicains de joie. Quelques années après, la reine leur protectrice mourut, laissant son fils *Chimalpopoca*, âgé de neuf ans. Cette mort répandit une immense tristesse dans la ville, tous craignaient qu'on ne leur imposât de nouveau l'humiliation et les lourds tributs qu'ils payaient autrefois à *Azcaputzalco*; n'ayant plus d'espoir qu'en leur petit prince *Chimalpopoca*. Cet espoir ne fut pas de longue durée, car *Huitzilihuitl*, second roi de Mexico, mourut un an après la reine; il avait régné treize ans; il mourut jeune ayant à peine dépassé sa trentième année.

Le règne de ce prince fut une époque de paix et de tranquillité; il fut adoré de ses sujets, il laissa l'état prospère, gouverné par de nouvelles lois qu'il fit strictement observer, surtout en ce qui touchait au culte des dieux, que seigneurs

et rois plaçaient au-dessus de tout, se considérant comme
les représentants et les images de leurs idoles, convaincus
que les honneurs qu'on rendait aux dieux leur étaient
rendus à eux-mêmes. Ils tenaient donc pour la chose la
plus importante l'extension du temple et la liberté de leur
république; à quelle fin, d'après les recommandations de ce
roi, les Mexicains s'appliquèrent à la construction des barques qui leur permit de sillonner la lagune, de perfectionner
l'industrie de la chasse et de la pêche, d'étendre leurs relations commerciales avec les nations voisines et d'enrichir
leur capitale de provisions et de produits. Entre temps, ils
pavoisaient leurs barques et leurs canots, s'exerçaient aux
manœuvres guerrières sur le lac, persuadés qu'il leur serait
bientôt nécessaire d'être toujours prêts, adroits et entraînés
dans ce qui touchait à l'art militaire, guidés en cela par leur
résolution bien arrêtée d'affranchir Mexico par la force des
armes. Dans ce but, ils faisaient tout pour se gagner l'amitié
des peuples avec lesquels ils étaient en relation, les attirant
au milieu d'eux, s'unissant à eux par des mariages et faisant
tout concourir à la prospérité, à l'accroissement et à la puissance de leur capitale. Ce fut dans ces circonstances, au moment où la République était dans les meilleures relations
avec ses voisins, que mourut le roi Huitzilihuitl, à qui ses
sujets inconsolés firent selon la coutume de solennelles
obsèques. Tout en pleurant la mort de *Huitzilihuitl*, les Mexicains se réunirent aussitôt pour procéder à l'élection d'un
nouveau roi : ils songeaient combien peu d'années les avait
gouverné ce monarque tant aimé, pour l'ardent désir qu'il
avait d'affranchir son peuple et d'en accroître la puissance,
de procurer à ses sujets des terres à cultiver pour leur nourriture, souffrant de leurs inquiétudes d'avoir à tout faire
venir du dehors, ne pouvant dans leurs marécages se
livrer à aucune culture; les sachant à la merci de leurs voisins qui pouvaient couper les routes et les vivres et empêcher

que leurs vassaux ne leur vendissent ni maïs, ni haricots, ni
aucune espèce d'aliment; ce qui leur composait une vie d'inquiétude et d'effroi. Les Mexicains se réunirent donc pour
élire ce nouveau roi, chez lequel ils désiraient trouver les
mêmes dispositions et le même dévouement à la défense
de leur ville, le même désir de les affranchir à jamais; car ils
se sentaient assez forts pour prendre les armes et il ne leur
manquait qu'un chef pour les encourager et les conduire. —
Après de longues discussions à ce sujet, ils tombèrent d'accord et choisirent le fils de *Huitzilihuitl*, *Chimalpopoca* qui

Planche VII. — Troisième roi de Mexico, Chimolpopoca.

n'avait alors que dix ans. Mais ce choix avait pour but principal de plaire au roi d'*Azcaputzalco* dont il était le petit-fils
et d'endormir sa vigilance sur des projets dont nous parlerons ci-après.

Chimalpopoca fut élu à l'unanimité par toutes les classes de
la nation; on installa l'enfant sur son trône, on l'oignit de

l'onction divine, on lui mit la couronne sur la tête et on arma sa main gauche d'un bouclier et sa droite d'une épée à sa taille, à l'image du dieu qu'ils voulaient représenter et en témoignage du serment qu'il prêtait de défendre sa ville et de mourir pour elle. Les Mexicains élurent ce roi sous cet appareil guerrier, parce que dorénavant ils avaient résolu de s'affranchir par la force des armes, ce qu'ils réussirent à faire, comme nous le verrons ci-après. Après quelques années de règne les Mexicains voyant *Chimalpopoca* fort aimé de son grand-père, le roi d'*Azcaputzalco*, et entretenant avec les gens de cette ville des relations plus suivies et plus faciles, conseillèrent à leur roi de profiter de l'affection de son aïeul pour lui demander la concession des eaux de *Chapultepec* (colline dont nous avons parlé plus haut), parce que l'eau de la lagune était saumâtre et qu'on ne pouvait la boire.

Chimalpopoca envoya donc des messagers à son grand-père pour lui exposer sa requête, et celui-ci, considérant qu'il n'avait rien à perdre, puisqu'on n'utilisait pas cette eau, lui en accorda l'usage, avec l'assentiment de son conseil. Les Mexicains, fort heureux de pouvoir capter cette source, se mirent en toute hâte à réunir des mottes de gazon et à tirer de la lagune des pierres, des joncs et autres matériaux, avec lesquels, en peu de temps, ils amenèrent l'eau à Mexico; ils y eurent néanmoins beaucoup de peine, car leur ville étant au milieu du lac, l'eau venait battre l'ouvrage et comme le canal était d'argile, il se désagrégeait et s'écroulait de toutes parts. Les Mexicains profitèrent de cette occasion pour provoquer l'animosité des gens d'*Azcaputzalco;* ils désiraient en arriver à une rupture ouverte qui leur permit d'atteindre le but qu'ils poursuivaient : la conquête de leur liberté.

C'est dans ce but qu'ils envoyèrent de nouveaux messagers au roi d'Azcaputzalco pour lui faire savoir de la part du roi son neveu, qu'ils ne pouvaient jouir de l'eau qu'il leur avait concédée, car le canal qu'ils avaient construit pour l'amener à Mexico, étant en argile s'ébranlait sans cesse, et qu'il voulut bien leur accorder du bois, de la pierre, de la chaux et des pieux et ordonner à ses sujets de venir les aider à construire un nouveau canal, de pierre et mortier. Cette ambassade déplut au roi et aux gens de sa cour; la demande leur parut bien hardie, bien audacieuse adressée au monarque d'*Azcaputzalco*, maître suprême de toute la vallée : et quoique le roi dissimula par égard pour son petit-fils, les grands seigneurs ne voulurent rien entendre et, fort en colère, lui dirent : « A quoi pensent ton petit-fils et ses Mexicains, de nous adresser une telle demande? nous prennent-ils pour leurs vassaux et leurs serviteurs? ne suffit-il pas, que recueillis et admis sur notre territoire, nous ayons consenti à ce qu'ils y établissent leur ville et que nous leur ayons accordé l'eau qu'ils nous demandaient, et faut-il tolérer qu'au mépris de ta couronne royale ils viennent aujourd'hui nous sommer de leur construire un canal pour leur amener l'eau à Mexico ? Nous refusons, et dussions-nous y perdre la vie, nous saurons ce qui a pu leur inspirer une démarche aussi insolente qu'audacieuse. »

Cela dit, ils se retirèrent et tinrent conseil avec les seigneurs de *Tacuba et de Coyohuacan*, qui faisaient partie de la fédération tépaneque, eux-mêmes fort mal disposés pour les Mexicains; conseil où ils résolurent, non seulement de ne point leur accorder ce qu'ils demandaient, mais de leur enlever immédiatement l'eau qu'ils leur avaient concédée et de les attaquer, les détruire et les exterminer, si bien, qu'il ne restât plus un Mexicain, ni un lieu qui s'appelât Mexico. A cet effet, ils commencèrent à soulever le peuple, le poussant à prendre les armes contre les Mexicains disant que ceux-ci voulaient les assujetir et leur imposer tribut; et pour mieux manifester leur haine et rendre la guerre plus nécessaire, ils firent publier par toute la communauté, que dorénavant personne n'eût à traiter ni commercer avec Mexico, et qu'il était défendu sous peine de mort de livrer aux Mexicains ni vivres, ni marchandises quelles qu'elles soient. Pour assurer l'exécution de ce décret, on mit des gardes sur toutes les routes, pour que ni Mexicains n'entrassent à *Azcaputzalco*, ni *Tepanecs* n'entrassent à Mexico, arrêtant en un mot toute communication entre les deux peuples.

Le roi d'Azcaputzalco fut très peiné de voir ses sujets en telle effervescence et bien déterminé à déclarer la guerre aux Mexicains et à les exterminer. Voyant qu'il était impossible de les calmer, il les pria de faire enlever son petit-fils *Chimalpopoca* afin qu'il échappa au massacre. Quelques-uns y consentirent, mais les anciens s'y opposèrent, disant que s'il était de race tépanèque par sa mère, il était mexicain par son père, qu'il prendrait toujours la cause de son peuple et que c'était le roi de Mexico qui devait mourir le premier. Cette nouvelle affecta tellement le roi d'*Azcaputzalco* qu'il tomba malade et mourut, ce qui ne fit que confirmer les Tépanecs dans leur sauvage résolution. S'étant concertés, ils résolurent d'assassiner le roi *Chimalpopoca* pensant ainsi porter un grand coup à la nation mexicaine; dans ce but et pour envenimer à jamais la haine qui séparait les deux nations, ils imaginèrent une trahison abominable : une nuit, les Tépanecs pénétrèrent en silence dans le palais de Mexico, où ils trouvèrent la garde sans défiance et qui dormait; ils surprirent le roi, l'assassinèrent et se retirèrent sans avoir été signalés. Le lendemain, les Mexicains vinrent, selon la coutume, présenter leurs hommages au roi ; ils le trouvèrent mort et couvert d'affreuses blessures. Cette mort désastreuse jeta les Mexicains dans une telle douleur suivie d'une telle surexcitation, que, fous de rage, ils se précipitèrent sur leurs armes pour venger la mort du roi ; mais un de leurs chefs s'efforça de les calmer, disant : « Apaisez votre colère, oh ! Mexicains; sachez que les premiers mouvements n'amènent jamais rien de bon; faites taire votre douleur, en songeant que si notre roi est mort, la race et la descendance de nos seigneurs ne se sont pas éteintes avec lui; qu'il nous reste des enfants de nos rois qui se sont succédés dans le royaume, avec l'aide desquels vous ferez mieux que ce que vous prétendiez faire tout à l'heure. Quel chef avez-vous à votre tête pour vous guider dans une guerre? N'allez pas à l'aveugle; haut les cœurs; nommez d'abord un roi qui vous conseille, double la force de vos bras, exalte votre courage et vous serve de rempart contre vos ennemis. En attendant que vous nommiez ce chef, dissimulez avec prudence, procédez aux obsèques de votre seigneur et roi et comptez sur les circonstances qui vous permettront un jour de venger sa mort. » Convaincus par ce discours, les Mexicains se recueillirent et préparèrent les funéraillles de leur roi, accompagnées des cérémonies accoutumées. Ils eurent soin d'inviter tous les seigneurs de *Tezcuco* et de *Culhuacan* à qui ils racontèrent l'odieuse trahison des Tepanecs envers leur roi; ce dont ils furent profondément affectés; puis après divers entretiens à ce sujet, les Mexicains prièrent leurs hôtes de vouloir bien leur conserver leur amitié, de ne point aider, ni favoriser les Tepanecs; qu'eux-mêmes ne comptaient que sur l'aide de leur dieu et sur celle du créateur de toutes choses, comme aussi sur la force de leurs bras, et la vaillance de leurs cœurs; et qu'ils avaient résolu de mourir, ou de venger leur injure en rasant la ville d'*Azcaputzalco*.

Les seigneurs leur promirent de rester neutres et de ne point prêter appui aux gens d'*Azcaputzalco;* et puisque ceux-ci leur avaient prohibé tout commerce, coupé toutes communications et toutes les routes, ils leur offraient l'entrée libre de leurs villes pendant tout le temps que durerait la guerre, afin que leurs femmes et leurs enfants allassent et vinssent par terre et par eau pour approvisionner leur ville des vivres et provisions qui leur seraient nécessaires. Les Mexicains leur rendirent mille grâces et les prièrent de vouloir bien assister à l'élection du nouveau roi; ce à quoi ils consentirent.

Les Mexicains se réunirent immédiatement pour élire le nouveau roi, élection précédée des discours qu'ils prononçaient en cette occasion. En effet, il y eut toujours parmi ces nations, de grands orateurs, qui en toutes sortes d'affaires prenaient la parole et se livraient à de longues improvisations pleines d'éloquence, d'images et de figures de rhétorique les plus délicates, les plus fines et les plus profondes, comme l'affirment ceux qui connaissent cette langue. C'est, qu'en la cultivant avec soin, ils trouvaient toujours de nouvelles expressions et l'on pourra juger du style et de l'élégance de ce langage par le discours suivant. Voyant l'assemblée au complet, le vieil orateur prit la parole en ces termes : « Mexicains, vous avez perdu la lumière de vos yeux, mais non celle de vos cœurs et si vous avez perdu cette lumière, étoile et guide de la république Mexicaine, il vous reste celle du cœur qui vous permet d'apprécier que si on vous enleva l'une, il vous en reste d'autres qui dissiperont rapidement les ténèbres dans lesquelles nous sommes plongés. La noblesse de Mexico est-elle épuisée? le sang royal est-il tari? jetez les yeux autour de vous, et vous verrez au milieu de cette fière noblesse, non pas un, ni deux, mais une foule de princes vaillants, fils d'*Acamapichtli* notre légitime et véritable seigneur; c'est parmi ceux-là que vous pourrez librement choisir, disant je veux celui-ci ou celui-là, et c'est dans cette assemblée de princes qu'ayant perdu votre père vous retrouverez un père et une mère. Songez, oh! Mexicains, que le soleil ne s'est éclipsé que de courts instants, par la mort de votre roi! pour que de nouveau le soleil se lève, choisissez-en un autre; songez bien sur qui vous jetterez les yeux, à qui s'adresseront vos cœurs, et que celui-là, sera celui qu'aura choisi votre Dieu *Huitzilopuchtli* », et poursuivant encore sa harangue, il la termina aux applaudissements de tous.

Le roi de Mexico sur qui se fixa le choix de l'assemblée fut *Itzcohuatl*, ce qui veut dire *serpent aux pointes d'obsidienne* ou littéralement *serpent aux poignards;* il était fils naturel du roi *Acamapichtli* qui l'avait eu d'une esclave; il fut élu roi quoique bâtard, parce que ses mœurs, sa valeur et ses hauts faits l'avaient placé au-dessus de ses frères; tous éprouvèrent une grande joie de cette élection, notamment les gens de Tezcuco, dont le roi avait épousé une sœur d'Itzcohuatl; celui-ci fut donc immédiatement placé sur le trône et couronné avec toutes les cérémonies accoutumées.

Lorsque le roi fut installé sur son trône, l'un des orateurs vint se prosterner à ses pieds et lui dit : « Mon fils, notre seigneur et roi, conserve ta force et ta valeur; garde que ton cœur ne faiblisse et ne perde la vigueur et la fermeté qu'exigera le mandat dont nous t'avons chargé; parce que si tu faiblissais, toi notre chef, à qui pourrais-tu demander le courage que tu dois apporter dans le gouvernement et la défense de ton royaume? Crois-tu par hasard que ces vaillants guerriers, tes prédécesseurs et ancêtres ressusciteront à cet effet? Non, roi puissant, ils ont passé et il ne nous reste d'eux que l'ombre de leur mémoire, le souvenir de leurs cœurs vaillants, de leurs bras vigoureux et de leurs poitrines héroïques avec lesquels ils firent face à nos épreuves et à nos afflictions. Oui, le souverain maître de toutes choses les a rappelés près de lui. Songe que tous, nous ne comptons que sur toi; aurais-tu, par hasard, résolu de déshonorer et de perdre ton royaume? Penserais-tu à secouer de tes épaules le fardeau que nous t'avons confié? Voudrais-tu, prince valeureux, laisser périr nos vieillards, nos veuves et nos orphelins? Pourquoi perdrais-tu ton souffle et ton courage? Songe que les nations voisines nous surveillent, et que dans leurs mépris de nos forces, elles méditent de nous exterminer. Aie pitié des petits enfants qui rampent encore dans nos demeures et dont notre défaite entraînerait la mort. Oui, seigneur, il est temps de déplier et d'étendre ton manteau royal pour abriter tes enfants : je veux dire le peuple et les malheureux qui reposent confiants à l'ombre de ton pouvoir et dans la fraîcheur de ta bonté. Vois ta ville de Mexico, *Temuchtitlan* heureuse et fière de ton appui; elle a pleuré son veuvage, mais un nouvel époux lui a été donné qui, l'entourant de ses bras, sera son égide et son soutien. Oh! mon fils! ne crains ni le travail, ni la lourde responsabilité qui t'incombe; ne désespère point, car le dieu dont tu es l'image

Planche VIII. — Quatrième roi de Mexico Itzcohualt.

te couvrira de sa toute puissance. » Ce discours terminé, ses sujets lui adressèrent leurs félicitations ainsi que les seigneurs étrangers qui prirent immédiatement congé du roi[1].

Quand *Itzcohuatl* monta sur le trône, c'est-à-dire en l'année *mille quatre cent vingt-quatre*, l'inimitié des Tépanecs pour les Mexicains était arrivée à un tel point qu'il n'y avait plus qu'à prendre les armes et à en venir aux mains; aussi, le

[1]. Planche VIII représente le quatrième roi de Mexico appelé *Itzcohuatl*, ce qui veut dire *serpent d'obsidiennes ;* il était fils d'*Acamapichtli* et d'une de ses esclaves, il fut homme vaillant.

roi commença-t-il à préparer la guerre et à réunir les armes et provisions dont il aurait besoin contre les gens d'*Azca-putzalco* qui hâtaient leurs préparatifs avec l'intention de le prévenir; mais les gens du peuple considérant leur petit nombre, et combien peu ils étaient entraînés aux exercices de la guerre, tandis que les Tépanecs, belliqueux de nature, étaient de vieux soldats, crurent la victoire impossible et commencèrent à désespérer. Dans le plus grand désarroi ils s'en furent demander la paix en pleurant, ce qui jeta le roi et les seigneurs dans une véritable désolation; et comme on demandait à ces gens-là ce qu'ils voulaient; ils répondirent que le nouveau roi d'*Azcaputzalco* était un homme pieux et qu'il serait bien que les Mexicains prissent leur dieu *Huitzi-lopuchtli* et qu'ils allassent tous en grande humilité se mettre entre les mains de ce roi pour faire d'eux ce que bon lui semblerait; que peut-être il les recevrait à merci et les réta-blirait en relation de bon voisinage avec les gens d'*Azca-putzalco*. C'était, en somme, s'offrir comme esclaves au peuple voisin, ce qui aux yeux des patriotes mexicains ne serait qu'une indigne lâcheté.

Cependant, quelques-uns des grands de la Cour sem-blèrent adopter ce moyen comme seul efficace et l'ensemble de la nation fut tellement impressionnée qu'elle s'y ralliât tout entière. On s'occupa donc de le mettre en œuvre. Ayant convoqué les prêtres de *Huitzilopuchtli*, on leur donna l'ordre de se préparer à transporter leur dieu à *Azcaputzalco*. Sur ces entrefaites, surgit un jeune homme au cœur vaillant, bien connu de la foule, nommé *Tlacaellel*, neveu du roi *Itzco-huatl*, et qui fut plus tard général en chef des armées mexi-caines. C'était le guerrier le plus beau, le plus prudent et le plus habile dans les conseils comme le plus brave à la guerre qui exista jamais, ainsi qu'on le verra par la suite. Celui-ci s'avança au milieu de la foule et dit : « Que se passe-t-il Mexicains? avez-vous perdu la raison? Attendez et laissez-nous peser cette affaire. Comment tant de lâcheté peut-elle avoir dégradé vos cœurs, que vous songiez à vous rendre ainsi aux gens d'*Azcaputzalco?* » Et, s'adressant au roi, il lui dit : « Où en sommes-nous Seigneur, que tu puisses tolérer une semblable vilenie? Harangue ce peuple, charge-toi de défendre notre honneur, et ne nous livrons point ainsi lâchement aux mains de nos ennemis. » Le roi, prenant alors la parole, dit à la multitude qui l'entourait : « Vous êtes-vous bien résolus à cette démarche honteuse de vous rendre à *Azcaputzalco?* Non, je veux vous indiquer un moyen plus digne de vous et qui n'entacherait pas à ce point notre honneur. Je m'adresse à vous tous, chefs et seigneurs, oncles, frères et neveux, vous dont je connais la valeur; en est-il un parmi vous, assez brave, assez audacieux pour aller trouver le roi d'*Azcaputzalco* pour savoir ce que lui et ses gens nous veulent? Si notre perte est résolue et si nous n'avons plus qu'à mourir? s'il en est un, que celui-là se lève. » Puis, voyant que tous gardaient le silence, il reprit : « A moi, mes fidèles Mexicains! » Mais quoiqu'il pût ajouter pour les entraîner, pas un seul ne se présenta pour se charger du message, tant chacun connaissant la rage des Tepanecs, craignait pour sa vie.

Mais *Tlacaellel*, devant ce lâche abandon, s'écria de sa voix vaillante : Oh! roi, notre Seigneur, ne perds point courage, que ton cœur se rassure, et puisque tes vassaux ici présents, tes frères, tes parents et les miens se refusent, confus, d'obéir à tes ordres et à tes prières; moi, je m'offre à porter ton message et j'irais sans crainte de la mort, encore que je fusse certain de vivre éternellement; et me voilà prêt à partir, car suppose que je succombe, il importe peu que ce soit aujourd'hui ou demain ; pourquoi donc y songerai-je? où pourrai-je jamais te mieux servir qu'en cette affaire? Où pourrai-je mourir avec plus d'honneur pour le salut de ma patrie? Je suis prêt Seigneur. » Le roi Itzcohuatl lui répondit : « Je me réjouis, mon neveu bien-aimé, de ta résolution et de ton courage, je te promets en échange de faire de toi l'un des grands de mon royaume et de te combler d'honneur : si tu succombes dans ta glorieuse entreprise, je reporterai tous ces honneurs sur tes enfants afin que vive éternellement le souvenir de ton dévouement à la patrie et à l'honneur mexicain. »

Personne n'approuva l'audacieuse résolution de Tlacaellel que l'on traitait de téméraire, puisqu'il allait gratuitement exposer sa vie; mais le roi considérant que le sacrifice de l'un de ses sujets au profit de la vie de tous importait au bien du royaume, lui donna, quoi qu'à regret, l'ordre de partir. Tlacaellel s'étant harnaché du mieux qu'il put, partit de Mexico se dirigeant plein d'audace vers les quartiers ennemis; il atteignit bientôt les avant-gardes d'*Azcapuzalco* où se trouvait un homme armé d'une lance et d'un bouclier, ainsi que d'autres Tepanecs sans armes qui lui tenaient compagnie. Ceux-ci en voyant le Mexicain, lui dirent : « Quel bon vent t'amène? N'es-tu pas *Tlacaellel,* le neveu d'*Itzcohuatl* le roi de Mexico? » il répondit oui, et les autres reprirent : « Mais où vas-tu? Ne sais-tu pas Seigneur, que nous avons l'ordre formel de tuer tout Mexicain qui oserait pénétrer chez nous? » Tlacaellel leur répondit : « Je connais vos ordres, mais vous savez que les ambassadeurs n'ont point à s'inquiéter de ces choses, et je suis envoyé à votre roi par mon maître et les seigneurs de Mexico; je vous prie donc de me laisser passer vous promettant de revenir, et si alors vous voulez me tuer, je me remettrai entre vos mains; laissez-moi remplir mon message, ce qui ne vous attirera aucune espèce de désagrément. »

Il sut si bien persuader les gardes, que celles-ci le laissèrent passer; il se rendit aussitôt près du roi à qui il rendit compte de sa commission. Le roi l'ayant reconnu s'étonna fort de sa présence et lui demanda comment il avait pénétré dans la ville sans avoir été massacré. Il lui conta ce qui s'était passé et le roi voulant connaître la raison de sa venue, il lui rendit compte de son ambassade, implorant la paix, le priant d'avoir pitié de Mexico, des vieillards et des enfants. Et, faisant passer sous ses yeux les désastres que causerait une telle guerre, il le supplia d'apaiser les rancunes et la colère de ses sujets dont les Mexicains se reconnaissaient par le fait, les vassaux.

Le roi, convaincu et séduit par les paroles de Tlacaellel, lui dit de s'en aller en paix, qu'il parlerait aux grands de sa cour, qu'il s'efforcerait d'apaiser leur colère et que, s'il ne réussissait pas, il aurait du moins fait tout le possible. Le valeureux jeune homme lui demanda quel jour il pourrait revenir pour sa réponse ; le roi lui fixa le lendemain, sur quoi il demanda un laissez-passer afin que les gardes ne le tuassent point, vu son titre d'ambassadeur ; le roi lui dit qu'il n'en pouvait avoir d'autre que son adresse à veiller lui-même sur sa personne.

Tlacaellel, voyant le peu que pouvait le roi dans cette négociation, prit congé et s'en retourna à Mexico : en arrivant auprès des gardes, il y trouva un plus grand appareil de troupes ; il salua les hommes en les abordant et leur dit : « Mes amis, je viens de parler à votre roi et je porte sa réponse au mien ; s'il vous plaît de me laisser passer, je vous en serai reconnaissant ; car, supposez que j'emporte une assurance de paix, et ce peut être le cas, il n'y aurait aucune raison pour que vous me maltraitiez ; je dois de plus revenir aussitôt avec une réponse et sans doute la solution de l'affaire. Que vous me tuiez aujourd'hui ou demain, il n'importe guère, et je vous donne ma parole que je viendrai me remettre entre vos mains » ; les gardes le crurent et le laissèrent passer. Quand *Tlacaellel* arriva à Mexico sain et sauf, le roi et toute la ville le reçurent avec enthousiasme ; il raconta ce qui lui était arrivé, ajoutant qu'il devait retourner le jour suivant à *Azcaputzalco* pour avoir une réponse définitive.

Le lendemain donc de bonne heure, il alla demander au roi la permission de partir. Celui-ci lui dit : « Mon neveu, je te rends grâce du courage et du zèle que tu apportes dans cette affaire où tu risques ta vie ; tu n'as plus qu'à demander de ma part au roi d'*Azcaputzalco*, s'il est bien décidé à rompre définitivement avec nous, s'il est bien résolu à nous exterminer, ou s'il consent à nous rendre son amitié ? S'il te répond que c'en est fait, que son peuple a juré notre perte, prends cet onguent avec lequel nous oignons les morts, oins lui en le corps et couronne sa tête de plumages dont nous ornons les têtes de nos amis défunts, signe de sa mort prochaine ; donne-lui ce bouclier, cette épée et ces flèches dorées qui sont les attributs du maître et dis-lui qu'il se garde bien, car nous ferons notre possible pour le tuer. » *Tlacaellel* se rendit avec cet appareil à la ville d'*Azcaputzalco*, où les gardes le laissèrent pénétrer, le tenant pour un homme de parole et comptant s'en emparer dans la ville et le massacrer au retour : arrivé devant le roi, *Tlacaellel* lui exposa la commission dont il était chargé, à quoi le roi répondit : « Que veux-tu que je te dise oh ! mon fils ? tout roi que je suis, mes sujets veulent la guerre et je n'y puis rien ; car si je voulais m'y opposer, ma vie et celle de mes enfants seraient en danger ; les Tépanecs sont furieux et ont juré de vous anéantir. » *Tlacaellel* lui dit alors, plein de courage : « Eh ! bien seigneur, ton serviteur le roi de Mexico te prie d'en appeler à toute ta valeur, et moi je t'engage à te préparer à tout événement, car à partir de cet instant, mon maître te défie toi et tes sujets et se déclare ton ennemi mortel ; il a juré que l'une des deux nations, ses sujets ou les tiens succomberont sur le champ de bataille et que tu te repentiras d'avoir provoqué une guerre dont tu seras la première victime ; il m'a donc chargé de te oindre de cet onguent destiné aux morts, afin que tu te prépares à mourir. » Il lui remit alors les autres insignes. Le roi se laissa oindre et armer par *Tlacaellel*, après quoi, le roi le chargea de rendre grâce à *Itzcohuatl*. Puis, avant que *Tlacaellel* prît congé de lui, le roi ajouta : « Mon fils *Tlacaellel*, ne t'en vas point par la porte de la rue, car mes gens t'y attendent pour te massacrer ; j'ai fait percer une ouverture sur le derrière de mon palais par où tu pourras sortir et gagner Mexico en toute sécurité ; je ne veux pas que nous nous séparions sans une faveur de moi pour l'affection que tu m'as montrée et pour le courage dont tu m'as donné les preuves ; prends ces armes, ce bouclier et cette épée pour te défendre. »

Tlacaellel ayant remercié le roi se retira par l'issue qu'on lui avait ménagée et se faufilant par des sentiers inconnus vint déboucher sur l'avant des grandes gardes ; lorsqu'il se vit sur la terre mexicaine, il se montra aux sentinelles, leur criant : « Ah ! Tépanecs, mes amis, que vous gardez mal votre ville ! mais songez-y bien, il n'y aura bientôt plus d'*Azcaputzalco* de par le monde ; il n'en restera pas pierre sur pierre, pas plus que d'habitants, car vous périrez tous ; je vous avertis donc de la part du roi de Mexico Itzcohuatl et de la part de mes concitoyens, que je vous porte un défi mortel. » A la voix de *Tlacaellel*, les sentinelles fort surprises de voir qu'il était sorti d'*Azcaputzalco* sans qu'elles l'eussent aperçu, se jetèrent sur lui pour le massacrer ; mais le Mexicain leur faisant bravement face en tua plusieurs avant que les Tepanecs ne pussent l'entourer, et voyant que nombre d'entre eux arrivaient à la rescousse, il se retira, combattant vaillamment jusqu'à l'entrée de la ville ou ils l'abandonnèrent.

Arrivé à Mexico, *Tlacaellel* rendit compte au roi de tout ce qui s'était passé, lui conta le défi qu'il avait porté aux Tepanecs, ajoutant que rien ne pouvait plus prévenir la guerre. A cette nouvelle, le bas peuple commença à jeter les hauts cris et, lâche comme d'habitude, suppliait le roi et les seigneurs de le laisser sortir de la ville. Mais ceux-ci et le roi en personne cherchant à relever le courage de ces malheureux, leur dit : « Enfants, ne craignez rien, vous conserverez votre liberté, sans qu'il vous soit fait aucun mal. » Ils répondirent : « Et si vous êtes vaincus, que deviendrons-nous ? » Le roi : « Si nous sommes vaincus, nous nous mettrons entre vos mains pour que notre chair maintienne vos forces, que vous vous vengiez de nous en nous dévorant en menus morceaux et que vous nous traitiez de la façon la plus vile et la plus infame. » Ils répondirent : « Songez que nous agirons comme il est convenu; puisque vous-même l'aurez demandé; mais si vous êtes victorieux, nous nous engageons à vous servir comme tributaires, à n'être que vos manœuvres, vos terrassiers, pour construire vos maisons et à vous servir de père en fils comme nos véritables maîtres ; et quand vous partirez en guerre, nous nous engageons à porter tous fardeaux, armes et vivres, par tous les chemins où vous nous conduirez. En somme, nous engageons à votre service nos personnes et nos biens pour jamais et à toujours. » Le roi et les grands de sa cour acceptèrent cet engagement de la foule qui jura solennellement de l'observer.

Tout étant bien convenu, le roi ordonna à *Tlacaellel* de réunir et d'organiser les gens, ce qui fut fait avec la plus grande diligence. Les commandements en furent donnés à tous les fils et descendants des rois frères et alliés rapprochés du roi *Itzcohuatl*. En se mettant à sa tête, le roi fit à l'armée une allocution patriotique, exhortant ses guerriers à vaincre ou mourir; il leur rappela leur noble origine et la valeur de la nation mexicaine, leur rappelant qu'ils allaient livrer leur première grande bataille et que ce serait pour eux l'occasion la plus belle de signaler leur courage et de faire trembler les nations voisines; qu'ils ne tinssent aucun compte de la multitude des *Tepanecs* qui, loin de les désespérer, ne devait que stimuler leur valeur. Il leur recommandait expressément de ne point perdre leurs chefs de vue et de se porter immédiatement là où les appellerait le danger, mais qu'ils ne fissent point un pas en avant sans ordre de leurs capitaines.

Ils s'avancèrent alors sur *Azcaputzalco* dans l'ordre le plus parfait, sous la conduite du roi en personne et du valeureux *Tlacaellel*, général en chef de l'armée. Comme ils approchaient d'*Azcaputzalco*, les *Tépanecs* les aperçurent et s'avancèrent fièrement à leur rencontre; les guerriers avaient dans leurs costumes, étalé toutes leurs richesses; leurs armes étincelaient d'argent, d'or, de pierres précieuses; leurs têtes étaient ornées des plumages les plus rares; de riches devises brillaient sur leurs armes et leurs boucliers, comme il convenait à une nation puissante dont l'empire s'étendait sur toute la vallée. Les Mexicains, pauvres d'ornements, mais pleins de courage et de confiance en leur général, s'élancèrent galamment au devant des *Tépanecs* : le valeureux *Tlacaellel* les arrêta avant qu'ils n'en vinssent aux mains, pour recommander aux chefs, seigneurs et soldats qui montraient le plus d'ardeur, de se porter sur les ailes et de se précipiter sur les ennemis au signal convenu, tandis que les petites gens et les soldats d'un moindre courage se tiendraient massés, sous la main du roi et prêts, l'ennemi en déroute, à se porter tous ensemble dans la ville d'*Azcaputzalco*.

Cela dit, les Tépanecs s'étant rapprochés, les Mexicains se portèrent sur les ailes comme l'avait ordonné *Tlacaellel*, tandis que le roi faisait résonner un petit tambour qu'il portait en bandoulière : à ce signal, l'armée mexicaine tout entière poussa des cris et des hurlements qui jetèrent l'épouvante chez leurs adversaires; puis se précipitant sur eux avec une invincible ardeur, ils se mêlèrent aux gens d'*Azcaputzalco* qu'ils frappèrent de droite et de gauche, combattant sans ordre, au hasard comme des lions furieux, excités par leur cri de guerre : Mexico! Mexico! de telle sorte que les Tépanecs ahuris commencèrent à se débander, puis à lâcher pied devant la chute de leurs soldats que les Mexicains massacraient avec une férocité sans pareille. La déroute alors, s'accentua et les Tépanecs s'enfuirent vers Azcaputzalco suivis de près par les Mexicains.

Les gens de la réserve que le roi tenait à l'écart, voyant la victoire de leurs camarades se lancèrent alors dans la mêlée avec le plus grand courage, mouvement que le roi appuya de tout ce qui lui restait de guerriers, mesure que les chefs tépanecs se hâtèrent d'imiter. Les Mexicains se battaient avec une telle fureur que les gens d'*Azcaputzalco* ne pouvant leur résister, abandonnèrent leur camp pour se retirer dans la ville. Mais le vaillant *Tlacaellel* le général en chef de l'armée mexicaine, se mit à crier à haute voix : Victoire! victoire; puis, se précipitant à leur suite, il fit un nouveau carnage des malheureux Tépanecs. Alors le roi *Itzcohuatl* lança tout ce qui lui restait de guerriers sur la ville, avec ordre d'en incendier les maisons, de dépouiller et de massacrer sans pitié tout ce qui lui tomberait sous la main et de n'épargner personne, hommes, femmes, enfants, vieillards, ce qui fut exécuté sur l'heure sans quartier comme sans pitié, laissant toutes les demeures vides de meubles et d'habitants; le peu de gens qui avaient échappé s'enfuirent dans les montagnes, poursuivis par les Mexicains qui, pleins de fureur et de colère, s'acharnaient après eux comme des lions affamés. Cette poursuite se continua jusque dans les lieux les plus escarpés où les Tépanecs atterrés se rendirent aux vainqueurs, s'engageant à leur livrer leurs terres, à travailler leurs champs, à construire leurs maisons, se déclarant leurs tributaires à jamais. Ils s'engageaient également à leur fournir la pierre, la chaux et le bois pour leurs édifices, comme aussi les grains et les légumes pour leur subsistance. Le général *Tlacaellel* ayant pitié d'eux rappela ses guerriers, fit cesser le massacre et ayant fait jurer aux gens d'*Azcaputzalco* de faire tout ce qu'ils avaient promis, les Mexicains s'en retournèrent victorieux et contents, chargés des richesses et des dépouilles qu'ils avaient enlevées à

Azcaputzalco qui étant le siège de la cour renfermait toutes les richesses de la nation tépanèque [1] :

Le jour suivant, le roi de Mexico *Itzcohuatl* réunit tous les principaux personnages de sa cour et leur rappela l'engagement que les gens du peuple avaient pris de rester leurs serviteurs à perpétuité, s'ils revenaient vainqueurs : qu'il serait bon de les réunir et de les avertir qu'ils eussent à tenir leurs promesses. Ces gens une fois réunis, on leur soumit le cas;

Planche IX. — Bataille des Mexicains sous Tlacallel contre les gens d'Azcaputzalco.

ils répondirent que leurs seigneurs avaient si bien mérité par leur courage et leur valeur, qu'ils étaient prêts à remplir leur promesse et ils prirent de nouveaux et solennels engagements qu'ils ont par la suite religieusement observés.

Les seigneurs mexicains s'en furent ensuite à la ville d'*Azcaputzalco*, où ils répartirent entre eux les terres de la communauté, en attribuant la plus grande et la meilleure partie à

1. Planche IX, grande bataille que livra le roi *Tlacaellel* (*sic*) aux gens d'*Azcaputzalco* dont il tua le plus grand nombre et qu'il dépouilla des grandes richesses que contenait cette ville, capitale des *Tépanecs*.

la couronne, puis ensuite au capitaine général Tlacaellel et aux seigneurs et principaux personnages de Mexico, à chacun selon le courage qu'il avait montré à la guerre; les gens du peuple n'eurent point de terre, à l'exception de quelques-uns qui s'étaient distingués par leur valeur; quant aux autres, il n'en fut question que pour les traiter de lâches et de sans cœur, épithètes qui leur restèrent appliquées dans l'avenir. On distribua également des terres aux divers quartiers de la ville pour que les habitants en employassent les revenus à l'ornement et au service de leurs dieux et de leurs temples, et on suivit dorénavant le même système dans tous les partages de terre que les Mexicains conquirent à l'avenir. Les Tépanecs se trouvèrent donc dans une telle pénurie de terres, qu'il leur restait à peine quelques champs pour semer leur maïs.

La répartition achevée, le roi de Mexico fit appeler les gens d'*Azcaputzalco* et leur rappelant le tribut et les services personnels auxquels ils s'étaient engagés lors de leur défaite, il leur annonça qu'à partir de ce jour il ne devait plus y avoir de roi d'*Azcaputzalco*, qu'ils n'en auraient d'autre désormais que le roi de Mexico et qu'ils encourraient la peine de mort s'ils leur arrivait d'en reconnaître un autre. Ce fut donc à partir de ce jour que *Itzcohuatl* prit le titre de roi d'*Azcaputzalco* et de Mexico.

Les habitants de *Coyohuacan*, la seconde ville des Tépanecs, en voyant la cour de leurs rois détruite et leurs compatriotes asservis, firent savoir aux gens d'*Azcaputzalco* la grande douleur qu'ils éprouvaient de leur infortune, mettant à leur service leurs personnes, leurs biens et leurs armes pour prendre une revanche et se venger du mal que leur avaient fait les Mexicains. Les gens d'*Azcaputzalco* les remercièrent et répondirent que le moment était mal choisi, qu'ils les laissassent pleurer leur défaite et les pertes désastreuses que nombre d'années ne pourraient réparer. A cette réponse, les habitants de *Coyo-*

huacan, pleins de colère et de rage, comme aussi de terreur, se dirent : « Prenons les armes et mettons-nous en état de défense, afin que ces Mexicains ne nous traitent de la sorte et ne nous fassent leurs tributaires après nous avoir dépouillés de nos biens » ; en quoi ils se trompaient, car les Mexicains n'avaient point formé tel projet, étant des hommes de si nobles pensées que jamais ils ne firent la guerre sans y avoir été provoqués comme on le verra par la suite.

· Les *Tépanecs* de *Coyohuacan* n'en restèrent que plus inquiets et désireux d'exterminer les Mexicains, de sorte que, aveuglés par leurs passions ils cherchèrent un motif de guerre ; ils usèrent aussitôt de mauvais traitements envers les Mexicains pour les pousser à bout, dévalisant et accablant d'injures les femmes mexicaines qui se rendaient au marché de *Coyohuacan*. Le roi de Mexico souffrit pendant quelque temps ces insultes ; mais voyant qu'elles dégénéraient en abus, il défendit aux femmes mexicaines de se rendre aux marchés de Coyohuacan, de ne point entrer dans la ville, de ne se livrer à aucune transaction et cela sous peine de mort. Les *Tépanecs* voyant que les Mexicains ne se rendaient plus à leurs marchés comme ils en avaient l'habitude s'effrayèrent grandement ; ils craignirent que les Mexicains avertis ne leur déclarassent bientôt la guerre et ils commencèrent eux-mêmes à réunir leurs hommes les avertissant qu'ils eussent à se préparer à une campagne sérieuse ; qu'ils n'auraient point à combattre les premiers venus, mais bien avec des Mexicains, la race la plus brave, la plus forte et la plus artificieuse. Puis leur effroi grandissant, ils méditèrent de gagner à leur cause contre les Mexicains, tous les rois des environs. Ils leur envoyèrent donc des agents chargés de leur dépeindre les Mexicains sous les plus fausses couleurs, afin que par une commune alliance ils fussent en état de les détruire ; mais pas un de ces rois ne voulut écouter leurs propos, ni s'allier à leurs desseins ; tous les traitèrent au contraire d'imprudents et de téméraires, car depuis leur victoire sur *Azcapulzalco,* maîtresse incontestée de la vallée, les Mexicains s'étaient acquis la plus haute estime parmi les populations environnantes. Les *Tépanecs* de *Coyohuacan* restèrent donc tristes et découragés, ce que voyant, le roi leur dit : « Tépanecs, allons-nous reculer maintenant comme des lâches? Nous avons offensé les Mexicoins et il ne nous reste plus qu'à réveiller votre courage, c'est le meilleur comme le dernier reméde, et pour que l'ennemi n'aille pas croire que nous en avons peur, nous allons lui faire quelque mauvaise plaisanterie. »

Quelques *Tepanecs* proposèrent alors d'inviter les Mexicains en un banquet, de les prendre à l'improviste et de les massacrer; à quoi le seigneur de *Coyohuacan* répondit : « Ce serait là, mes amis, une trahison abominable digne des plus lâches coquins; gardez-vous d'une telle infamie qui nous attirerait la haine et le mépris de toutes les nations. Laissez-moi donc trouver un moyen plus honorable et qui nous fasse craindre des Mexicains; vous les inviterez à une époque que je vous dirai et, ce jour-là, vous vous tiendrez prêts, revêtus de vos armes et de vos ornements de guerre. »

Le jour de l'une de ces fêtes solennelles que célébraient les *Tépanecs* étant arrivé, ils y invitèrent les Mexicains, qui acceptèrent et se rendirent à *Coyohuacan* sans le moindre soupçon. C'étaient les principaux habitants et les seigneurs seulement qui avaient accepté cette invitation : mais avant de partir de Mexico, le vaillant *Tlacaellel,* qui était à la tête du cortège dit au roi *Itzcohuatl :* « Seigneur, nous désirons que tu ne viennes pas avec nous, car il me paraît peu convenable que tu rabaisses ta haute personnalité en te rendant à l'invitation d'un prince d'aussi mince importance; ce serait, il nous semble, avilir ta personne royale, et ravaler la grandeur de ta Majesté comme celles de l'empire mexicain. Nous ne savons pas, en outre, dans quel but cette invitation nous a été faite et nous n'irons pas non plus sans prendre quelques précautions qui, en cas de trahison, nous permettront de veiller à la défense de nos personnes. » Le roi se rendit au conseil de *Tlacaellel*, laissa partir ses sujets et resta à Mexico.

En arrivant à *Coyohuacan*, les Mexicains présentèrent leurs compliments au roi, ainsi qu'aux principaux habitants, et leur offrirent un large présent de toutes les choses que fournissait leur capitale : poissons, grenouilles, canards et légumes. Le roi et les seigneurs de *Coyohuacan* se montrèrent on ne peut plus satisfaits et accablèrent leurs hôtes de toutes les caresses imaginables; ils les installèrent dans les plus belles demeures de la ville, où ils les régalèrent au son du tambour, des chants et des danses accoutumés; puis leur servirent ensuite un excellent repas composé de leurs mets et de leurs viandes les meilleures. Le repas terminé, au lieu des parfums et des roses que l'on prodigue d'habitude à ses invités, le roi de *Coyohuacan* envoya à chacun des Mexicains des vêtements de femme et les gens qui les leur apportaient les ayant étalés devant eux, leur dirent : « Seigneurs, notre roi nous ordonne de vous revêtir de ces robes de femme, seuls vêtements qui puissent convenir à des hommes que nous avons tant de fois et vainement provoqués. » — Ceux-ci, ne pouvant résister, se laissèrent vêtir; une fois vêtus, on les renvoya couverts de ces vêtements humiliants de femmes et ce fut sous ce costume qu'ils arrivèrent devant le roi de Mexico, qu'ils mirent au courant de ce qui s'était passé.

Le roi les consola, en leur disant que cet affront ne pouvait que leur apporter de grands honneurs, qu'ils n'en tinssent aucun compte, qu'il en tirerait sous peu une vengeance éclatante par la mort et la complète destruction de leurs ennemis. On déclara donc à ces *Tepanecs* une haine mortelle; toutes communications furent coupées; on plaça des gardes pour que pas un d'entre eux ne pénétrât dans Mexico sous peine de mort, et puisque ces gens s'étaient permis vis-à-vis d'eux cette humiliante plaisanterie, on verrait à en organiser une plus cruelle. — « Vous savez, ajouta le roi, combien les *Tépanecs* sont friands des produits de nos lagunes : que nos gardes portent donc avec elles des canards, des oies, des poissons et de toutes les choses que nous avons, qu'ils n'ont pas et qu'ils désirent ardemment; et là-bas, à leurs portes, que nos gens fassent bouillir, cuire et rôtir ces légumes, ces poissons et ces viandes pour que les fumées et les parfums pénétrant dans la ville fassent avorter les femmes, dépérir les enfants, se dessécher les vieux et les vieilles de rage de ne pouvoir manger de ces mets qu'ils aiment tant. »

L'histoire raconte avec beaucoup de détails que suivant les conseils du roi, les Mexicains rassemblèrent aux portes de *Coyohuacan* une énorme quantité de vivres qu'ils apprêtèrent à leur façon et que les émanations qui en résultaient, pénétrant dans les rues de la ville, faisaient avorter les femmes enceintes, rendaient malades une foule de gens et quant aux autres, ils y gagnaient une enflure du visage, des pieds et des mains, dont ils mouraient.

Le seigneur de *Coyohuacan*, voyant le dommage que cela causait, fit venir son conseiller appelé *Cuescuex* et lui dit : « Que ferons-nous contre ces gens qui viennent se gorger à nos yeux de vivres dont les parfums délicieux font avorter nos femmes de désirs inassouvis et rendent mes sujets malades? » *Cuescuex* répondit : « Nous n'avons pas autre chose à faire, que d'entrer en campagne et je serai le premier. » En disant cela, il revêtit aussitôt son costume de guerre, prit son épée d'une main, son bouclier de l'autre et seul se rendit auprès des gardes mexicaines ou il défia les Mexicains à haute voix, leur criant qu'il venait seul pour les exterminer; il leur prodiguait les injures, en même temps que, paradant avec son épée et son bouclier, il sautait et voltigeait de côté et d'autre. Pas un des Mexicains n'osa sortir à sa rencontre : ils craignaient une embuscade et, pour s'en assurer, ils firent cons-

truire une haute plate-forme qui fut prête en quelques instants. Le général Tlacaellel y étant monté examina avec
soin les environs pour voir si l'on avait organisé quelque
piège, ou s'il y avait des gens cachés. Il aperçut une légère
fumée s'échappant des jonceraies et après s'être bien rendu
compte de la position de l'armée ennemie, il descendit de son
poste d'observation où il fit monter des sentinelles chargées
d'observer avec le plus grand soin les mouvements de l'armée
tépanèque ; puis il ordonna à ses capitaines de mettre leurs
hommes en tenue de combat et de ne point se mouvoir avant
son retour.

Cet ordre donné, il entra dans la jonceraie, se dirigeant
vers l'endroit d'où s'échappait la fumée ; il avançait avec prudence, l'épée et le bouclier en mains, lorsqu'il vint tomber sur
des mamelons de terre confinant aux frontières de *Culhuacan;*
ce fut là qu'il aperçut, au milieu des joncs, trois soldats campés sans défiance, mais parfaitement armés et qu'il reconnut
pour des gens de *Culhuacan* et non des *Tépanecs.* Il les aborda
en leur demandant qui ils étaient ; ceux-ci lui répondirent
sans hésitation : « Seigneur, nous sommes des habitants de
Culhuacan qui venons chercher fortune et nous sommes à
votre disposition pour, dans cette guerre, faire tout ce que
vous exigerez de nous. » *Tlacaellel* leur dit : « Je soupçonne
que vous êtes des espions de *Culhuacan* venus pour reconnaître notre armée et nous prendre par derrière. »

Les trois jeunes gens lui dirent en souriant : « Seigneur,
les gens de Culhuacan ne sont point des traîtres mais des
hommes de droiture et de franchise. » *Tlacaellel* leur
demanda leurs noms et ils lui donnèrent trois noms qui
n'étaient pas les leurs, ne voulant point être connus, car tous
les trois étaient des jeunes gens de grande famille qui cherchaient aventure et dont les hauts faits paraîtraient plus
éclatants quand ils se feraient reconnaître.

Tlacaellel leur dit ; « Eh ! bien mes amis, je suis le général de l'armée mexicaine et puisque vous voulez de la gloire, je vais vous demander une chose, c'est de ne point vous éloigner de cet endroit, que vous allez me garder jusqu'à ce que je revienne, et si par hasard des soldats de *Coyohuacan* passaient par ici, tuez-les sans pitié, c'est ainsi que vous me guérirez de mes soupçons. » Ceux-ci le lui promirent et *Tlacaellel* rejoignit l'armée où il trouva son roi *Itzcohuatl* haranguant ses soldats et ses capitaines; il lui raconta comment il avait rencontré trois jeunes gens de *Culhuacan* des plus distingués, ce qui s'était passé entre eux, et comment il leur avait dit de l'attendre et de lui garder l'endroit, ce qu'ils avaient promis de faire.

Ils en étaient là, lorsque les sentinelles vinrent annoncer que l'armée de *Coyohuacan* s'avançait en bon ordre. *Tlacaellel* pria le roi de prendre le gros des troupes, de marcher à l'ennemi auquel il ferait face pendant qu'il irait avec une compagnie de soldats et deux capitaines rejoindre ses trois jeunes gens, et que dans le cas où il les trouverait à leur poste il rejoindrait l'armée en leur compagnie ou bien organiserait une embuscade pour surprendre les *Tépanecs*. Le roi lui dit de faire ce que son expérience et sa valeur lui commanderaient. *Tlacaellel* rentra dans les joncs suivi de sa petite troupe et se rendit auprès des trois jeunes gens qui l'attendaient ; il leur fit distribuer des armes mexicaines, épées et boucliers, puis tous se dirigèrent avec les plus grandes précautions vers *Coyohuacan*, de manière à venir donner sur les derrières de l'ennemi au moment où le roi de Mexico aurait engagé la bataille. Le combat était si vif, la mêlée si confuse et les cris des deux partis si violents, qu'on les entendait à une grande distance. La lutte entre Mexicains et Tépanecs était à son apogée, les succès des uns balançant les succès des autres et la victoire était indécise, lorsque *Tlacaellel* et ses hommes arrivèrent si à propos et si subitement, poussant leurs cris de guerre, Mexico ! Mexico ! Tenuchtitlan ! que les ennemis se troublèrent et que bientôt, attaqués et massacrés sans quartier par les nouveaux arrivants, ils commencèrent à lâcher pieds. Se voyant donc pris entre deux troupes, les *Tépanecs* mis en déroute complète abandonnèrent le camp suivis par *Tlacaellel* et ses trois compagnons qui se battaient avec une telle furie que pas un ne leur résistait; on les fuyait comme des lions féroces et les Tépanecs se retirant à toute vitesse cherchaient à gagner leur temple pour s'y fortifier. Mais *Tlacaellel*, devinant leur projet, prit les devants avec ses trois compagnons, traversa la foule des ennemis et les précéda dans le temple qu'il incendia.

Les *Tépanecs* voyant leur temple en flammes perdirent entièrement courage, et abandonnant leur ville se réfugièrent dans la campagne poursuivis par les Mexicains qui en tuaient autant qu'ils en pouvaient atteindre; se voyant en telles extrémités, les *Tépanecs* se réfugièrent sur le haut d'une montagne d'où ils supplièrent les Mexicains d'arrêter le massacre, de déposer leurs armes, qu'ils s'avouaient vaincus. Ils les priaient de se reposer de leurs fatigues, de prendre le temps de respirer et de se refaire, leur demandant s'ils n'estimaient pas leur vengeance satisfaite. Les Mexicains leur répondirent : « Nous ne vous pardonnerons jamais, traîtres que vous êtes; il ne doit plus y avoir un lieu sur la terre qui porte le nom de *Coyohuacan*; nous allons la détruire et en raser le sol, pour qu'il ne reste rien des gens maudits qui ont comploté notre mort en ameutant contre nous toutes les nations de la vallée. Les *Tepanecs* répliquèrent : « Que gagnerez-vous à notre ruine? Ce qui s'est passé doit vous suffir; vous aurez en nous des tributaires et des esclaves, prêts à toutes les besognes comme à toutes contributions que vous nous imposerez, pierres, bois, chaux, mortier et des ouvriers pour bâtir vos maisons, coudre vos vêtements et vous apporter tous vivres et provisions que vous nous demanderez. »

Les Mexicains, pleins d'une juste·colère, leur répondirent

sévèrement qu'ils se souvinssent des habits de femme qu'ils les avaient forcés de revêtir et qu'un tel outrage ne méritait point de pardon. — A ces paroles, les *Tépaneçs*, reconnurent leur faute et demandèrent pardon et miséricorde avec tant de larmes, avec tant de promesses de les servir en esclaves fidèles jusqu'à la mort, que les Mexicains mirent bas les armes et arrêtèrent le massacre. *Tlacaellel* ordonna donc aussitôt à ses soldats de renoncer à la poursuite acharnée des Tépanecs qu'ils avaient pourchassés à plus de dix lieues de leur ville au milieu des broussailles et des rochers; puis il rallia ses hommes qui s'en retournèrent avec leur général à Mexico, victorieux, chargés de nombreuses et riches dépouilles, esclaves, or, joyaux, boucliers, armes précieuses, plumages, étoffes riches et autres objets de grande valeur.

Tlacaellel et ses trois compagnons usèrent dans cette guerre d'un stratagème singulier : voulant s'assurer du nombre de Tépanecs qu'ils faisaient prisonniers, ils leur coupaient une mèche de cheveux et les remettaient aux gens de leur suite — ils faisaient cela pour s'assurer du nombre de leurs captifs, et il arriva qu'ils étaient deux fois plus nombreux que ceux qu'avait capturés le reste de l'armée. — Cette prouesse leur valut une telle réputation de courage qu'ils s'estimèrent assez payés de leurs travaux; mais le roi *Itzcohuatl* les récompensa en les avantageant au-delà de tous ses guerriers par de plus grandes concessions des terres et des richesses de *Coyohuacan. Tlacaellel*, du reste, fut toujours le favori du monarque, qui lui attribuait à juste titre la prospérité et la gloire de son peuple. Il est à noter que la nation mexicaine eut toujours le culte de ses grands hommes et qu'elle savait toujours récompenser la vaillance de ceux des siens qui se distinguaient dans les guerres comme ceux qui s'adonnaient aux vertus, ainsi que nous le verrons dans le courant de cette histoire.

Cette victoire et celle d'*Azcapulzalco* portèrent à son apogée la gloire des Mexicains et les firent d'autant plus redouter des nations voisines, qu'ils avaient vaincu et soumis les *Tepanecs* : c'était, nous l'avons dit, le peuple le plus vaillant de la vallée, sur laquelle il exerçait une suprématie incontestée; aussi les Mexicains s'enorgueillirent-ils outre mesure. Ils se mirent à rêver grandeurs et commencèrent à s'attribuer des titres et des distinctions équivalents à ceux que d'autres nations ont appelés ducs, comtes, marquis, amiraux, gouverneurs, etc.

Ce fut *Tlacaellel* qui en prit l'initiative et qui en soumit le projet au roi *Itzcohuatl* en lui en indiquant l'organisation. — Le roi ne put qu'approuver, car *Tlacaellel* n'était pas seulement un homme de grande valeur; il était en même temps des plus ingénieux et pendant toute sa vie, qui fut des plus longues, tous les rois ses maîtres suivirent infailliblement ses conseils, les tenant pour des oracles et le considérant comme l'appui le plus sûr de leur gouvernement.

Le roi s'empressa donc d'adopter la proposition de *Tlacaellel*, et, selon ses avis, procéda à l'installation des seigneurs et des grands de sa cour, de la manière suivante : il fut premièrement décidé que l'on pratiquerait toujours à la cour mexicaine, la coutume de choisir, après l'élection du roi, quatre personnages parmi les frères ou parents du monarque, qui prendraient le titre de princes : les noms qui leur seraient donnés, serait pour le premier *Tlacochcalcatl*, qui se compose de *Tlacochtli*, *dard ou lance qu'on jette*, et du nom *calcatl* qui veut dire, *maître d'une maison*, de sorte que *Tlacochcalcatl* veut dire, *prince de la maison des lances qu'on jette*. Le second s'appellerait, *Tlacatecatl*, qui se compose de *Tlacatl*, un homme *une personne* et du verbe *tequi* qui veut dire, couper ou raccourcir, de sorte que *Tlacaltecatl* veut dire *l'exterminateur ou le pourfendeur d'hommes*. Le troisième s'appellerait *Ezhuahuacatl*, qui se compose de *Eztli*, sang et du verbe *huahuana*, qui veut dire *égratigner* ou *écorcher*, de sorte que *Ezhuahuacatl* signifie *l'écorcheur répandeur de sang.* Le quatrième devait s'appeler *Tlillancalqui,* nom composé de *Tlilli suie, noirceur, obscurité* et de *Calli, maison; Tlillan-Calqui* veut donc dire le *Seigneur de la maison obscure,* et ce dernier titre était des plus honorables, parce que la suie ou la couleur noire était souvent employée par les Mexicains dans leurs cérémonies religieuses; il y avait même une idole spéciale de cette couleur comme nous le dirons plus tard.

Après l'élévation de ces quatre personnages à la dignité de prince, ils étaient élus membres du conseil suprême et rien ne se traitait sans leur assentiment. Lorsque le roi mourait, c'était l'un de ces quatre princes qui devait être élu à sa place et cela sans exception, car nous l'avons dit, jamais les enfants des rois n'héritèrent de leurs dignités; c'était l'un des princes cités plus haut qui à l'élection était revêtu du manteau royal, sans que ses descendants directs pussent jamais lui succéder. L'élection se poursuivait dans les mêmes conditions; la couronne attribuée au plus digne. De cette manière, la république eut toujours des monarques dignes de la gouverner, parce que l'on choisissait toujours les plus valeureux. Après l'élection des quatre personnages, on procédait à l'élévation à d'autres dignités des principaux capitaines et des grands seigneurs, dignités proportionnées à la valeur et aux services rendus par chacun d'eux, dignités dont par crainte de longueurs nous ne parlerons pas, mais dont le lecteur peut se faire une idée, par ce que nous venons de dire des premières. Ce fut ainsi que le royaume mexicain fut glorifié et organisé dans l'ordre le plus parfait.

La nation mexicaine en était à ce degré de prospérité, lorsque les habitants de *Xuchimilco,* province grande, populeuse, également riche et prospère, voyant leurs voisins et amis, les *Tépanecs,* vaincus et asservis, se crurent menacés du même sort; livrés à une vaine inquiétude, ils vivaient dans une terreur constante, que ne justifiaient en aucune façon les mœurs pacifiques des Mexicains, qui, loin de tels projets, n'avaient avec eux que les relations les plus amicales, se mêlant à leurs fêtes, fréquentant leurs marchés et se livrant aux transactions journalières les plus intimes. Mais cela ne suffisait pas pour tranquilliser les gens de *Xuchimilco*; leur inquiétude, au contraire, fruit d'une imagination maladive, grandissait chaque jour et dans leurs assemblées, d'aucuns demandaient qu'on acceptât le joug mexicain de bonne volonté, tandis que d'autres demandaient résolument la guerre. En cette circonstance, l'un d'entre eux plaida cette dernière cause avec tant d'ardeur et d'éloquence qu'il entraîna ses compatriotes et que la guerre fut décidée. A la suite de cette décision, les gens de *Xuchimilco* commencèrent tant en paroles qu'en actions à donner des preuves de leur ardente inimitié. Le roi de Mexico feignit pendant quelque temps de ne rien voir et continua ses relations de bonne amitié, mais l'audace de *Xuchimilco* croissant tous les jours, le vaillant Itzcohuatl résolut de lui déclarer la guerre. Le général *Tlacaellel* passa la revue de ses soldats et de ses capitaines dont il organisa les bataillons auxquels il adressa d'éloquentes allocutions, comme il avait l'habitude d'en faire; les instruisant sur les ruses et les stratagèmes de guerre où il brillait par son astuce et son génie, puis prenant congé du roi il se mit en marche.

Les ennemis, sachant que l'armée mexicaine approchait, se préparèrent à leur tour, incités par leur seigneur et général en chef qui leur dit : « N'est-ce point une honte que des pelés comme ces Mexicains, race vile et méprisée l'eussent emporté sur les plus grands seigneurs et les nations les plus nobles de la terre, leurs amis et leurs parents et qu'en leur présence ils se glorifiassent de leurs attentats? Sus à ces malfaiteurs, haut les âmes, et pleins d'un courage de fauve, détruisez à jamais cette nation maudite. » Les gens de *Xuchimilco* s'élancèrent donc pleins de courage, couverts de leurs vêtements de guerre les plus précieux. Les deux armées vinrent se heurter dans une grande plaine sur les confins des deux provinces, où le valeureux *Tlacaellel* disposa ses troupes de la façon la plus habile, pendant que les chefs de *Xuchimilco*, confiants en la multitude de leurs gens, se jetaient sans ordre sur les Mexicains. Ceux-ci profitèrent aussitôt de ce désarroi pour les mettre en déroute, et tout en perdant peu de monde firent subir à l'ennemi des pertes énormes. Ceux-ci voyant le champ de bataille semé des cadavres des leurs, commencèrent à lâcher pied suivis par les Mexicains qui les accompagnèrent jusqu'au centre de la ville, où le massacre continuant de plus belle, ceux de *Xuchimilco* se réfugièrent dans leur temple. Les Mexicains l'ayant incendié, les vaincus durent se retirer dans les montagnes, toujours poursuivis par le vainqueur.

Les capitaines et les seigneurs de *Xuchimilco* perdus de fatigue résolurent de se rendre et d'en appeler à la clémence des Mexicains ; ils se mirent donc en marche, se dirigeant vers le camp ennemi, les bras croisés, offrant leurs terres et leurs personnes en perpétuelle servitude. *Tlacaellel* voulant les effrayer fit quelque temps la sourde oreille, mais les voyant pleurer, il eut pitié d'eux ; il fit retentir en guise de signal un petit tambour qu'il portait suspendu à son épaule et tous les combattants mirent bas les armes. La guerre était terminée ; les Mexicains en revinrent satisfaits et glorieux, chargés de dépouilles et de captifs qu'ils présentèrent au roi *Itzcohuatl*. Celui-ci était venu à leur rencontre dans le plus grand appareil, entouré de ses plus hauts dignitaires et des prêtres du temple, dont quelques-uns jouaient de la flûte, pendant que d'autres encensaient *Tlacaellel* et ses capitaines ; ils étaient suivis d'une longue file de prisonniers et d'une foule d'hommes chargés de dépouilles. Tous se rendirent au temple en compagnie du roi pour offrir à leur dieu des esclaves, des étoffes et des bijoux en remerciement de la victoire qu'il leur avait donnée. Il y eut cette nuit une telle illumination dans la ville, qu'on eut dit la lumière du jour et il y eut de grandes réjouissances et des danses publiques. Le jour suivant, *Itzcohuatl* se rendit avec ses capitaines à *Xuchimilco* où les vaincus le reçurent en triomphe, et là, après avoir dîné et s'être reposé, il procéda à la répartition des terres à ses sujets, attribuant toujours la plus grande part à *Tlacaellel*, et aux autres selon leur mérite, ainsi que nous l'avons dit plus haut. Les gens de *Xuchimilco* se mirent alors à pleurer, disant qu'ils avaient bien mérité ce qui leur arrivait et qu'ils étaient justement punis de leur audace et de leur folie d'avoir ainsi provoqué un peuple contre lequel ils n'avaient aucun grief. Puis ils acclamèrent *Itzcohuatl* pour leur seigneur et roi, lui jurant obéissance. Celui-ci les voyant dans une telle affliction, les consola et leur parla avec la plus grande bienveillance ; ce dont les habitants de *Xuchimilco* se montrèrent reconnaissants. Avant de partir, *Itzcohuatl* leur donna l'ordre de construire une chaussée au milieu de la lagune, chaussée qui aurait quatre lieues de long et qui devait réunir *Mexico* à *Xuchimilco* afin de rendre les communications des deux peuples plus faciles. Ces pauvres gens s'acquittèrent de la besogne avec tant de bonne volonté et tant de zèle que le roi *Itzcohuatl* les traita dorénavant avec beaucoup d'égards et en admit quelques-uns parmi les grands de sa cour, si bien qu'ils en vinrent à se louer d'avoir été vaincus par un aussi bon roi. Cette guerre est représentée de la manière suivante [1].

---

1. Planche X. Grande bataille entre les Mexicains et les habitants de *Xuchimilco*, livrée par ordre de *Itzcohuatl*, roi de Mexico et gagnée par le grand capitaine *Tlacaellel*, qui soumit le peuple de *Xuchimilco* à la couronne de Mexico, après un grand massacre des soldats de *Xuchimilco*.

Il est évident que l'auteur inconnu de ce manuscrit est un Aztec converti, tant il montre de partialité pour Mexico, tant il prend soin de faire valoir la modération, la douceur et la bonne foi des Mexicains qui, dans leurs transactions, accusèrent toujours une ambition dévorante appuyée sur une étrange duplicité et une cruauté féroce ; ajoutons-y une valeur incontestable et nous aurons l'explication de leurs étonnants succès.

La soumission de *Xuchimilco* ajouta une telle renommée à la renommée déjà grande des Mexicains, que pas une nation sur terre n'eût osé les provoquer. Cependant, plusieurs des amis et voisins des vaincus les détestaient et se demandaient comment ils pourraient leur jouer un mauvais tour; mais cela tournait toujours à leur confusion, comme il arriva aux habitants de *Cuitlhahuac*, voisins de *Xuchimilco*. Ceux-ci

Planche X. — Grande bataille entre Mexico et Xuchimilco. Ces derniers vaincus, sous Itzcohuatl et Tlacaellel, les Mexicains brûlent le temple.

avaient leur ville en pleine lagune et se targuaient d'être les meilleurs marins des alentours; ils osèrent donc braver les Mexicains, s'imaginant que s'ils étaient invincibles par terre, ils les battraient facilement sur l'eau. Ils commencèrent à leur chercher noise, en arrêtant les transactions courantes les jours de marché. Leurs voisins en cette occurrence, eurent beau les rappeler à la prudence, ils n'en tinrent compte et, leur amour propre aidant, ils persistèrent dans leurs mauvais procédés, si bien qu'ils s'aliénèrent les Mexicains. Le roi

Itzcohuatl, connaissant les projets pervers des gens de *Cuit-lahuac*, donna l'orde à son capitaine général *Tlacaellel* de réunir ses troupes et de déclarer la guerre à cette province; mais le capitaine souriant en homme sûr de lui, répondit : « Puissant seigneur, pourquoi daignes-tu t'inquiéter d'une affaire de si minime importance, qu'il te paraisse nécessaire pour la mener à bien, de toutes les forces de ton empire? N'en aies aucun souci seigneur; je me charge de mettre ces gens à la raison avec les jeunes garçons de notre ville. »

Tlacaellel et le roi passèrent immédiatement une revue des jeunes garçons qui servaient dans les temples, parmi lesquels ils choisirent un certain nombre de leurs parents, alliés et fils des principaux habitants; ils y joignirent tous les jeunes gens, de seize à dix-huit ans, qui savaient conduire une barque. *Tlacaellel* les instruisit de ses projets, les arma et partit avec eux pour *Cuitlahuac,* les uns par eau et les autres par terre. L'attaque fut menée avec une telle rapidité et avec une telle ardeur, que les jeunes guerriers de *Tlacaellel* surprirent et entourèrent leurs adversaires avant qu'ils pussent s'organiser, qu'ils les mirent en fuite et en firent une multitude prisonniers.

A cette nouvelle, le roi de *Cuitlahuac,* considérant que ses troupes avaient été battues par de jeunes Mexicains, que d'autres troupes intervenant il serait dépouillé et ses terres ravagées, résolut de s'en fier à la clémence du vainqueur; il alla donc trouver *Tlacaellel* auquel il se rendit, déclarant ses sujets et lui, vassaux de la couronne mexicaine. Il arrivait chargé de présents devant le général, qui, en compagnie de ses jeunes guerriers, poursuivait furieux le cours de ses succès. Admis en sa présence, le seigneur de *Cuitlahuac* se prosterna humblement, le suppliant d'apaiser sa colère, que le combat n'avait plus de raison d'être, puisqu'il se rendait et se déclarait, ses sujets et lui, les vassaux du roi mexicain et les serviteurs de leur dieu *Huitzilopuchtli*. Cette démarche apaisa si bien

Tlacaellel qu'il fut des plus accommodants pour le roi vaincu et qu'il lui accorda tout ce qu'il demandait.

Le général revint à Mexico avec ses jeunes guerriers, tous chargés de richesses et de présents et suivis d'une foule de captifs destinés au sacrifice. Cette conquête resta célèbre par toute la terre pour avoir été accomplie avec de jeunes garçons qui, en véritables conscrits, ne savaient rien des choses de la guerre; aussi toute la population de la vallée était accourue, pour assister à leur entrée dans la ville, où ils furent reçus en triomphe avec leurs prisonniers. Le roi entouré de sa cour, les accueillit pleurant de joie, les embrassa en les félicitant, après quoi ils reçurent les embrassements de leurs pères, de leurs parents et de leurs amis.

Les prêtres eux-mêmes, d'après les ordres du monarque, vinrent en grandes cérémonies, jouant de leurs instruments, brûlant de l'encens et célébrant par leurs chants la victoire des jeunes héros. On joua, dans les temples, de la trompette, de la conque et des tambours, et c'est dans cet appareil qu'on rendait grâce à l'idole selon les cérémonies accoutumées. Chacun se prosternait humblement, touchait la terre du doigt, le portait à sa bouche et se tirait du sang de la jambe, du bras et des oreilles. C'est de cette façon qu'ils accueillaient ceux qui revenaient vainqueurs et qu'ils remerciaient leur Dieu.

Cette éclatante victoire des jeunes Mexicains excita une telle admiration par toute la terre, que le grand roi de *Tetzcuco* eut grand peur et résolut de se soumettre au roi de Mexico avant qu'on eût l'idée de lui faire la guerre. — Il réunit donc les gens de sa cour auxquels il soumit son projet. Ceux-ci furent de son avis. A cet effet, on choisit des ambassadeurs parmi les plus nobles et les plus éloquents (nous avons déjà dit que ces gens étaient les plus lettrés des gens de la vallée), chargés de se rendre auprès du roi *Itzcohuatl* de la part du roi de Tetzcuco. Ils arrivèrent en présence du roi Mexicain, chargés de présents et lui dirent : « Souverain Seigneur, le

Créateur de toutes choses a déclaré d'une si éclatante manière sa volonté de faire de toi le maître du monde, que
pas un homme intelligent n'en saurait douter devant les
victoires surhumaines que t'a dispensées le Tout-Puisant;
c'est en raison de ces preuves irréfutables, que les sages de
ta ville et royaume de *Tetzcuco*, obéissant à la volonté de Dieu,
viennent te jurer fidélité et te reconnaître pour leur empereur et maître suprême. » Cette ambassade causa le plus
grand plaisir au roi *Itzcohuatl* qui prodigua aux ambassadeurs
les paroles les plus flatteuses; il les fit loger dans le palais,
exigea qu'on les traitât comme lui-même et les pria de se
reposer, leur promettant une réponse pour le jour suivant.
Le soir même, il convoqua son illustre capitaine *Tlacaellel*,
(car il n'entreprenait rien sans ses conseils) et lui ayant
exposé l'affaire, lui demanda son avis.

Tlacaellel, enorgueilli par ses prodigieux succès, conseilla
au roi de répondre que la guerre devait avoir lieu, parce qu'il
fallait que les Mexicains assujettissent toutes les nations par
la guerre; mais il serait bien convenu que les gens de *Tetzcuco* feindraient de faire la guerre aux Mexicains, qui sorti-
raient à leur rencontre en tenue de combat pour simuler une
bataille dont personne ne serait victime et qui se terminerait
par la reddition des gens de *Tetzcuco*. Tout se passa comme
l'avait décidé *Tlacaellel;* les habitants de *Tetzcuco* furent par
la suite aimés et chéris des Mexicains qui les considéraient
comme des parents et des frères, n'ayant plus que des intérêts communs. Le roi de *Tetzcuco* devint le conseiller intime
d'*Itzcohuatl*, qui n'entreprit jamais une affaire sérieuse sans
son avis; le roi de Mexico lui accorda de grands privilèges.
La soumission de *Tetzcuco* rendit le roi *Itzcohuatl* maître et
seigneur de toutes les nations établies à l'entour de la lagune,
ce qui porta de plus en plus haut la gloire de l'empire mexicain. A cette époque, le grand roi *Itzcohuatl* tomba malade
et mourut, après avoir régné douze ans.

A la mort de ce grand roi, ses sujets se livrèrent à de grandes démonstrations de douleur, car c'était un prince aimé de tous et qui les avait gouvernés avec la plus grande douceur. Les funérailles eurent lieu avec les cérémonies accoutumées, comme nous le dirons au livre des rites et cérémonies. Après avoir pleuré ce bon roi, le capitaine *Tlacaellel* convoqua le conseil suprême ainsi que les rois de *Tetzcuco* et *Tacuba*, qui faisaient déjà partie des électeurs royaux et tous étant réunis s'occupèrent d'élire le nouveau roi. En cette occurrence, l'un des électeurs se plaçant au milieu de ses collègues, leur parlait avec éloquence de leur devoir et leur disait : « La lumière qui vous éclairait s'est éteinte, la voix au souffle de laquelle se mouvait tout ce royaume, est devenue muette et le miroir dans lequel se mirait chacun de nous s'est obscurci pour jamais. Cependant, illustres seigneurs, il ne saurait convenir que l'Empire restât plongé dans ces ténèbres, il lui faut un nouveau soleil; jettez donc les yeux sur nos chevaliers et sur les princes descendant de nos grandes familles ou de la famille royale. Songez bien au choix que vous allez faire. Quel sera celui, oh! Mexicains! qui suivra le mieux les traces de notre roi défunt? Quel est celui qui conservera le mieux ce qu'il nous a laissé, qui sera comme lui le défenseur de l'orphelin, le soutien de la veuve, des pauvres et des petits? Choisissez parmi ceux que vous appréciez le mieux d'entre les princes qui nous restent. » C'était avec ces discours et autres semblables, qu'ils procédaient aux élections, ainsi que dans toute grave circonstance. L'assemblée, après s'être consultée, tomba d'accord pour élire *Mutecuczoma* premier de nom, neveu du vaillant *Tlacaellel*. Ce fut un prince valeureux et sage, dont on célébra l'élection par de nouvelles cérémonies et par de plus grandes fêtes que dans le passé, parce que l'empire mexicain était alors plus riche et plus puissant. Aussitôt élu, on le conduisit au temple dans l'appareil le plus solennel, et là, devant le brasier divin, ou le revêtit des insignes de la royauté. On tenait prêt à cette occasion, des os de tigre et de chevreuil taillés en pointe avec lesquels on perçait au récipiendiaire les oreilles, les bras et les jambes. Cela se passait devant l'idole, à qui les anciens, les prêtres et les seigneurs adressaient d'élégantes oraisons terminées par des félicitations au nouvel élu.

Il y avait de grandes réjouissances lors des élections de ces rois; il y avait de grands banquets, des bals de jour et de nuit avec de magnifiques illuminations.

L'élection de ce roi fut marquée par l'introduction d'une nouvelle coutume; il fut décidé, que pour la fête de son couronnement, il serait obligé de déclarer en personne la guerre à quelque nation voisine, afin d'en ramener des captifs destinés à de solennels sacrifices. Cette nouvelle coutume passa dès ce jour à l'état de statut et de loi inviolable. Le nouveau roi s'en montra le serviteur zélé, car il s'en fut en personne faire la guerre à la province de *Chalco* qui s'était déclarée contre les Mexicains; il y combattit vaillamment et en ramena un grand nombre de captifs qui furent sacrifiés le jour de son couronnement. Il ne soumit point les provinces de *Chalco* dont les habitants étaient les plus valeureux qu'eussent jusque-là rencontrés les Mexicains et ce ne fut qu'avec la plus grande peine qu'ils purent les soumettre, comme nous le dirons plus tard.

En ce jour du couronnement des rois, les nations les plus éloignées y venaient prendre part avec les gens du royaume et, en dehors des grandes réjouissances et des sacrifices, on comblait la foule de largesses : banquets abondants en vivres exquis, vêtements distribués à tous, mais spécialement aux pauvres. Ce jour avait été choisi pour la réception des tributs dus au roi et ces tributs entraient à Mexico dans le plus grand ordre et avec la plus grande cérémonie. Ces tributs étaient fort nombreux et quelques-uns de haut prix : il y avait des étoffes de toutes sortes, du cacao qui sert de monnaie et qu'ils apprécient fort; il y avait de l'or, de l'argent, des plumes précieuses, de grandes charges de coton, du piment, des graines de courge et autres produits de cette terre; il y avait aussi une foule de poissons et de langoustes qui venaient des ports de mer, toutes espèces de fruits et des pièces de gibier sans nombre, sans parler des présents innombrables que tous les rois et seigneurs des environs apportaient au nouveau monarque. Tous ces tributs venaient présentés par des envoyés de chaque nation, précédés de leurs collecteurs et de majordomes revêtus de leurs insignes; et ces tributs étaient en telles quantités et se présentaient en un ordre si parfait que c'était une des belles parties de la fête; et c'était ainsi que se célébrait le couronnement des rois mexicains.

Le roi fut donc couronné de la façon que nous venons de dire. Ce roi amena au royaume une énorme étendue de terres de l'autre côté de la Sierra Nevada comme aussi du côté du nord : conquêtes allant presque d'une mer à l'autre, accomplissant des hauts faits dignes de mémoire, par la main de son général *Tlacaellel* qu'il estimait à sa valeur. La guerre où il éprouva le plus de résistance fut celle de *Chalco*, dont les habitants, nous l'avons dit, étaient presque aussi vaillants que les Mexicains. Il fallut longtemps pour les réduire et cette guerre offrit le spectacle de combats et d'exploits extraordinaires dont l'un mérite d'être cité. C'est le suivant : les gens de *Chalco* avaient fait quelques prisonniers et, parmi ceux-ci, l'un des frères du roi qu'ils reconnurent à sa noble contenance et à son air d'autorité; ils voulurent alors lui offrir d'être leur roi et lui firent soumettre leur proposition par des ambassadeurs. Le prince les accueillit en riant et répondit : que s'ils voulaient qu'il fût roi, ils n'avaient qu'à faire dresser le mât le plus haut qu'ils puissent trouver et que l'on couronnerait d'une plateforme. Les gens de *Chalco* croyant que c'était manière à lui de se faire élire roi, lui obéirent et plantèrent au milieu de la place publique un mât, d'une grande hauteur, surmonté de la plateforme demandée : le prince y monta, et fit placer au pied du mât les autres prisonniers, puis il se dressa sur la plateforme avec des fleurs en mains pendant que les gens de *Chalco* attendaient anxieux ce qu'il allait leur dire. Le prince se mit à chanter et à danser, et s'adressant à ses compatriotes s'écria : « Oh! valeureux Mexicains, ces gens m'ont offert d'être leur roi! Que jamais ne permettent les dieux que je commande à une nation étrangère en trahissant les miens; quant à vous, mourez plutôt que de passer à l'ennemi, et pour vous donner l'exemple voyez »; et, en disant cela, il se jeta du haut de la plateforme et se tua sur le coup. Les habitants de *Chalco* restèrent épouvantés et se jetant sur les prisonniers Mexicains, ils les massacrèrent en disant : « Mort, mort à cette race terrible, à cette race aux cœurs enragés. » Cette scène est reproduite comme suit dans la planche XI [1].

Cet événement fit présager aux gens de *Chalco* qu'ils seraient un jour soumis par les Mexicains; ils ajoutèrent que, cette même nuit, apparurent deux hiboux qui se répondaient l'un à l'autre et disaient en langue mexicaine des paroles qui donnaient à entendre la ruine de *Chalco*. Ce fut ainsi que le roi en personne, à la tête de toutes ses forces, conduisit cette guerre et détruisit cette vaillante principauté; puis, comme nous l'avons dit, franchissant la Sierra Nevada, il conquit jusqu'aux extrêmes limites de cette contrée, après quoi, il revint du côté du levant pour s'emparer de toutes les peuplades habitant les terres chaudes, qui s'appelaient *Tlalhuicas*. Il étendit son pouvoir sur presque toutes les nations.

---

1. Planche XI. Les gens de *Chalco,* ayant fait prisonniers quelques Mexicains, parmi lesquels se trouvait un frère du roi *Itzcohuatl,* ils voulurent en faire leur roi; mais lui, plutôt que d'accepter, se jeta du haut d'un mât et se tua. Événement des plus cruels.

Ce fut, d'après le conseil de *Tlacaellel* qu'il ne voulut jamais conquérir la province de *Tlaxcala*, comme il aurait pu le faire avec la plus grande facilité. *Tlacaellel* en donnait pour raison, que ce serait une province frontière, où les troupes pourraient toujours s'exercer et où les jeunes guerriers pourraient aussi se signaler et se préparer à des conquêtes de plus grande importance. On aurait, en outre, disait-il, une

Planche XI. — Un frère du roi Itzcohuatl, pris par les gens de Chalco, se précipite du haut d'une colonne plutôt que d'accepter d'être roi.

occasion d'y faire des captifs pour les sacrifices. Ce fut une coutume qui se perpétua jusqu'à la fin de l'empire.

Tlacaellel était alors l'homme le plus sage et de la plus grande expérience, et ce fut d'après ses conseils que le roi *Motecuczuma*, le premier de ce nom, organisa sa cour et ses provinces. Il y introduisit presque autant de conseillers et de dignitaires qu'il y en avait en Espagne. Il établit des assemblées qui étaient comme des tribunaux d'auditeurs et des juges du conseil de Castille, en même temps que d'autres, d'un ordre moins élevé représentant les corregidors, alcades, lieutenants et alguazils, et cela dans un ordre si admirable que jugeant une foule de causes diverses, ils étaient si bien liés les uns aux autres, que tous ces procès se réglaient sans confusion ; le conseil le plus chargé d'affaires étant celui des quatre princes que présidait le roi. Les premiers décidaient donc des choses de mince importance, mais ils en faisaient part au conseil des princes qui, de son côté, le notifiait au roi, lui rapportant, en outre, à certaines époques, tout ce qui se passait dans son royaume. Ce fut encore, d'après les conseils de *Tlacaellel* que *Motecuczuma* établit le service et l'étiquette de sa maison et de sa cour, par la création d'officiers qui lui servaient de majordomes, de chambellans, d'appariteurs, d'échansons, de pages et de laquais qui étaient légions ; puis, dans les provinces, par la création de facteurs, de trésoriers et administrateurs de ses propriétés. Ils avaient charge de recouvrer les tributs qu'ils devaient chaque mois, au moins, amener à Mexico, et qui se composaient de tous les produits de la terre et de la mer, en objets industriels, étoffes, vivres et parure. Il ne mit pas moins d'ordre en ce qui touchait à la hiérarchie ecclésiastique de ses dieux par la création d'une multitude de prêtres des grades les plus élevés jusqu'aux plus humbles; et il y en avait une telle multitude qu'on en comptait un pour cinq individus, qu'ils instruisaient dans le respect des lois et le culte des dieux.

L'un de ces vieux prêtres enchérissait encore sur cela ; car, au temps des Espagnols, ayant entendu dire que les Indiens étaient des plus mal disposés, qu'ils persévéraient dans leur idolâtrie plutôt que se résoudre à devenir chrétiens, il répondait : « que ces naturels ne pouvaient oublier une religion dans laquelle on les avait élevés avec tant de soin; que dès sa naissance l'enfant était mis entre les mains de plusieurs prêtres qui devaient avec la plus grande persévérance s'occuper de l'élever et de l'instruire dans l'amour et le culte de la religion, et comment alors pouvaient-ils devenir de bons chrétiens, lorsque pour toute une ville et même pour toute une province, il n'y avait qu'un prêtre et qui ne leur expliquait même pas le saint évangile? Mais le pire, c'était que dans une foule d'endroits on ne voyait ce prêtre qu'une fois par an et en passant. Apportez, disait-il, apportez pour nous faire chrétiens la moitié seulement de la diligence que nous apportions autrefois à notre ministère idolâtre, et vous verrez que les Indiens seront les meilleurs chrétiens du monde. » Ce vieux prêtre païen avait raison, car l'expérience nous a montré que là où l'on a bien voulu s'occuper de la conversion de ces Indiens, la moisson a été très abondante, car ce sont des gens des mieux disposés à adopter le saint évangile, des plus faciles à initier à l'étude des belles lettres et de la morale. Mais on les a fort négligés et c'est pour cela qu'il y en a tant aujourd'hui qui persévèrent dans leur idolâtrie; et le motif qui les engage le plus à conserver cette religion, ne serait-ce point l'état de servitude et d'écrasement où on les tient, uniquement livrés aux services les plus pénibles, pauvres gens courbés sous les fardeaux et chargés comme des juments, alors que du temps de la gentilité ils étaient seigneurs, prêtres et rois et qu'ils étaient honorés à l'égal de leurs dieux dont ils étaient l'image! Voilà ce qu'ils oublieront bien difficilement.

Ce roi *Motecuczuma* le premier, après avoir mis son royaume en tel ordre et telle majesté, se voyant en si grande prospérité, résolut d'élever un temple magnifique à son dieu *Huitzilopuchtli*; il convoqua ses sujets de toutes les parties de son empire, afin de leur montrer le plan du temple et de répartir entre chaque province l'ouvrage que chacune d'elles aurait à faire. Ils accoururent en foule, tous gens de métier avec les matériaux, de sorte que le temple fut rapidement achevé; et cet empereur était si désireux de se rendre célèbre par l'édification de ce temple, qu'on affirme qu'il faisait jeter

dans le mortier qui en reliait les constructions, des joyaux et
des pierres précieuses ; et pour l'inauguration, il célébra une
fête plus somptueuse encore que celle de son couronnement.
Il y sacrifia un grand nombre de captifs, qu'il avait valeu-
reusement ramenés de ses campagnes; et il dota le temple
de grandes richesses comme il convenait au temple de son
empire. Ce roi gouverna avec tant de douceur, qu'il fut chéri
de tous ses vassaux ; si bien que tous ceux qui étaient ennemis de la nation mexicaine, l'aimèrent et, grâce à la politique
de ce roi, devinrent des alliés. Ce fut alors, en cette paix, que
Motecuczuma tomba malade et mourut, laissant le deuil et la
désolation dans le royaume qu'il avait gouverné pendant
vingt-huit ans. On lui fit les funéraillles les plus solennelles

Planche XII. — Motecuczuma le vieux élu par Tlacaellel.

selon les cérémonies accoutumées. La figure de ce monarque
est la suivante [1].

Les funérailles terminées, le capitaine général *Tlacaellel,*
qui vivait encore, réunit les membres du conseil suprême

1. Planche XII. Premier roi appelé *Motecuczuma,* élu par le grand capitaine *Tlacaellel.*
Son idole était le dieu *Huitzilopuchtli.*

ainsi que les deux rois électeurs de l'empire, c'est-à-dire les rois de *Tetzcuco* et de *Tacuba* (plus spécialement celui de *Tetzcuco*), qui couronnaient le roi de Mexico. Ils se réunirent et, après avoir de nouveau pleuré la mort du roi, ils s'occupèrent de l'élection de son successeur. Tous leurs regards se tournèrent vers le valeureux *Tlacaellel*, qui refusa la couronne comme il l'avait déjà fait tant de fois. Le vieux guerrier prétendait qu'il était plus utile à la république, qu'il y eut un roi et son coadjuteur plutôt qu'un roi tout seul; il avait raison parce qu'avec son expérience, n'étant pas roi il faisait plus s'il l'eut été, parce qu'il y avait beaucoup de choses dont il n'aurait pu s'occuper s'il eut régné. Mais il ne laissait pas pour cela que d'avoir autant et plus d'autorité que le roi; car on le respectait, on l'honorait, on lui obéissait comme à un roi, et il ne se faisait rien dans l'Empire sans qu'il ne l'ordonnât. Aussi, portait-il la tiare et les insignes de la royauté qu'il revêtait toutes les fois que le roi lui-même les avait revêtues. C'est pour cela qu'il ne lui paraissait point désirable de régner, sa position lui valant plus d'égards et plus d'estime.

Alors on lui demanda, puisqu'il refusait l'élection, qui lui paraissait le plus digne de régner? Il leur désigna l'un de ses neveux, jeune encore, nommé *Tizoccic* et fils du roi défunt [1];

---

1. L'auteur du manuscrit commet au sujet de cette élection une erreur grossière, qu'ont partagée les divers historiens qui l'ont copié sans le citer.

Ce fut, en effet, Axayacatl qui succéda à Motecuczuma le vieux. Ainsi, le P. José de Acosta qui copia la traduction de Tovar fait succéder Tizoc à Motecuczuma.

Herrera qui s'en rapporte à Gomara et au P. Acosta commet naturellement la même faute, ainsi que Enrico Martinez dans son répertoire américain. Gemelli Carreri, malgré les leçons qu'il reçut de D. Carlos de Siguenza y Gongora accepte l'autorité de Acosta et partage naturellement ses erreurs. Ces divers historiens nous dit Manuel Orozca y Berra forment, pour ainsi dire, une école dont Acosta serait le chef, et il nous faut arriver au P. Diego Duran, qui sut *en cela* s'affranchir de l'autorité du manuscrit Ramirez et rétablit la vérité dans la succession des empereurs américains en mettant Axayacatl à la place de Tizoc qui lui succéda, système suivi par Bernardino de Sahagun, don Manuel Antonio de Lastres cité par Orozca y Berra, on lui fit remarquer qu'il était bien jeune et qu'il avait de bien faibles épaules pour l'énorme charge qu'il aurait à supporter. *Tlacaellel* répondit qu'il serait là pour le guider et l'instruire, comme il avait fait pour les rois précédents. Cette raison parut bonne aux membres du conseil qui élurent l'enfant. Une fois élu, on l'emporta en grande cérémonie auprès du brasier divin, où on lui adressa les discours et les conseils accoutumés. Puis, on lui perça les narines dans lesquelles on introduisit une émeraude, on lui fit revêtir les insignes royaux et on le mit sur le trône de la manière que nous avons dit. Ce roi, pour son couronnement, s'en fut en guerre contre certaine province qui s'était révoltée, guerre où il se montra quelque peu timide; dans la mêlée, il perdit plus de monde que l'ennemi et, se montrant par trop pusillanime, il revint à Mexico disant qu'il avait assez de prisonniers pour les sacrifices de son couronnement. On le reçut dans sa capitale avec la plus grande solennité et on le couronna avec les cérémonies habituelles, encore que les Mexicains fussent mécontents de lui voir des instincts si peu belliqueux. Il régna quatre ans sans rien faire de mémorable, ni montrer de goût pour la guerre et les Mexicains, dégoûtés d'un tel chef, l'empoisonnèrent. Ainsi finit ce roi qu'on enterra avec les cérémonies accoutumées [1].

Le conseil suprême présidé par *Tlacaellel*, qui vivait encore, se réunit pour l'élection du nouveau roi; le capitaine était bien vieux et on le portait sur une chaise à l'Assemblée des électeurs; il prit, selon sa coutume, l'élection en mains, et ce fut *Axayacatl*, fils de Motecuczuma, qui fut élu. On l'emmena devant l'assemblée en grande pompe, puis, devant le brasier divin, où l'on pratiqua les cérémonies accoutumées. Ce roi fut des plus valeureux et grand amoureux de la

Fr. Géronimo de Mendiéta, Torribio Motolinia, Chimalpain et tous les autres historiens.

1. La planche XIII nous donne le tableau de cette élection.

guerre, si bien, qu'il n'y eut jamais bataille, ni combat où il
ne paya de sa personne comme un simple capitaine. Le grand
Tlaçaellel tomba malade et mourut avant son couronnement.
Se voyant à l'article de la mort, il appela le roi et lui recom-
manda ses fils et, plus spécialement, l'aîné qui avait une
grande valeur et s'était hautement distingué dans maintes
guerres. — Le nouveau roi lui parla le plus affectueusement
du monde, et pour lui apporter toutes les consolations qu'il
désirait, fit appeler les membres du conseil, et, les ayant

Planche XIII. — Election de Tizoc par Tlacaellel et les rois de Tacuba
et de Tetzcuco.

réunis autour du lit de *Tlacaellel,* fit venir son fils aîné et là,
en présence de son père et des membres du conseil suprême,
il lui conféra toutes les dignités de son père, celle de capitaine général et de second personnage de l'empire, ainsi que
tous les honneurs dont avait joui son père. Le vieux lui
rendit grâce et mourut content. On lui fit les funérailles les
plus solennelles et beaucoup plus somptueuses que celles

des rois, parce que la nation entière le tenait comme le créateur et le soutien du grand empire mexicain. Sa mort causa un deuil universel et le roi fut obligé de procéder aux fêtes de son couronnement, afin d'amener une diversion à la tristesse générale.

Il partit dans le plus grand appareil à la recherche de captifs destinés aux sacrifices; il se dirigeait vers une province populeuse et très riche, appelée *Tequantepec* où l'on avait maltraité et massacré quelques-uns des marchands mexicains et des majordomes qui percevaient les tributs dus au grand roi de Mexico; ces Indiens s'étaient, en outre, révoltés contre la couronne royale. Le roi s'en fut en personne pour restaurer l'ordre dans cette province, suivi d'un grand nombre de soldats appartenant à toutes les parties de l'empire; il emportait une énorme quantité de vivres et de bagages et partout où il passait, les villages et les villes le recevaient avec enthousiasme et lui prodiguaient des banquets où l'on remarquait les mangers les plus rares. Il arriva au lieu assigné pour l'attaque des ennemis, qu'il trouva sur leurs gardes, mais fort étonnés de voir arriver aussi vite un si grand nombre de soldats commandés par le roi mexicain en personne. — Quoique l'armée de cette province fût très nombreuse, et cela en dehors de voisins et nombreux alliés, le roi n'en tint compte; l'épée et le bouclier en mains, il se mit à la tête de ses gens et aborda vaillamment l'ennemi : celui-ci jeta sur les Mexicains des troupes innombrables qui les entourèrent en poussant des cris affreux en même temps qu'elles les couvraient de flèches, de dards, de lances et autres armes de traits. *Axayacatl* alors feignit de fuir et la multitude le suivit jusqu'à certain endroit où il avait caché un grand nombre de soldats sous un épais tapis de paille; ceux-ci laissèrent passer les gens de *Tequantepec*, sortirent soudain de leur cachette et, faisant demi tour, se trouvèrent sur leurs derrières. Le roi, dès lors, fit volte-face et l'ennemi, pris entre les deux troupes, fit des pertes énormes.

Les Mexicains firent autant de prisonniers qu'ils voulurent pour les fêtes du couronnement. Ils envahirent ensuite la capitale et le temple qu'ils incendièrent et détruisirent de fond en comble. Non content de cette exécution, le roi voulut aussi tirer vengeance des provinces voisines et alliées de Tequantepec, qui en avaient poussé les habitants à la révolte. Il les soumit toutes, leur infligeant des châtiments terribles et poursuivit ses conquêtes jusqu'à Guatusco, l'un des ports de la mer du Sud. Son retour triomphal excita l'admiration de tout le monde; on lui fit grande fête, on lui donna des banquets tout le long de la route et son retour à Mexico souleva l'enthousiasme de ses sujets. Tous les prêtres, les jeunes gens élevés dans les temples, les collèges et les écoles d'enfants, vinrent au-devant de lui avec les cérémonies habituellement pratiquées dans le royaume de *Mutecuczoma*, et en arrivant au temple, il fit sa prière et se prosterna devant son dieu *Huitzilopuchtli*, lui rendant grâce pour les victoires qu'il lui avait accordées et lui offrant des dépouilles et des présents de grande valeur, parmi lesquels se trouvaient d'énormes conques marines et des coquillages merveilleux au moyen desquels il renouvela l'outillage du temple en instruments sacrés, trompettes et flûtes que l'on fabriquait avec ces coquilles.

On s'occupa immédiatement des fêtes du couronnement qui furent si splendides que tous les peuples d'alentours et jusqu'aux ennemis vinrent y assister; et c'était un spectacle grandiose que l'arrivée des tributs sur la grande place, dans l'ordre parfait que nous avons dit et en bien plus grande quantité que sous les rois passés. Ce monarque remporta de grandes victoires, car il étendit en personne les limites de son empire, jusqu'à la mer du sud d'un côté, et de l'autre, jusqu'à *Cuetlaxtlan* et autres provinces sur la mer océane, toujours triomphant et vainqueur et sans grande perte des siens.

Ce fut *Axayacatl* qui châtia l'audace des gens de *Tlatelulco* qui étaient des Mexicains, nous l'avons dit, et qui voulurent faire bande à part, se gouverner, en même temps qu'ils se refusaient à reconnaître leur propre roi qui était le roi de Mexico. A cette époque les habitants de *Tlatelulco*, qui se nomme aujourd'hui Santiago, s'étaient fort multipliés ; ils se choisirent un chef non moins orgueilleux que vaillant qui souleva la colère du roi de Mexico. En effet, celui-ci lui ayant envoyé dire qu'il le reconnût pour son seigneur et maître et se soumît à l'empire Mexicain, il lui répondit grossièrement avec des paroles de défi et prit aussitôt les armes. A cette nouvelle, le roi prit également les armes et partit suivi de sa compagnie, résolu à combattre en personne le chef de *Tlatelulco*. Le capitaine général fils de *Tlacaellel* devait suivre avec ses troupes pour attaquer de son côté. Le chef de *Tlatelulco* voulut user d'un stratagème qui fut le suivant : il avait organisé un corps nombreux qui devait se faufiler au milieu des joncs dans la lagune, et dont les membres seraient travestis en oiseaux, corbeaux, oies, grenouilles, etc. Ils devaient s'y tenir en embuscade, pour tomber à l'improviste sur les Mexicains qui arriveraient par les chaussées et les chemins. Le roi *Axayacatl* l'ayant appris déroba sa marche et, quand il fut signalé, il vit venir à lui le capitaine de *Tlatelulco*, qu'il attaqua sur l'heure, ordonnant à son capitaine général d'aller tomber sur ceux qui s'étaient cachés dans les roseaux. Le capitaine de *Tlatelulco* et le roi se trouvèrent face à face et chacun d'eux ayant ordonné à ses troupes de poser leurs armes et de rester spectateurs de la lutte, ils combattirent individuellement d'homme à homme un long moment, lorsque le capitaine de *Tlatelulco*, voyant qu'il avait le dessous, tourna le dos et s'enfuit. Ce que voyant, les siens découragés l'imitèrent. Le roi se mit à la poursuite de son adversaire qui se réfugia sur la plate-forme du temple où le rejoignit le roi, et d'où il le précipita en bas de l'édifice, où le malheureux fut mis en pieces, avec d'autres de ses sujets qui subirent le même sort. Les soldats Mexicains, qui avaient suivi, firent nombre de prisonniers, mais en tuèrent encore davantage, puis ils incendièrent le temple et pillèrent la ville.

Pendant ce temps-là, le capitaine général mexicain attaquait avec non moins de valeur, les gens de l'embuscade et en faisait un tel massacre qu'il en teignit les eaux de la lagune; ceux qui restaient résolurent de se rendre et de demander grâce; mais le capitaine général, en manière de passe-temps et pour se moquer d'eux leur dit : « Nous ne vous pardonnerons pas si vous ne bramez ou chantez à l'imitation des animaux dont vous avez pris les masques; et puisque vous avez pris la figure d'un cerf, bramez comme lui. » Immédiatement, les malheureux tremblant de peur se mirent à bramer; et lorsque ceux-ci eurent bramé, le capitaine leur dit : « Maintenant, croassez comme des grenouilles. » Et il continua à leur faire jouer, selon leurs travestissements, un rôle ridicule qui fit rire toute l'armée, à leur grande honte et dont ils se souviennent encore. Lorsque le roi revint du sac de *Tlatelulco*, il trouva son capitaine général occupé dans la lagune à cette singulière occupation, ce dont il se divertit également.

Axayacatl rentra en triomphe à Mexico, reçu comme d'habitude, avec grandes cérémonies, visite au temple, grâces rendues aux dieux, etc... Ce fut ainsi que fut réglée l'affaire de *Tlatelulco*. Ce roi éleva au plus haut point la gloire de l'empire et fut aimé de tous par sa grandeur et sa vaillance. Il régna onze ans au bout desquels il mourut laissant le royaume dans la plus grande désolation. Ses obsèques eurent lieu selon l'étiquette : on a représenté ce prince sous la figure suivante [1].

—

: 1. Planche XIV. Le roi *Axayacatl*, fils du roi *Motecuczuma*, élu par le général *Tla-*

Les électeurs de l'empire élurent aussitôt *Ahuitzotl*, jeune homme de haute intelligence et de grande espérance, l'un du conseil des quatre. Le peuple approuva cette élection ; on mena le nouveau roi au brasier divin et de là sur son trône où il écouta les discours de circonstance. Ce prince était affable et courageux et fut chéri de ses sujets. Pour préparer les fêtes de son couronnement, il fit un exploit remarquable : ayant appris que les gens de *Cuetlaxtlan*, province

Planche XIV. — Axayacatl élu par Tlacaellel.

riche |et très éloignée de Mexico, avaient attaqué et tué plusieurs des majordomes qui apportaient les tributs au roi de Mexico, il s'en fut en personne pour les venger. Il arriva, en certain endroit, où un bras de mer le séparait du territoire ennemi ; mais, en homme habile et industrieux, il fit construire, par ses soldats, un grand radeau de joncs et de branchages sur lequel il put, avec une forte troupe, passer de l'autre côté, où, avec une grande valeur, il attaqua ses adver-

caellel et le conseil suprême, après quoi ce grand capitaine mourut. Ce monarque précipita le roi de *Tlatelulco* du haut de la pyramide du temple, chute dont il mourut.

saires donnant au reste de l'armée le temps de venir le rejoindre. Lorsque l'armée entière eut passé, il attaqua de nouveau si vigoureusement, que son exemple animait les siens d'un courage invincible.

Ce fut ainsi, avec une perte insignifiante des leurs et grand massacre des ennemis, que les Mexicains subjuguèrent toute la province; et pendant que se continuait le combat, le grand radeau servait à transporter au camp les nombreux captifs qui leur tombaient entre les mains. Le roi revint victorieux de cette campagne avec de nombreuses dépouilles et après avoir étendu les territoires de l'empire. Son passage dans toutes les provinces fut marqué par des fêtes et des acclamations, et son entrée à Mexico fut un triomphe grandiose. Il fut reçu par le corps des prêtres et les grands du royaume suivaient le cérémonial accoutumé. Il se rendit directement au temple pour y rendre grâce aux Dieux et leur faire ses offrandes de la façon que nous avons déjà maintes fois dépeinte; bref, il fut couronné aux applaudissements de toute la terre, au milieu de grandes réjouissances dans l'ordre accoutumé.

Ce roi fut si valeureux qu'il étendit son empire jusqu'à la province de *Guatimala* qui se trouve à plus de 300 lieues de Mexico, et même jusqu'aux limites de la terre qui borde la mer du sud. Sa valeur et son affabilité lui attirèrent l'affection de tous ses sujets. Il avait tant de plaisir à faire le bien qu'il éleva plusieurs personnes au rang de chevalier en les dotant de riches présents; et nombre de fois, le jour de l'arrivée des tributs, il aimait à se récréer de la manière suivante : il donnait avis à tous les malheureux d'avoir à se trouver sur le passage des tributs lors de leur arrivée, et là, il leur distribuait le tout, à chacun selon ses besoins, vêtant les pauvres des étoffes que l'on apportait, nourrissant les affamés avec les victuailles, et quant aux joyaux et pierres précieuses, perles, or, argent et plumes riches, il les distribuait à ses capitaines et aux soldats qui s'étaient distingués dans les guerres. Puis il rentrait au palais, ayant semé sur sa route la longue série de ses bienfaits. Il fut aussi un grand administrateur et il jetait à terre pour les reconstruire les temples et les édifices publics de la ville. Voyant que la grande lagune au milieu de laquelle s'élevait sa capitale, manquait d'eau douce, il résolut d'amener à Mexico les eaux d'une prodigieuse source qui surgissait à une lieue de la ville sur le territoire de *Cuyoacan* et que les anciens avaient endiguée avec la plus grande difficulté pour en diriger le cours.

A cet effet, *Ahuitzotl* fit appeler le chef de *Cuyoacan* qui était un grand sorcier et en fréquentes communications avec le diable; lorsqu'il fut en sa présence, le roi lui exposa son projet. Celui-ci lui répondit : « Très puissant seigneur, ce que tu me demandes est une chose des plus graves; la source dont tu veux amener les eaux à Mexico a été à grand'peine et avec de grands dangers endiguée par nos ancêtres et maintenant si tu veux détruire les digues et changer le cours du torrent, tu t'exposeras certainement à inonder la ville. » Le roi pensant que l'autre avec sa science de magicien voulait se moquer de lui, prit fort mal l'observation et, profondément blessé, il envoya le jour suivant l'un de ses alcades pour s'emparer de lui. En arrivant aux palais du seigneur de *Cuyoacan*, l'alcade le fit avertir par l'un de ses domestiques qu'il avait à lui parler de la part du roi. Le seigneur de *Cuyoacan*, pensant bien qu'on venait l'arrêter, ordonna qu'on introduisit l'alcade. Celui-ci en entrant le vit changé en un aigle gigantesque et féroce; ce qu'il vint raconter au roi qui le renvoya à *Cuyoacan*. A son arrivée, l'alcade trouva le seigneur changé en tigre, et comme malgré tout il voulait l'arrêter, il prit la forme d'un serpent et mit en fuite les envoyés du roi, qui ayant appris ce qui s'était passé, entra en une violente colère et envoya l'ordre à *Cuyoacan* de lui livrer le personnage, sous peine de totale destruction de la ville. Le magicien voyant quel mal il pourrait causer à son pays, se rendit. Il fut amené devant le roi qui le fit fustiger; puis il ordonna aussitôt qu'on détruisît la digue de la source et qu'on en dirigeât les eaux du côté de la ville de Mexico, au moyen d'un canal en maçonnerie. Ce canal fut achevé très rapidement, et lorsqu'on l'eut ouvert à la source et que les eaux commencèrent à couler du côté de Mexico, elles furent reçues par les gens de la ville avec la plus grande joie, au milieu de cérémonies de tous genres : le corps des prêtres s'en vint au bord du canal brûlant des parfums, tandis que d'autres sonnaient de la trompe marine et que d'autres décapitaient des perdrix dont ils répandaient le sang dans le canal et sur ses bords.

Le prêtre qui s'avançait le premier, portait le costume de la déesse de l'eau. Tous les autres le saluaient adressant à l'eau des actions de grâce, lui disant qu'elle était la bienvenue, comme si l'eau eut pu les comprendre. Ils faisaient cela, parce qu'ils tenaient tous les éléments pour des dieux ; ainsi faisaient-ils des montagnes, des rivières, etc., et quand on leur demandait pourquoi ils adoraient ces choses, ils répondait qu'ils ne les adoraient point elles-mêmes, ni ne les tenaient pour dieux, mais que les dieux y habitaient et s'y trouvaient le plus souvent.

Une fois l'eau entrée dans Mexico, elle crut si rapidement que l'on vit immédiatement qu'elle inonderait bientôt la ville; elle en inonda, en effet, la plus grande partie, renversant tous les édifices légèrement construits. Le roi s'occupa aussitôt de lui ménager une issue pour en faire baisser le niveau.

Cet accident nécessita la reconstruction de la ville plus solide et plus belle, et ce fut ainsi que Mexico s'éleva magnifique, comme une nouvelle Venise au milieu des eaux. Le roi ayant édifié sa capitale avec ce luxe, et étendu son pouvoir dans les plus lointaines provinces, mourut après quinze ans de règne laissant toute la terre désolée d'avoir perdu un prince si affable et si bon que son peuple l'avait appelé le *père des orphelins*. Son portrait ainsi que le procédé dont on se servit pour amener l'eau à Mexico sont représentés de la manière suivante [1].

Lorsque les funérailles du roi *Ahuitzotl* furent achevés et que les honneurs habituels lui furent rendus, les électeurs se réunirent et leur choix se porta aussitôt sur le grand monarque *Motecuczuma*, le second de ce nom et, sous le règne

Planche XV. — Ahuitzotl amène les eaux à Mexico.

de qui, la religion catholique pénétra au Mexique, comme nous le dirons plus tard. L'histoire, pour distinguer ce prince du premier de même nom, appela celui-ci *Huehue Motecuczuma, Motecuczuma le vieux*. Si le nouveau roi fut élu avec une telle unanimité, c'est que tout le monde avait jeté les yeux sur lui; car, outre sa grande valeur, il était grave et recueilli, il ne parlait que rarement, et lorsqu'il parlait, c'étaient autant de maximes et de sentences que le conseil

1. Planche XV. Le roi *Ahuitzotl* poussa ses conquêtes jusqu'au Guatemala. Il régna quinze ans, fut très valeureux et devint le père des orphelins. Il amena l'eau de *Cuyoacan* à Mexico.

suprême admirait; avant d'être roi il était craint et vénéré
— il se tenait d'habitude recueilli, dans une pièce où il se
retirait et qui faisait partie du temple de *Huitzilopuchtli* ; c'était
là, disait-on, qu'il entrait en communication avec l'idole, ce
qui lui avait valu la réputation de religieux et de très dévot.
Après son élection, les grands seigneurs de la cour allèrent
le chercher dans sa retraite et l'accompagnèrent devant le
conseil suprême; il s'avançait avec une telle dignité que tous
disaient, combien, à juste titre, il portait le nom de *Motecuczuma* qui veut dire, le seigneur immuable, le seigneur
implacable. Au moment où il pénétra dans la pièce où se
trouvaient les électeurs, ils lui annoncèrent son élection avec
les marques du plus profond respect, ils le conduisirent en
toute majesté devant le brasier divin, où il fit les sacrifices
accoutumés et où il encensa les dieux. Cette cérémonie
achevée, on le revêtit des insignes royaux, et, après lui avoir
percé les ailes du nez, on y introduisit une riche émeraude,
puis, l'ayant assis sur le trône, les anciens lui adressèrent les
discours de circonstance, parmi lesquels on remarqua celui
du roi de *Tetzcuco* qui lui adressa les paroles suivantes :
« Illustre jeune homme, l'unanimité des voix qui a consacré
ton élection et la joie que le peuple en a ressentie, nous
montrent quelle grande faveur a été faite à ce royaume par
l'accession au trône d'un prince tel que toi; car l'empire
mexicain est aujourd'hui si vaste et si haut placé dans le
monde, que, pour gouverner un tel royaume et porter allè-
grement une telle charge, il ne fallait pas moins que l'intelligence et la certitude de ton noble cœur, le calme, le savoir
et la prudence de ton caractère ; aussi j'affirme que les dieux
puissants chérissent les habitants de cette ville puisqu'ils leur
ont permis de choisir celui à qui cette royauté convenait le
mieux. Qui pourrait douter que le seigneur et prince qui,
avant de régner, savait fouiller tous les replis des cieux, ne
puisse, étant roi, connaître assez bien les choses de la terre

pour faire le bonheur de ses sujets? Qui douterait que le génie dont tu as toujours fait preuve dans les questions les plus graves, puisse te manquer aujourd'hui? Qui douterait qu'avec ton grand cœur, tu ne sois l'appui de la veuve et de l'orphelin? Qui ne serait convaincu que l'empire mexicain ne soit arrivé à l'apogée de sa gloire puisque les dieux t'ont octroyé une telle puissance que tu la communiques à qui seulement te regarde? Réjouis-toi donc, oh! pays fortuné, puisque le Créateur de toutes choses t'a donné un prince qui sera la colonne inébranlable de ton culte, le père, le refuge et plus que le frère de ses sujets par sa douceur et sa miséri-corde; — réjouis-toi, et avec toute raison, d'avoir un roi qui ne prendra point occasion, comme chef suprême, de s'endor-mir dans les plaisirs, les délices de la table et les vices désho-norants; tout au contraire, son noble cœur saura secouer le plus doux sommeil, pour veiller aux soins qui lui incom-beront, et son être restera indifférent aux mets les plus exquis pour ne s'occuper que de ton bonheur. Vois combien j'ai raison de t'engager à te réjouir, royaume béni entre tous! et toi, généreux enfant, notre seigneur tout puissant, puisque le Créateur du monde t'a confié cet office et qu'il a de tous temps été si libéral envers toi, crois-le bien, il te comblera de ses dons les plus précieux afin que tu supportes, sans fai-blir, la charge qu'il t'a confiée et que tu garderas, je le souhaite, pendant nombre d'années heureuses. »

Le roi *Motecuczuma* écouta cette harangue avec la plus grande attention et en fut tellement ému que, par trois fois, il essaya vainement de répondre et qu'il se mit à pleurer. Puis, s'étant quelque peu remis, il répondit assez sèchement : « Je serais aveugle, excellent roi, si je ne voyais et ne com- « prenais que tout ce que tu m'as dit n'est que pure gracieu- « seté de ta part ; car, ayant à choisir parmi tant de person- « nages si nobles et si considérables, vous avez jeté les « yeux sur le moins méritant ; je me sens certainement si

« peu des qualités nécessaires à la lourde charge qui m'in-
« combe, que je ne puis avoir recours qu'au Seigneur de
« toutes choses pour lui demander son aide en même temps
« que j'en appelle à vous tous pour vous joindre à moi dans
« vos prières. » En disant cela, il s'attendrit de nouveau et
se mit à pleurer.

D'autres anciens arrivèrent à leur tour, le consolèrent dans
leurs harangues et le conduisirent au palais, où il se recueillit
pendant plusieurs jours sans parler à personne. Pendant ce
temps, on procéda aux fêtes de l'élection qui furent accompagnées de danses et de jeux publics de jour et de nuit, avec
de grandes illuminations. Il y avait à peine quelques jours que
ce roi avait été élu, qu'il laissa percer ses projets orgueilleux.
La première chose dont il s'occupa, fut de l'organisation de sa
maison royale; il fit venir à ce sujet l'un des anciens qui avait
été son gouverneur et, lui ouvrant son cœur, lui dit : « Tu
« sauras, oh! mon père, que j'ai résolu que tous ceux qui
« devront me servir soient chevaliers, fils de princes et sei-
« gneurs et, non seulement ceux qui auront des charges dans
« mon palais, mais ceux mêmes qui auront un emploi quel-
« conque dans mon royaume, et je suis vraiment blessé de
« ce que les rois, mes prédécesseurs, aient employé, dans de
« semblables charges, des gens sans naissance : pour ma
« part, j'ai décidé de leur enlever tous les offices qu'ils
« peuvent occuper dans l'organisation royale, voulant que
« ma maison et mon royaume n'aient d'officiers que de
« haute noblesse sans aucun mélange de petites gens. » Le
vieux réfléchit quelques instants et répondit : « Seigneur,
« tu es sage et tout puissant, et tu pourras faire tout ce que
« tu voudras, mais il me semble que tes sujets te désap-
« prouveront en cette affaire; ils penseront que tu veux faire
« oublier le règne des rois précédents en modifiant ce qu'ils
« ont fait et tu t'aliéneras le pauvre et humble *Macehual* [1],

____

1. Macehual, c'est l'homme de peine chargé des transports.

« qui n'osera plus t'approcher ni lever les yeux sur toi. »

Alors, *Motecuczuma* reprit : « C'est justement ce que je
« demande : c'est que l'homme de peu ne puisse s'égaler à la
« noblesse et n'ose lever les yeux sur son roi; et si je te fais
« part de mes intentions, c'est parce que je compte que toi
« et tous ceux qui les connaîtront me diront que j'ai raison;
« tu sais combien sont différentes les manières des nobles et
« des gens de bas étage, et si les seigneurs et spécialement
« les rois se servent des hommes de cette dernière classe, ils
« leur feront souvent affront; car, si nous envoyons des uns
« et des autres en ambassade, le noble dira discrètement et
« courtoisement ce qu'il faudra dire tandis que le plébéien
« le dira dans un rude langage, de sorte que l'on pourra
« penser que son maître n'en sait pas plus que lui; en
« somme, ils sont grossiers et, pour intelligents qu'ils soient,
« ils sentent toujours le barbare. En outre, serait-il juste,
« que les paroles des princes et des rois, qui sont comme
« des joyaux et des perles précieuses, échoient à d'abjects
« personnes comme le sont ces gens-là, plutôt qu'à des sei-
« gneurs et des princes, où chaque chose serait en sa vraie
« place; l'homme vulgaire ne pourrait en ce cas que nous
« amener des affronts, car, si tu le charges de négociations
« nobles et délicates, la grossièreté de sa nature et son
« manque d'éducation ne pourront que les ravaler. Tu vois
« ce qui nous arriverait, si nous nous servions de tels indi-
« vidus, et comme il demeure établi que j'ai tout à fait rai-
« son, tu vas me choisir autant de jeunes princes que tu
« pourras en trouver parmi les plus intelligents dans nos
« établissements religieux et autre part, que tu instruiras
« pour le service de ma maison et de mon royaume, à l'ex-
« clusion de tous jeunes garçons de la classe populaire. Va
« dire aux gens de mon conseil que telle est ma volonté et
« qu'ils aient à s'y conformer sur l'heure. » Le vieux s'en fut
veiller à l'exécution des ordres que le roi lui avait donné,

pénétré d'admiration pour le savoir et la grandeur de *Mote-cucçuma*; quant au conseil suprême, à la notification de la volonté du prince, il se mit immédiatement à l'œuvre.

Après avoir établi l'ordre dans sa maison et son royaume, le roi partit en guerre à la recherche de captifs pour les sacrifices de son couronnement. Il allait contre une province lointaine qui avait secoué le joug; il partit avec un grand nombre d'hommes et de porteurs bien approvisionnés et dans leurs plus beaux costumes de guerre, reçu et fêté par toutes populations de la route qu'il suivit. Arrivé dans la province qu'il se proposait de soumettre, province située sur les bords de la mer océane, il l'attaqua avec tant de vigueur et d'habileté, qu'il la soumit en quelques jours. Les Mexicains du reste remportèrent toujours des victoires signalées, sauf en deux occasions, à *Tepeaca* et dans le *Michhuacan* parce qu'ils avaient à faire à des populations aussi braves qu'eux-mêmes notamment celle du *Michhuacan*, qui, nous l'avons dit, était de race mexicaine et qui, provoquée sans motif, fut victorieuse par la grâce de Dieu.

La province une fois soumise, le roi *Motecucçuma* ramena une foule de captifs et de dépouilles pour les fêtes de son couronnement et par un châtiment exemplaire, laissa le pays terrorisé et hors d'état de songer à une nouvelle révolte.

Son retour fut un triomphe et, par toute la route, les seigneurs mêmes des villes et villages où il passait lui servaient de pages et de chambellans, ce qui ne s'était jamais fait jusqu'alors, tant il inspirait de terreur et de respect. Il fit son entrée dans la ville avec son accompagnement de prisonniers et de richesses et y fut reçu avec la pompe accoutumée, c'est-à-dire, avec grand éclat de cérémonies et de processions, au bruit des trompes marines, des flûtes, des tambours et autres instruments d'allégresse; ce fut en passant sous des arcs de triomphe qu'il atteignit le temple, où il rendit grâce aux dieux et leur offrit les riches dépouilles qu'il rapportait. Il prit quelque repos, après quoi commencèrent les fêtes de son couronnement, auxquelles concoururent un tel nombre de gens de pays si divers, que l'on vit à Mexico des hommes que l'on n'avait jamais vu. Il y eut des fêtes grandioses, des danses, des comédies et des divertissements de jour et de nuit avec de telles illuminations qu'on y voyait comme en plein jour. L'ensemble des tributs était si considérable, les seigneurs qui les accompagnaient étaient si nombreux, avec de si brillants costumes, que tout le monde en était émerveillé; on n'admirait pas moins le nombre immense des prisonniers.

Il n'y eut pas jusqu'aux ennemis mêmes des Mexicains qui ne tinssent à honneur d'assister à ces merveilleuses cérémonies, tels les habitants du *Michhuacan* et ceux de la province de *Tlaxcala* que le roi fit loger dans son palais, ordonnant qu'on les traita comme lui-même et pour lesquels il fit construire des pavillons du haut desquels ils pussent tout voir sans être vus. Le soir ils assistaient aux bals et aux fêtes de nuit avec *Motecuczuma* lui-même, qui les traitait avec une telle bonté et tant d'affabilité que tous en étaient aussi surpris que reconnaissants. Ce roi fut intronisé avec toute la pompe et la solennité voulues, couronné par le roi de Tetzcuco dont c'était l'office. Ce couronnement est représenté de la manière suivante [1].

Pendant tout son règne, le roi *Motecuczuma* fut le monarque le plus estimé et le plus vénéré de ses peuples, car il savait si bien inspirer le respect et sa personne avait une telle majesté, que les gens en étaient arrivés à l'adorer comme un dieu; et il tenait tellement à cette vénération du peuple que, lorsqu'il sortait dans sa ville et qu'il apercevait l'un d'eux lever les yeux sur lui, le malheureux était puni de

---

1. Planche XVI. Le roi et grand monarque Motecuczuma le second de ce nom, sous le règne duquel entra le christianisme. Le premier fut appelé *Motecuczuma le vieux*. Ce roi couronné par le roi de *Tetzcuco* régna quinze ans.

mort. D'habitude, il vivait retiré dans son palais, ne se
montrant que rarement, les jours où il allait visiter ses jar-
dins ; à cet effet, il prenait une chaussée encadrée de murailles
au milieu desquels il passait en palanquin, porté par les
seigneurs de sa cour ; personne autre que ses porteurs ne
prenait cette route, les gens du commun passant en dehors
des murs. Jamais ses pieds ne touchaient la terre et là où il

Planche XVI. — La mitre offerte à Motecuczuma par le roi Tetzuco.

se promenait, on couvrait le sol de tapis ou d'étoffes de
coton. Jamais il ne porta deux fois le même vêtement,
chaque jour il en prenait un nouveau ; il en était de même
des vases et de la vaisselle de sa table : on en changeait et on
la variait de forme tous les jours. Il faisait don de ces costumes et de cette vaisselle aux serviteurs et employés de sa
maison, qui s'en trouvaient abondamment pourvus et qui se
réjouissaient de cette largesse. Il y avait dans son palais des
salles réservées où se tenaient ses courtisans, chacun à tel
rang selon sa dignité ; et si quelque homme du peuple ou

d'un rang autre que celui de chevalier, se permettait de
pénétrer dans les salles destinées aux personnages illustres,
il en était sévèrement puni.

Ce fut lui qui mit l'ordre dans la chevalerie en créant com-
mandeurs ceux qui s'étaient signalés dans les guerres ; les
plus illustres étaient ceux qui avaient leurs cheveux en couronne attachés avec un ruban rouge, avec un mélange de
plumes riches, d'où pendaient, jusque sur leurs épaules, des
tresses de ces mêmes plumes terminées par des houppes; et
leur nombre rappelait les exploits de chaque guerrier. Le
roi lui-même était membre de tous ces ordres de chevalerie
et le costume était celui que portait Motecuczuma lors de son
couronnement. Parmi ces différents ordres de chevalerie, il

Planche XVII. — Teponaztli et Atambor.

y avait l'ordre des aigles, l'ordre des lions et l'ordre des tigres,
ceux-là étaient ordinairement composés de ceux qui s'étaient
le plus distingués dans les batailles ; en cas de guerre ils portaient toujours les insignes de l'ordre et c'est ainsi qu'ils sont
représentés dans leurs estampes [1]. Il y avait encore les chevaliers gris, qui étaient d'un ordre inférieur et qui portaient

1. Planche XVII. Au milieu des danseurs se trouve un chevalier des tigres,
planche XI également.

une tresse entourant la tête au-dessus de l'oreille. A la guerre ils partaient avec leurs insignes comme les autres, mais ils n'étaient armés qu'à mi-corps, de la ceinture aux jambes pour les distinguer des plus illustres. Tous ces chevaliers pouvaient employer dans leurs vêtements des étoffes de coton riches et brodées, porter des bijoux d'or et d'argent et se servir de vases dorés et peints ainsi que de chaussures de toutes sortes; les gens du peuple ne pouvaient user que d'étoffes de fils d'agave, devaient marcher pieds nus et ne se servir que de vases d'argile.

Le roi avait affecté dans son palais des salles spéciales pour les différentes classes de gens, les premières réservées aux princes, les secondes aux chevaliers de l'aigle, les troisièmes aux chevaliers du tigre et du lion et les quatrième aux chevaliers gris ; salles où n'auraient osé pénétrer que ceux à qui elles étaient réservées, chacun s'en tenant à la sienne, tandis que les gens du peuple se tenaient dans des endroits en rapport avec les offices qu'ils pouvaient remplir.

Motecuczuma était si jaloux de l'exécution de ses ordonnances que, souvent il se déguisait et se promenait inconnu dans la ville, épiant ses employés, leur détachant des affidés pour les corrompre à l'aide des présents ou de supplications, afin de constater s'ils se négligeaient ou se laissait aller à quelque défaillance, et, dans ce cas, il les faisaient mettre à mort; et il y apportait une telle malice, que, revenant d'une guerre, il annonçait parfois qu'il allait se reposer dans l'une de ses maisons de campagne ; il envoyait alors ses capitaines en avant avec les prisonniers et les dépouilles afin qu'ils entrassent dans Mexico dans l'ordre et avec toutes les cérémonies habituelles à ce genre de fêtes. Quant à lui, il se faufilait déguisé dans la foule pour bien observer ce qui se passait, et châtiait sévèrement la moindre faute ; il était sans pitié pour ses frères comme pour les autres, car il ne pardonnait jamais à personne. Non seulement il faisait rigoureusement observer les lois, mais il fut des plus vaillants et toujours heureux dans les guerres qu'il entreprit ; il fut également le plus habile à maintenir l'ordre et l'étiquette dans son royaume.

Au temps où ce grand monarque régnait avec tant d'éclat, ayant étendu son empire à toutes les parties de ce nouveau monde en se faisant servir et adorer comme un dieu, alors qu'il comptait quatorze années d'un règne glorieux, il lui vint la nouvelle que des navires montés par des hommes étranges avaient jeté l'ancre dans les ports de ses côtes ; des présages et des prodiges que jamais on avait observés jusqu'alors, avaient précédé l'arrivée de ces inconnus. L'idole *Quetzal-cohuatl*, dieu des *Cholultecas*, avait annoncé la venue de ces étrangers pour s'emparer du royaume ; le roi de *Tetzcuco* qui avait des relations avec le démon, vint une nuit visiter *Mote-cuczuma* pour lui annoncer une communication des dieux, disant que de grandes épreuves menaçaient l'empereur et l'empire ; de nombreux devins et sorciers prédisaient la même chose et l'un d'eux l'informa en détail des choses qui lui arriverait, et, tout en causant, lui fit remarquer qu'il lui manquait les gros doigts des pieds et des mains : le roi épouvanté des choses qu'on lui disait fit saisir tous ces sorciers qui disparurent aussitôt. Ces événements l'avaient rendu si chagrin, que, ne pouvant se venger de ces devins, il faisait mettre à mort leurs femmes et leurs enfants et détruire leurs propriétés.

Quant aux présages et prodiges, voici ce que la tradition nous en a raconté : elle dit que, troublé par de menaçantes prédictions, *Motecuczuma* voulut faire amener à Mexico une très grande pierre afin d'y célébrer des sacrifices solennels pour apaiser la colère des dieux. On employa, dans le but d'amener ce bloc à Mexico, un très grand nombre d'hommes munis de cordes et de câbles ; et, lorsqu'il fut amarré et qu'on voulut le mouvoir, les hommes eurent beau s'y atteler ils ne purent l'ébranler ; et, lorsque, dans leurs efforts, ils eurent brisé les câbles les plus solides, ils entendirent une voix s'élevant de la pierre, qui disait : « Renoncez à ce travail, le souverain créateur ne veut plus que se consomment de telles choses. » A cette nouvelle, *Motecuczuma*, plus troublé que jamais, ordonna que l'on fit de grands sacrifices devant la pierre ; mais la voix reprit : « Je vous ai dit, que la volonté de Dieu était, que « vous ne m'emmeniez pas et pour que vous voyiez bien qu'il « en est ainsi, je me laisserai mouvoir quelque peu, et vous ver-« rez avec quelle facilité vous allez le faire ; mais, ne voulant « pas que vous m'emmeniez, les efforts de l'univers ne pourraient m'ébranler. » A ces paroles, les gens commencèrent à tirer sur ces câbles et ils enlevèrent la masse comme une chose légère, après quoi elle s'arrêta sans qu'aucune force humaine pût la mettre en mouvement. On dit que le phénomène se répéta deux ou trois fois, et, comme on essayait de l'enlever avec de grands efforts, elle se laissa traîner jusqu'à un grand canal, près de l'entrée de la ville où elle tomba et disparut : on fouilla le canal pour la retrouver mais on n'en vit nulle trace, le jour suivant, les gens se rendirent à l'endroit d'où ils l'avaient extraite et c'est là qu'ils la retrouvèrent, étonnés et douloureusement surpris. On raconte aussi qu'un indien de bonne réputation ensemençait son champ, lorsqu'un aigle gigantesque, arrivant sur lui, l'enleva dans ses serres et le porta sans lui faire de mal dans une certaine grotte où il l'enferma en disant : « Très puissant Seigneur, je t'amène celui que tu m'as demandé, » et l'indien laboureur regardait dans toutes les parties de la cave, mais il ne voyait personne ; et tout à coup, il entendit une voix qui disait : « Connais-tu celui qui est là, couché devant toi ? » Alors, regardant à ses pieds, l'indien vit un homme endormi, mais d'un sommeil profond, revêtu des insignes royaux et tenant à la main des fleurs et un brûle parfum plein d'encens qui répandait sa fumée odorante ; il reconnut et vit que c'était le grand roi *Motecuczuma*. Alors le laboureur, après l'avoir regardé, s'écria :

« Grand Seigneur, cet homme ressemble à notre roi *Mote-*
« *cucʒuma.* » La voix s'éleva de nouveau et lui dit : Tu as raison, c'est bien lui, regarde comme il dort profondément,
sans souci des calamités qui vont fondre sur lui, il est temps
qu'il soit puni des longues offenses qu'il a fait à Dieu et des
tyrannies, fruit de son immense orgueil; et il en est tellement
inconscient et si aveugle sur ses mérites, qu'il ne s'en doute
même pas; et, comme exemple, prends ce brûle parfum en
feu et verse-le lui sur la cuisse et tu verras qu'il ne le sentira
point. » Le pauvre laboureur, voyant qu'on lui commandait
de brûler un roi redouté à l'égal des dieux, n'osait pas le faire.
Alors la voix reprit : « Ne crains rien, je suis beaucoup plus
« puissant que ce roi, que je pense faire périr; exécute donc
« ce que je t'ai commandé. » Alors, le laboureur prenant le
brûle parfum en feu, de la main du roi, le lui répandit sur la
cuisse sans qu'il bougea, cela fait, la voix reprit encore : « Tu
« vois dans quel profond sommeil est plongé le roi, éveille-
« le et raconte lui ce qui s'est passé » ; et il ordonna à l'aigle
de reporter l'indien où il l'avait pris et l'aigle l'enleva dans
ses serres et le remit là où il l'avait pris.

Le jour suivant le laboureur alla trouver *Motecucʒuma* et
raconta tout ce qui lui était arrivé; le roi regarda sa cuisse
et vit qu'elle était brûlée, et cela, sans qu'il eut rien ressenti,
ce dont il fut douloureusement impressionné. A cette époque
parut dans le ciel une immense lame de feu, très brillante et
en forme de pyramide comme la flamme d'un bûcher, elle
paraissait à l'horizon à minuit, montait au Zénith, et quand
le soleil arrivait à la moitié de sa course, disparaissait. Cette
flamme se montra pendant un an, et, chaque fois qu'elle
paraissait, la foule poussait de grands cris et de grandes cla-
meurs, pensant que c'était l'annonce de quelque calamité. Un
jour aussi, subitement, alors qu'il n'y avait aucune lumière
ni dans le temple ni dehors, tout s'enflamma et quand cela
commença à brûler, on eût dit que les flammes sortaient de

l'intérieur du bois; et cela se produisit, sans qu'il y eut ni éclairs, ni tonnerre, ni rien qui ait pu causer ce phénomène. A la vue des flammes, les gardes du temple appelèrent afin qu'on vînt éteindre le feu, et, malgré la multitude de gens qui accoururent avec de l'eau pour l'éteindre, rien n'y fit; on raconta même, que l'eau ne faisait qu'exciter les flammes, si bien, que le temple entier fut consumé. On vit aussi surgir une comète en plein jour; elle avait trois têtes, courait de l'Occident à l'Orient jetant de grandes étincelles : elle inspira l'épouvante et l'effroi. La grande lagune qui sépare *Mexico* de *Tetzcuco,* sans qu'il y eut tempête, ni tremblement de terre, ni autre cause connue, se mit à bouillir, se soulevant à gros bouillons comme une eau très chaude et grossit tellement qu'elle envahit tous les édifices qui s'élevaient sur ses bords et qui s'écroulèrent. A cette époque, on entendit bien des fois pendant la nuit, des voix comme celle d'une femme angoissée et pleurant qui disait : « O mes enfants, voici « arrivée l'heure de votre destruction! » d'autres fois la voix « disait : « O mes enfants, où vous mènerai-je pour que « vous puissiez échapper à votre perte? »

De même, les pêcheurs de cette grande lagune s'emparèrent d'un oiseau de la taille d'une grue et de la même couleur mais d'une forme extraordinaire et inconnue. Ils apportèrent cet oiseau à *Motecuczuma* qui se trouvait alors dans ses palais de deuil, appelés *palais teints de sang;* car, possédant des palais richement décorés pour ses plaisirs, il avait de même des palais de deuil où il se retirait pour faire pénitence; c'est pourquoi dans ces jours d'épouvante, il s'y était réfugié pour pleurer ses fautes. Les pêcheurs furent admis en sa présence au milieu du jour, exactement, et ils lui présentèrent l'oiseau qui avait au milieu de la tête un objet transparent et brillant comme un miroir, où il vit se répercuter le ciel et les étoiles, ce dont le roi *Motecuczuma* fut épouvanté, car ayant regardé le ciel, il n'y vit aucune trace d'étoile puisque l'on se trouvait en plein midi. Il examina de nouveau la tête de l'oiseau, et vit apparaître sur cette espèce de miroir des gens de guerre avec leurs armes, qui venaient du côté de l'Orient, combattant et massacrant; à cette vue, il fit appeler ses augures dont il avait un grand nombre, afin de leur montrer cet étrange spectacle, et qu'ils lui disent ce que cela pouvait signifier. Ceux-ci ne furent pas moins surpris que le roi, mais ne surent comment expliquer le phénomène, et pendant qu'ils se consultaient, l'oiseau disparut, jetant le roi et les personnes présentes dans la plus grande inquiétude. En ce même temps on vit des monstres à deux têtes, ou de formes étranges, qui, amenés devant le roi, disparaissaient aussitôt. Ces événements extraordinaires avaient jeté le roi et le royaume dans une telle épouvante, que chacun croyait à la fin du monde.

Ce fut en ces conjonctures que des navires vinrent jeter l'ancre sur la côte de la mer océane et que débarquèrent des gens d'Espagne. Les majordomes et les capitaines de *Motecuczuma* qui habitaient les côtes qui s'appellent aujourd'hui les côtes de la Veracruz, se réunirent et se demandèrent s'il serait opportun d'aller au plutôt en porter la nouvelle au roi *Motecuczuma* dans sa grande ville de Mexico? Mais le plus considérable d'entre eux, leur dit : « afin que nous puissions « apporter à notre roi, une relation plus exacte et plus com « plète, il serait bon que nous nous rendions auprès de ces « gens-là, pour voir de nos yeux ce qui se passe ; et nous irons « sous le prétexte de leur vendre les choses dont ils doivent « avoir besoin. » Cette idée, leur parut bonne ; ils réunirent aussitôt des vêtements et des vivres qu'ils chargèrent sur de petites barques qu'ils appellent *canoas* et s'en furent aux navires, se dirigeant vers la galère capitane, qui se distinguait par l'étendard qui flottait à son grand mât. En arrivant au vaisseau, ils firent comprendre qu'ils venaient en messagers de paix pour vendre des vivres et des étoffes.

Les Espagnols les laissèrent monter à bord, où il leur firent mille questions, leur demandant d'où ils étaient et comment s'appelait le roi du pays. Ils répondirent qu'ils étaient mexicains et que leur roi était le grand *Motecuczuma.* Ils ouvrirent leurs ballots de vivres et d'étoffes merveilleusement tissées et qui parurent telles aux Espagnols qui les achetèrent, donnant en échange des colliers de perles fausses rouges, vertes, jaunes et bleues que les Indiens prirent pour des pierres précieuses et qu'ils troquèrent contre leurs marchandises. Les Espagnols les renvoyèrent en leur disant : « Allez avec Dieu et portez ces bijoux à votre roi; dites-lui « que pour le moment nous ne pouvons aller le voir à Mexico, « mais que nous reviendrons bientôt. » Les Indiens regagnèrent la côte et se rappelant ce qu'ils avaient vu, la taille, la tournure et le costume des Espagnols ainsi que les navires, Ils peignirent le tout et l'envoyèrent à leur grand roi *Motecuczuma.* Ils lui contèrent également ce qui leur était arrivé et lui remirent les perles que leur avaient donné les Espagnols.

Le roi fut grandement surpris de ces nouvelles et ordonna aux messagers de se reposer en attendant sa réponse, mais de ne souffler mot de ce qu'ils avaient vu, à qui que ce soit. Le roi demeura pensif tout le jour; le lendemain il réunit toute sa cour et après lui avoir exposé l'affaire, montra les bijoux que les capitaines avaient apportés, demandant ce qu'il fallait faire en la circonstance. Il fut décidé qu'on donnerait avis aux gardes de toutes ces côtes de veiller avec le plus grand zèle du haut de leurs observatoires, pour que, à la première apparition de navires, ils en apportassent la nouvelle au roi *Motecuczuma,* ce qui fut fait sur l'heure, et pendant toute une année, au bout de laquelle (qui fut l'année 1518) ils virent arriver la flotte qui portait le marquis Don Hernando Cortès et ses capitaines qui furent les conquérants de cette contrée.

Dès que la flotte fut signalée, les Mexicains vinrent en

toute hâte en donner la nouvelle au grand *Motecuczuma* avec tous les détails y ayant trait. Le roi, fort troublé, réunit son conseil pour lui soumettre l'affaire. Après maintes délibérations sur les faits et gestes des Espagnols, les membres du comité tombèrent d'accord pour affirmer que cela ne pouvait être que la venue annoncée du grand empereur *Quetzalcohuatl* qui s'en était allé par cette mer, du côté où le soleil se lève, il y avait bien longtemps et qui avait prédit son retour. Qu'il fallait aller le recevoir et lui offrir comme présents une part de toutes les richesses de cette terre qui était sienne, puisque l'empire de Mexico était son empire. Il faut ajouter, pour que le lecteur comprenne cette histoire, que dans les temps lointains il y eut en ce pays un homme que la tradition nous présente comme un homme des plus sages, si bien, que beaucoup de gens pensèrent que c'était quelque saint, venu en cette terre pour y prêcher le Saint Évangile; car ses jeûnes, ses pénitences, ses veilles et ses prédications contre les vices, ses exhortations à la vertu étaient d'un homme évangélique, et l'on assure qu'il n'était pas idolâtre, qu'il abhorrait au contraire les idoles, les rites cruels et les cérémonies que l'on pratiquait, ce qui lui valut une longue persécution et le força d'abandonner cette contrée disant qu'il reviendrait un jour avec d'autres hommes pour tirer vengeance des mauvaises actions qui se commettaient chaque jour contre Dieu en ce pays. On dit aussi que c'était un grand artiste pour créer des images et qu'en certain endroit il sculpta un crucifix que les Espagnols prétendent avoir vu, et qu'il laissa derrière lui un livre, espèce de missel, que nombre de religieux s'efforcèrent en vain de retrouver. On a prétendu que c'était une bible. On avait pour cet homme la plus grande vénération, car ils disent qu'il faisait des miracles et sa vertu était si grande qu'on le tenait pour une créature surhumaine.

On disait aussi que celui-là, envoyé de Dieu, était le

seigneur et empereur légitime de cette terre. C'est de lui que, dit-on, les naturels ont pris plusieurs cérémonies qui rappellent la loi évangélique dont ils se servaient en cette contrée et que les autels, sur lesquels ils placent leurs idoles ressemblaient aux nôtres; c'est pour cela qu'ils prétendent que cet homme était un ministre de l'Évangile et ils le croient, d'autant mieux, qu'on a découvert, dans un village situé sur le bord de la mer, un cuir tanné très ancien, où se trouvaient figurés tous les mystères de notre foi, avec types indiens, mais avec nombre d'erreurs. Ces traditions disent encore que cet apôtre avait des disciples qu'il instruisait dans ses doctrines et qui pratiquaient la sculpture comme lui, ce qui leur avait valu l'appellation de *toltecs*, ce qui veut dire *gens habiles dans certains arts méchaniques*. Ils donnaient à cet homme trois noms qui étaient des noms de dieux et de grande vénération; le premier était *Topiltzin*, le second *Quetzalcohuatl*, nous l'avons dit, et le troisième, *Papa*; et, dans les images qui le représentent, ils le peignaient avec une tiare à trois couronnes comme celle de notre Très Saint Père le Pape; et comme les habitants du pays se rappelaient ce qu'il avait dit de son retour, en voyant venir la flotte espagnole du côté où le saint homme s'en était allé, ils tinrent pour certain, que c'était bien lui qui revenait dans son royaume et ils résolurent d'aller le recevoir comme leur seigneur, ainsi que nous l'avons dit.

On choisit pour cela les cinq plus habiles parmi les principaux personnages de la ville; ceux-ci partirent de Mexico chargés de grandes richesses, pour aller le recevoir et, lorsqu'ils arrivèrent à la galère capitane sur laquelle se trouvait Hernando Cortes, ils lui firent part de leur mission, disant qu'ils venaient au devant de leur grand seigneur *Quitzalcohuatl*, ou bien *Topiltzin*, dont ils avaient appris l'arrivée. Les Espagnols comprirent le langage de ces ambassadeurs par l'entremise d'une indienne appelée Marina, qu'ils ame-

naient avec eux et qui parlait la langue du pays. Le capitaine
Hernando Cortes se trouva par ce fait doté de la plus haute
autorité. Il ordonna d'introduire les messagers de *Motecuczuma*, leur faisant dire que là était celui qu'ils cherchaient,
et lorsqu'il se présenta devant eux ces Indiens se prosternèrent à ses pieds et lui dirent que *Motecuczuma*, son serviteur
et lieutenant de ses royaumes, les envoyait chargés de ces
présents et qu'il était le bienvenu ; puis ils lui présentèrent
quelques-unes de leurs étoffes les plus riches en disant :
« Revêts-toi seigneur de ces costumes que tu portais autrefois, quand tu vivais au milieu de nous comme notre roi et
notre Dieu. » Le capitaine Hernando Cortes les reçut avec la
plus grande bienveillance, les logea et les hébergea à la mode
castillane. Les Espagnols des autres navires accoururent pour
voir ces hommes et leurs présents et se comportèrent de la
façon la plus impertinente et qui leur fit le plus grand tort,
car ils eurent l'idée de faire, le lendemain, une décharge générale de leur artillerie, ce dont les Indiens restèrent épouvantés
comme gens qui n'avaient jamais ouï pareille chose. De plus,
ils les défièrent les uns et les autres dans un combat singulier,
et les Mexicains s'y refusant, ils les accablèrent d'injures et
leur montrant leurs armes ainsi que les chiens féroces qui
les accompagnaient, ils leurs dirent qu'ils iraient à Mexico
avec ces armes et ces chiens pour les attaquer, les massacrer
et les dépouiller de leurs biens. Ils congédièrent ces malheureux si scandalisés que tous furent convaincus que ce n'était
pas là le seigneur qu'ils attendaient, mais quelque cruel ennemi
avec son entourage d'hommes féroces.

Désespérés, ils vinrent apporter ces nouvelles à leur roi
qu'ils trouvèrent dans son palais de justice, où l'on recevait
d'habitude ce genre de communication; mais avant d'écouter
ses envoyés, il fit décapiter et sacrifier plusieurs esclaves :
c'était une cérémonie en usage, lorsqu'il s'agissait d'une
ambassade de grande importance. Lorsque les ambassa-

deurs eurent été inondés du sang des victimes, ils racontèrent au roi ce qui leur était arrivé, lui parlant de tout et
spécialement des navires, les dépeignant comme de grandes
et merveilleuses maisons de bois, avec une foule d'appartements à l'intérieur et qui avaient amené ces dieux féroces. A ces nouvelles, *Motecuczuma* fut tellement épouvanté
qu'il resta sans haleine et sans voix. Puis il convoqua tous
les grands de sa cour, leur exposa la triste nouvelle, demandant quels moyens on pourrait employer pour chasser
ces dieux maudits qui venaient pour les détruire? Après
avoir conféré longuement comme l'exigeait une affaire aussi
grave, on résolut d'appeler tous les augures et les sages
nécromanciens qui avaient commerce avec le démon, afin
qu'ils indiquassent, grâce à leur savoir surnaturel, des choses
extraordinaires qui rempliraient les étrangers d'épouvante et
les obligeraient à regagner leur pays. C'était des mesures qui
avait réussi en maintes occasions. Les nécromanciens se présentèrent devant le conseil; le roi leur expliqua l'affaire dans
tous ses détails et avec beaucoup de feu, et ils acceptèrent
l'entreprise, se déclarant prêts à la mettre à exécution. Ils
s'en allèrent joyeux, sûrs de la victoire; mais arrivés à l'endroit où ils comptaient faire leurs maléfices, pas un ne put
réussir. De sorte que, honteux et confus, ils revinrent auprès
du roi, lui disant que ces êtres étaient des dieux puissants
puisqu'ils ne pouvaient rien contre eux. A cette réponse, le
roi ordonna qu'on les reçut en paix et qu'on leur donna tout
ce dont ils auraient besoin, etc. Il envoya donc des ordres à
ses capitaines et gouverneurs de province, de faire diligences
pour approvisionner de toutes choses les dieux célestes qui
étaient arrivés; et cela se fit avec le plus grand zèle comme
l'avait ordonné le roi, et pendant ce temps, le roi *Motecuczuma* et toute sa cour vivaient dans les transes et dans les
larmes. Dans les rues et sur les places, il y avait de nombreux
attroupements de gens qui s'entretenaient de l'événement;

petits et grands en causaient en pleurant, estimant leur mort proche et craignant d'autres grandes calamités; et dans cette pensée, les pères et les mères sanglotaient avec leurs fils et leurs filles se demandant ce qu'ils allaient devenir? Les voisins et les amis faisaient de même, et finalement tous s'en allaient la tête basse, pensifs et désespérés.

Chaque jour, des messagers allaient et venaient apportant au grand roi *Motecuczuma* les détails de ce qui s'était passé, disant comment les Espagnols s'occupaient beaucoup du roi, demandant des détails sur sa personne, sa figure et son caractère. — Il s'en effrayait grandement, ne sachant plus que décider, s'il fallait fuir, ou se cacher ou bien attendre; car il redoutait les maux les plus grands et les plus grands outrages pour lui et son royaume. Il fit part de son anxiété aux augures et aux nécromanciens qui furent d'avis de cacher le monarque dans l'un des endroits qu'ils lui indiqueraient, où il serait en toute sûreté : il pouvait choisir ou le palais du soleil, ou celui du paradis terrestre, ou celui de l'enfer, ou tout autre lieu secret non loin de la ville où ils le conduiraient. — Le roi pensait à se cacher; mais, songeant que ce serait une lâcheté, il résolut d'attendre et de mourir courageusement plutôt que se résoudre à une telle démarche qui entacherait de couardise sa personne royale. Il se tint donc tranquille, changeant de palais tous les jours. Cependant le marquis se mit en marche vers Mexico après avoir retiré tout le matériel des navires qu'il fit s'aborder et couler bas, afin que ses soldats n'eussent plus espoir de retour; exploit surhumain, fruit d'une résolution inébranlable, admiré de tout l'Univers. Les Espagnols arrivaient en tenue de guerre, guidés par un Mexicain qui les conduisit sur le territoire de la République de *Tlaxcalan*, où les attendait une troupe de guerriers fiers et belliqueux envoyés par le roi de *Tlaxcala*. — C'était des gens d'une valeur éprouvée d'un courage invincible et prêts à mourir plutôt que de se rendre.

— Le guide amena donc les Espagnols en tel endroit, dans l'espoir que ces Otomies les attaqueraient et les détruiraient; ceux-ci, à la vue des Espagnols, se tinrent prêts, et ignorant la légéreté et la vitesse de la cavallerie, la force de l'artillerie et des armes nouvelles des Espagnols, ils se jetèrent sur eux et combattirent avec une furie digne d'un meilleur sort, car les Espagnols firent tout d'abord de larges brèches dans les pauvres soldats de *Tlaxcala* : ceux-ci, en effet, combattaient nus, avec leurs arcs, leurs flèches et autres armes et ne pouvaient faire grand mal à leurs ennemis armés de casques et de cuirasses, et quoique les Espagnols fissent d'affreux ravages dans la vaillante troupe, ces braves ne reculèrent point et succombèrent jusqu'au dernier. — En moins de deux heures la nouvelle en arriva à *Tlaxcala*. Les chefs, voyant leur armée détruite, craignirent pour leur ville et résolurent de faire la paix avec les Espagnols. Le jour suivant, comme le capitaine Hernando Cortes marchait avec sa troupe sur la grande ville de *Tlaxcala*, les *Tlaxcaltecs* vinrent à sa rencontre avec leurs chefs dans leurs costumes de gala, le reçurent avec toute la pompe imaginable, lui offrirent de nombreux présents et lui demandèrent son amitié. Le capitaine Don Hernando Cortes les accueillit avec la plus grande bienveillance, leur accorda son amitié et l'appui de ses troupes, ce qu'ils acceptèrent avec reconnaissance; après quoi tous ensemble se rendirent à la capitale où les Espagnols furent reçus et traités le plus galamment du monde. Le jour suivant, les principaux seigneurs de *Tlaxcallan* se présentèrent devant Cortes, le priant de leur confirmer ses promesses de paix, ce qu'il s'empressa de faire; les deux parties se jurèrent une alliance perpétuelle offensive et défensive, après quoi Cortes, leur ayant distribué des présents, leur dit : « Vous êtes mes frères, vos ennemis seront les miens et en cas de guerre je serai avec vous. » Le capitaine alors s'informa auprès des seigneurs *Tlaxcaltecs* de tout ce qui concernait Mexico, et à quelle distance il se trouvait de cette ville. Ils lui répondirent que ce n'était pas très loin, à peu près trois journées de marche, que c'était une très grande ville dont les habitants étaient belliqueux et vaillants et que le roi était un grand guerrier, sage, prudent et avisé, mais que c'était un affreux tyran. Les *Tlaxcaltecs* disaient cela parce que les Mexicains étaient leurs ennemis, ajoutant que les habitants de *Cholula*, leurs voisins, étaient également leurs adversaires comme alliés des Mexicains. Le capitaine leur dit de ne point s'en mettre en peine, qu'il se chargeait de les venger, et pour leur prouver qu'il ne promettait rien qu'il ne put tenir, il les engagea à se mettre immédiatement sur le pied de guerre et qu'il marcherait avec eux contre leurs ennemis.

En peu de jours, les *Tlaxcaltecs* furent prêts, les gens de la grande et populeuse province de *Cempohuallan* se joignirent à eux et tous se mirent en marche en compagnie des Espagnols. — En arrivant à la ville de *Cholula*, les troupes indiennes firent savoir aux habitants, de la part du capitaine Don Hernando Cortes, que tous les principaux seigneurs de *Cholula* eussent à se réunir dans la cour du temple principal qui était très grande, et quand elle fut pleine des gens qu'on y avait convoqués, les Espagnols s'emparèrent des entrées de cette cour qui étaient au nombre de trois au couchant, au midi et au nord : alors, les cavaliers de Cortes entrèrent par ces trois portes et se jetèrent sur les malheureux *Cholultecs* dont ils massacrèrent un grand nombre pendant que le reste des habitants s'empressait d'abandonner la ville. Cette nouvelle parvint immédiatement à *Motecuczuma*.

Les Espagnols commencèrent leur marche sur Mexico accompagnés des *Tlaxcaltecs*, des gens de *Cempohuallan* et d'un nombre considérable d'Indiens. *Motecuczuma*, sachant combien on avait maltraité ses sujets et la multitude qui venait à Mexico, se trouva envahi par une crainte folle qui gagna jusqu'aux derniers des Mexicains, et, s'imaginant qu'on allait le traiter de la même manière, voulut en faire l'épreuve. Il envoya donc au devant des Espagnols l'un de ses grands seigneurs qui lui ressemblait un peu; cet homme portait le costume royal, était accompagné d'une suite nombreuse de serviteurs chargés de présents de la plus grande valeur. Quand ceux-ci approchèrent du campement, ils entendirent des branle-bas, car on avait averti le capitaine, et lorsque le faux roi arriva devant Cortes, celui-ci le reçut avec la plus grande bienveillance et lui demanda qui il était. Il répondit qu'il était son serviteur, le roi de Mexico *Motecuczuma*. Alors le capitaine souriant, se tourna vers les *Tlaxcaltecs*, et leur demanda si c'était là le roi de Mexico? Ceux-ci répondirent non, car ils connaissaient bien l'empereur et quoiqu'il lui ressembla, ce n'était autre qu'un seigneur appelé *Tzihuacpopoca*. Le capitaine lui reprocha son stratagème et le malheureux retourna honteux et confus près de *Motecuczuma* à qui il raconta ce qui lui était arrivé, ajoutant que les Espagnols étaient indignés de la mystification qu'on avait voulu leur faire.

De plus en plus effrayé, *Motecuczuma* ne cessait de chercher quelque moyen d'échapper aux mains des Espagnols; et pour empêcher que ceux-ci arrivassent à Mexico, il ne vit rien autre que de réunir de nouveau les personnages les plus expérimentés et les plus sages, sorciers, augures et nécromanciens, les priant d'avoir recours à leurs incantations les plus puissantes et d'en appeler à toute leur science pour épouvanter les Espagnols et leur défendre l'entrée de la capitale. Les sorciers s'en allèrent, confiant dans la réussite de leur entreprise et fort effrayés des menaces de *Motecuczuma*, s'ils échouaient. Ils s'en furent du côté par où venaient les Espagnols et gravirent une colline au sommet de laquelle leur apparut *Tezcatlipuca*. C'était un de leurs dieux principaux,

qui venait du camp des Espagnols sous la forme d'un habitant de la province de Chalco où se produisit l'apparition. Il
arrivait comme hors de lui, ou comme un homme ivre non
de vin, mais de fureur et de rage, et lorsqu'il se trouva à portée du groupe des nécromanciens, il s'arrêta et se mit à les
invectiver à haute voix, puis leur dit d'un ton colère : « Que
venez-vous encore faire ici ? que prétend faire *Motecuczuma*
contre les Espagnols par votre ministère ? Il est rentré trop
tard en lui-même, car j'ai résolu de lui enlever sa couronne,
son honneur et tout ce qu'il possède en punition des cruelles
tyrannies auxquelles il a soumis ses vassaux, qu'il a gouvernés non comme un roi, mais comme un tyran et un traître. »
A ces paroles, les sorciers et les enchanteurs humiliés se
mirent à élever un autel de pierres et de terre qu'ils couvrirent
de gazon et de fleurs recueillies aux alentours. Mais le dieu
ne fit aucun cas de cette offrande, et se mit au contraire à les
injurier avec plus de fureur, disant : « Pourquoi êtes-vous
venus ici, traîtres que vous êtes ? C'en est fait, partez et regardez du côté de Mexico, et vous verrez ce qui lui arrivera dans
peu de jours. » Les nécromanciens s'en retournèrent et, regardant du côté de Mexico, ils virent la ville en flammes,
vision au moyen de laquelle, le dieu leur annonçait la guerre
et la destruction de la monarchie. Après leur avoir montré ce
spectacle, le dieu disparut, laissant les sorciers dans une telle
désolation qu'ils ne pouvaient parler. Après un long moment
leur chef rompit le silence et dit : « Nous n'étions pas dignes
d'admirer ce prodige, *Motecuczuma* aurait dû en être le témoin,
car celui qui nous est apparu est le dieu *Tezcatlipuca*. » Les
nécromanciens n'osant plus poursuivre leur projet, s'en retournèrent pour raconter l'affaire au roi *Motecuczuma* qui, mis
au courant de ce qui s'était passé, resta un long temps triste et
pensif. Puis l'incident passé, il s'écria : « Que pouvons-nous
faire si les dieux nous refusent leur aide et favorisent nos
ennemis ? ch ! bien, j'accepte la situation : résolvons-nous à

accueillir bravement tout ce qui pourra nous arriver; ne pensons ni à nous cacher, ni à fuir, ni à montrer la moindre faiblesse, et faisons en sorte que la gloire mexicaine ne souffre nulle atteinte; mais plaignons les vieillards et leurs compagnes, et les petits enfants qui n'ont ni pieds ni mains pour se défendre. » En disant cela, il se tut parce qu'il commençait à s'attendrir.

Cependant, le capitaine Don Hernando Cortes s'avançait avec tout son monde, et partout sur la route les *Tlaxcaltecs* prêchaient aux populations l'alliance avec les Espagnols, et les engageaient à se tourner contre *Motecuczuma* et les Mexicains, leur rappelant les outrages sanglants qu'ils en avaient reçus, les assurant que *Motecuczuma* et ses sujets seraient châtiés par le capitaine don Hernando Cortes. Ce fut à l'aide de ces raisonnements et d'autres encore qu'ils persuadèrent tous les peuples de s'allier aux Espagnols; et ce fut ainsi que le capitaine don Hernando Cortes venait, entouré de toutes ces populations. Quand il arriva à la première entrée de la grande ville de Mexico, située à un quart de lieue environ des palais royaux, le grand seigneur *Motecuczuma* vint au-devant de lui porté sur les épaules de quatre seigneurs, pendant qu'au-dessus de sa tête s'étalait un richissime dais d'étoffes tissées de plumes et d'or. — Il descendit de son palanquin à l'approche du capitaine Hernando Cortes à qui il souhaita la bienvenue dans les termes les plus élégants et lui offrit de riches présents, composés de bijoux d'or et de pierres précieuses et de plumes de couleurs diverses, tandis qu'il faisait distribuer des roses et des fleurs à ses officiers. Cortes reçut le grand seigneur *Motecuczuma* avec le plus profond respect, et répondit à son discours par les paroles les plus flatteuses, lui enlevant toute crainte et l'assurant que nul dommage et aucun affront ne seraient fait à sa personne ou à son royaume et que plus tard il lui exposerait l'objet de sa venue; après quoi le grand *Motecuczuma* s'en retourna dans le même ordre qu'il était venu, suivi par le capitaine don Hernando Cortes qu'il ordonna de loger, lui et les siens, dans les palais royaux, où l'on prodigua, à chacun selon son rang, tout ce dont il pouvait avoir besoin.

Ce jour-là et la nuit suivante, les Espagnols firent tonner l'artillerie pour célébrer leur entrée dans la grande ville de Mexico, et comme les Indiens n'étaient pas habitués à ces détonations, ils passèrent la nuit dans l'inquiétude et la crainte. Le jour suivant, le capitaine réunit *Motecuczuma* et son conseil, les principaux de *Tlaxcala* et de *Cempohuala* dans une grande salle du palais et là, présidant l'assemblée, avec grande autorité, il leur adressa le discours suivant : « Seigneurs, mes frères et amis, sachez que moi et mes frères les Espagnols ici présents, sommes venus du côté de l'Orient où nous sommes nés ; notre patrie s'appelle l'Espagne, royaume puissant habité par une race vaillante ; notre empereur et roi est un grand seigneur appelé Charles Quint ; c'est, envoyés par lui, que nous sommes venus dans le monde occidental, et qu'ayant pénétré dans cette nouvelle contrée nous sommes venus visiter le roi de nos frères et amis les *Tlaxcaltecs*, qui nous ont reçus comme de bons amis, nous ont traités du mieux qu'ils ont pu et se sont plaints que vous, les Mexicains, les accabliez d'outrages et leur faisiez une guerre sans trêve et sans merci, de sorte qu'ils ne peuvent goûter ni paix, ni sécurité, et se voient perpétuellement exposés aux travaux les plus pénibles. Ayant entendu leurs plaintes, moi et mes frères les Espagnols nous sommes venus en leur compagnie dans votre ville, pour écouter les deux partis et savoir lequel a les premiers torts dans cette affaire que nous prétendons régler, afin que vous viviez en paix et vous traitiez de frères et amis ; et jusqu'à ce que vos différends soient terminés, nous resterons au milieu de vous, comme avec des seigneurs alliés, alliance qui se consolidera chaque jour, sans aucun trouble, ni différends entre nous. » Le discours de l'illustre capitaine fut traduit par ses interprètes, de manière que tous pussent le bien comprendre, de sorte que, persuadés qu'il était venu chez eux dans les plus louables intentions, ils rendirent grâces à Dieu, se consolèrent et se réjouirent de l'événement.

La situation des Espagnols eut été des meilleures, si les soldats avaient su réfréner l'ardente convoitise de richesse qui leur enlevait toute prudence et les empêchait de profiter des circonstances heureuses qui eussent pu cimenter une bonne paix entre eux et les Mexicains. En effet, le discours pacifique du bon capitaine don Hernando Cortes était à peine achevé, que les soldats mirent à sac les palais royaux et les demeures principales où ils pensaient trouver des trésors; ce qui fit croire aux Mexicains que ces Espagnols étaient gens à double face; de sorte que les Indiens effrayés commencèrent à s'éloigner et n'apportèrent plus les provisions nécessaires aux Espagnols. Ils commencèrent à souffrir de la faim, mais leurs chevaux plus encore, ainsi que les chiens de guerre qu'ils amenaient avec eux et qui étaient nombreux et féroces; la disette en arriva à tel point que les Indiens alliés, accompagnés de quelques Espagnols, durent s'occuper de chercher des vivres. Ce fut alors que le marquis, craignant les conséquences fâcheuses que pouvait amener la situation, s'empara de la personne du roi *Motecuczuma*, le mit aux fers et l'enferma, avec plusieurs de ses conseillers, dans l'un des palais qu'il occupait avec sa troupe.

En cette conjoncture le capitaine don Hernando Cortes apprit que des navires chargés de soldats espagnols étaient arrivés à la Vera-Cruz; ils étaient commandés par Panfilo de Narvaez, qui venait à la rencontre de Cortes pour s'emparer de lui et faire la conquête du pays au nom du gouverneur de l'île Española. Cortes fut alors forcé de diviser sa troupe en deux parties, dont il laissa la plus forte à Mexico sous le commandement du capitaine Pedro de Alvarado. Il emmena l'autre à la Vera-Cruz et manœuvra si bien qu'il s'empara de Narvaez, l'envoya prisonnier à Santo Domingo, tandis que tous les soldats qu'il avait amenés se joignirent à la bande de Cortes.

Pendant que ceci se passait à la Vera-Cruz, le capitaine Alvarado pria les principaux seigneurs de la ville de Mexico de célébrer une de leurs danses les plus solennelles, à laquelle il se proposait d'assister, et ce fut sur son avis que *Motecuczuma* l'ordonna à ses sujets. Ceux-ci obéirent à leur seigneur, et pleins du désir de satisfaire les Espagnols, ils s'adjoignirent toute la fleur de la chevalerie, c'est-à-dire de la noblesse mexicaine et tous vinrent couverts de leurs plus beaux bijoux et dans de si riches costumes, que c'était un grand plaisir de les voir. Les malheureux dansaient sans la moindre défiance, sans armes aucunes et sans crainte d'une attaque quelconque, lorsque les Espagnols, pris on ne sait comment de désirs furieux, ou mus par une effroyable convoitise de tant de trésors, s'emparèrent des portes de la cour où dansaient les malheureux Mexicains, pendant que d'autres pénétrant dans cette même cour, se jetèrent sur eux et à coups de lance et d'épée commencèrent la tuerie de ces pauvres gens en commençant par les joueurs d'instruments à qui ils coupèrent les mains et les têtes, après quoi ils s'attaquèrent aux danseurs qu'ils massacrèrent sans pitié. Ils coupaient aux uns les bras et les jambes, ou bien éventraient les autres; ils fendaient la tête à ceux-ci, coupaient ceux-là par le milieu du corps pendant que d'autres étaient traversés de part en part. Quelques-uns tombaient morts, d'autres le ventre ouvert couraient, fuyaient emportant leurs entrailles et s'évanouissaient. Ceux qui cherchaient à gagner la porte pour s'échapper étaient massacrés par ceux qui les gardaient; il y en eut qui sautèrent par dessus les murailles de la cour, d'autres montèrent sur le haut de la pyramide du temple et d'autres ne sachant que devenir se glissaient au milieu des cadavres et faisaient les morts. Le carnage fut si grand que des ruisseaux de sang inondaient la cour. Pour comble d'horreur, les Espagnols poursuivaient ceux qui avaient gravi les hauteurs du temple et cherchaient ceux qui s'étaient mêlés aux cadavres pour les égorger à leur tour, la cour était si pleine de sang caillé et d'entrailles que la vue en était effroyable; et c'était aussi le spectacle le plus lamentable que de voir égorger ainsi la fleur de la noblesse mexicaine qui en ce jour maudit succomba presque tout entière.

Témoins de cette odieuse trahison les gens de Mexico se soulevèrent aux cris de *aux armes, aux armes,* et tous sans exception accoururent, les uns avec des dards et des lances de formes diverses, les autres avec des boucliers et des épées d'une espèce particulière dont se servaient ces Indiens et qui se composaient d'un bâton en forme d'épée dont le tranchant était formé par des lames d'obsidiennes de quatre doigts de large si bien affilées qu'un Indien, raconte l'histoire, peut trancher d'un seul coup la tête d'un cheval. Ces armes en mains, le cœur plein de rage, tous se jetèrent sur les Espagnols avec tant de furie qu'ils durent se retirer dans les palais ou ils étaient campés. Ils les y assiégèrent avec un tel courage que ceux-ci eurent besoin de toute leur expérience pour en défendre les approches. Quelques-uns racontent que ce fut à cette occasion qu'ils mirent au fer *Motecuczuma;* mais le certain est ce que nous en avons déjà dit. Pendant que les Mexicains tenaient les Espagnols assiégés, ils s'occupaient également des funérailles des victimes, qui furent faites avec la plus grande solennité, au milieu des cris et des sanglots de la multitude. Les funérailles achevées, ils attaquèrent de nouveau les Espagnols avec une telle rage que ceux-ci, pris de peur, firent monter *Motecuczuma* sur une des plateformes du palais avec l'un de ses conseillers; ils l'avaient chargé de haranguer la foule pour lui dire de s'apaiser, qu'elle ne saurait prévaloir contre les Espagnols, puisque le roi était entre leurs mains, prisonnier et, comme on le voyait, chargé de fer. Deux soldats accompagnaient le monarque qu'ils abritaient avec leurs boucliers contre les milliers de pierres et de flèches qu'on lui lançait. Les Mexicains voyant le roi *Motecucuma* leur faire des signes, le tumulte cessa et le profond silence se fit, pour écouter ce qu'il allait dire. Alors, le seigneur qui se trouvait à ses côtés, élevant la voix leur répéta les paroles que nous avons dites plus haut. Il avait à peine terminé qu'un jeune capitaine mexicain âgé de dix-huit ans, nommé *Quauh-temoc*, que le peuple voulait élire roi, s'écria : « Que nous dit ce misérable *Motecucuma*, cette femme des Espagnols, qui s'est confié comme une femme entre les mains de ces misérables et dont la lâcheté a attiré sur nous toutes ces calamités? Nous n'avons plus à lui obéir, car il n'est plus notre roi, et nous n'avons pour devoir qu'à le châtier comme il le mérite ». En ce disant, il leva le bras et visant le roi il lui décocha plusieurs flèches. Toute l'armée fit de même; d'aucuns disent qu'ils lui envoyèrent une pierre qui l'atteignit au front et dont il mourut, mais cela n'est pas certain comme l'affirment tous les Indiens. Il mourut comme nous le dirons plus tard.

Le roi *Motecucuma* se retira de la terrasse triste et désespéré. Les Mexicains poursuivirent obstinément leurs attaques et tinrent les Espagnols assiégés pendant huit jours, et pendant ce temps, leur vigilance fut si grande que ni eau, ni vivres ne purent entrer dans le campement, et si par ordre de *Motecucmua* l'un de ses sujets se hasardait à en apporter en cachette, il était à l'instant mis à mort. Les Espagnols étaient sur le point de périr, car malgré le tir continu des arbalètes et de l'artillerie qui faisaient beaucoup de mal aux Indiens, ceux-ci ne reculaient point pour cela, ni ne montraient aucune frayeur.

Cependant les Espagnols avaient plusieurs fois essayé de faire passer de leurs nouvelles au grand capitaine Hernando Cortes pour qu'il les vînt secourir; mais tous leurs envoyés tombèrent entre les mains des Mexicains qui les massacraient. Enfin, grâce à Dieu, l'un d'eux put échapper et parvint auprès de Hernando Cortès qui revenait à Mexico et campait tout près de la ville. Cela se trouvait correspondre justement à une époque ou les Indiens se reposaient des terribles mêlées des jours précédents, car il était dans leurs habitudes de se reposer tous les quatre jours. Le capitaine put donc entrer à Mexico avec toute sa troupe à la grande joie de ceux qu'il avait laissés derrière lui et qui firent tonner leur artillerie pour célébrer son retour. Les forces des Espagnols se trouvèrent alors plus que triplées; mais les Indiens n'en poursuivirent pas moins leurs projets de vengeance et ils attaquèrent les Espagnols avec une telle vigueur qu'ils les mirent à deux doigts de leur perte et que le vaillant Hernando Cortès résolut d'abandonner la ville avec tout son monde, vers le milieu de la nuit, heure pendant laquelle les Indiens étaient le moins sur leur garde. Au moment convenu, tous défilèrent dans le plus grand silence, portant avec eux un pont volant pour traverser les canaux qui coupaient les chaussées et que les Mexicains tenaient ouverts. Les plus avides de l'armée ne voulant pas laisser derrière eux l'or et l'argent qu'ils avaient volés, s'occupèrent à fabriquer des caisses pour les emporter avec eux; et lorsque don Hernando Cortès se mit en marche quelques-uns restèrent en arrière pour enlever leurs trésors et d'autres pour piller le palais du roi. Pendant ce temps le grand capitaine, accompagné de ceux qui ne s'étaient point surchargés de bagages, avait déjà traversé la tranchée la plus large, celle qu'on redoutait le plus, lorsque, au moment de traverser la seconde, les Espagnols furent aperçus par une femme qui venait chercher de l'eau et par un Indien prenant le frais sur la plateforme de sa maison. Tous deux se mirent à crier appelant leurs concitoyens, et les avertissant que les Espagnols s'enfuyaient. Alors toute l'armée mexicaine se leva comme un ouragan et courut en furie sur les fuyards dont elle fit grand massacre, mais surtout des pauvres *Tlax-catlecs* et autres alliés indiens des Espagnols. Quant à ceux qui avaient passé avec le capitaine Hernando Cortes, ils s'enfuirent épouvantés du spectacle; pour les misérables qui s'étaient chargés d'or et de richesses, ils succombèrent en si grand nombre dans cette tranchée qu'ils la comblèrent de leurs cadavres, de manière que les autres purent franchir le fossé comme sur un pont. Ceux qui s'étaient attardés dans les palais pour les piller furent faits prisonniers par les Mexicains, soit sur la place, soit dans les palais. On dit que la tranchée engloutit 300 Espagnols auxquels il faut en ajouter 40 qui furent sacrifiés aux idoles, devant lesquelles on leur arracha le cœur. Quant au grand roi *Motecuczuma*, on raconte qu'on le trouva mort percé de coups de poignards, par les Espagnols qui le massacrèrent ainsi que les principaux seigneurs qu'ils emmenaient avec eux. Telle fut la fin déplorable et honteuse de ce malheureux roi qui, de son vivant, fut craint et adoré comme un dieu. On dit aussi qu'il demanda le baptême et se convertit à notre sainte religion, et quoiqu'il fut accompagné par un prêtre, on prétend que celui-ci s'occupa beaucoup plus de la recherche des richesses que de la conversion du pauvre roi, dont la fin si tragique, après un règne de quinze ans, amena la chute de ce grand et fameux empire des Mexicains.

On ne voulut faire à ce misérable roi ni obsèques publiques, ni accorder aucun honneur à sa mémoire; loin de là, on ne fit que l'injurier et le vilipender; un de ses chambellans seul, et par pitié, brûla le cadavre et, plaçant les cendres dans une urne, l'enfouit dans un lieu caché. Ce fut là que reposa celui devant qui trembla le monde; les Espagnols aussi furent punis de leurs violences et de leurs cruautés, preuve de l'influence divine qui intervint pour châtier les méchants tandis qu'elle laissait échapper les bons, qui au milieu des plus grands dangers arrivèrent à *Tlaxcala* où ils trouvèrent assistance. Ce fut de là, grâce à la toute puissante intervention de Dieu notre seigneur, que les Espagnols partirent pour soumettre à leur joug l'empire mexicain, accomplissant ainsi les desseins de la divine providence qui avait résolu la conversion de ce nouveau monde, à la morale du saint évangile.

Dans les chapitres précédents, nous avons longuement parlé des danses que les rois faisaient exécuter dans les fêtes publiques et dans lesquelles ils paraissaient souvent en personne. Il nous semble opportun d'en dire encore quelques mots, afin de mettre nos lecteurs au courant de ces cérémonies.

Ces danses avaient généralement lieu dans les cours des temples et des palais, qui étaient les cours les plus vastes. Ils plaçaient au milieu de la cour deux instruments, l'un en forme de tambour, l'autre ressemblant à un petit tonneau fait d'une seule pièce de bois évidée, ornée d'une figure humaine, ou de tout autre animal qui l'embrassait de ses pattes ou de ses bras, ou bien qu'on plaçait quelquefois sur un piédestal. Ils étaient tous deux fabriqués de telle sorte qu'il y avait accord entre leurs sons. Ces instruments accompagnaient des chants divers, que les Mexicains entonnaient en chœur, en dansant, et avec un accord si parfait qu'on ne pouvait noter une seule discordance, de sorte que les chants et les danses se fondaient en une telle harmonie que les assistants en étaient émerveillés. Ils plaçaient d'habitude, au centre, autour des instruments, un groupe de vieillards, qui, avec la plus grande dignité, dansaient sur place et chantaient. De jeunes chevaliers, deux par deux, venaient se placer à l'entour, exécutant une danse plus rapide, avec figures diverses et formant comme une espèce de roue dont les instruments et le groupe de vieillards auraient formé le moyeu. Les Mexicains exhibaient pour ces danses leurs vêtements les plus riches, leurs joyaux et leurs plumages précieux. Ils prêtaient une telle importance à ce genre de cérémonies, qu'ils y préparaient les jeunes gens dès le bas-âge, qu'ils y affectaient des lieux spéciaux où les maîtres les dressaient par une longue et continuelle pratique. La planche XVII nous représente cette danse.

TRAITÉ

DES RITES, DES CÉRÉMONIES ET DES DIEUX

QUE PRATIQUAIENT ET ADORAIENT

LES INDIENS DE CETTE NOUVELLE ESPAGNE

AU TEMPS DE LEUR GENTILITÉ

CHAPITRE PREMIER

La fête la plus célèbre et la plus solennelle de cette contrée et particulièrement des Mexicains et des gens de *Tetzcuco*, était celle de l'idole *Huitzilopuchtli*, dont les cérémonies sont nombreuses et d'autant plus remarquables qu'elles se rapprochent de certaines cérémonies de notre religion chrétienne et de celles de l'ancienne loi. Cette nation indienne avait un tel respect et une telle crainte de cette idole, qu'elle la tenait pour toute puissante et pour l'unique créatrice de toutes choses. C'était à ce dieu, que l'on faisait les sacrifices les plus solennels; c'était à lui qu'on avait élevé le temple le plus somptueux, d'une grandeur et d'une beauté singulière, ainsi qu'on peut s'en convaincre par les ruines qui existent encore au milieu de la ville.

Ce grand dieu *Huitzilopuchtli* était représenté par une statue de bois de forme humaine assise sur un escabeau de couleur azur, appuyé sur un brancard dont les quatre extrémités se terminaient en têtes de serpent. L'escabeau était de couleur bleue pour signifier que le dieu était assis dans le ciel. L'idole avait le front peint en bleu et au-dessus du nez une bandelette bleue qui allait d'une oreille à l'autre. Elle avait sur la tête une riche coiffure de plumes se terminant en bec d'oiseau. Ce bec qui s'échappait du plumage était en or bruni et les plumes étaient des plumes de quetzal, vertes, très belles et très fournies. Elle était couverte d'une étoffe verte et par dessus, lui prenant le cou, un pectoral de riches plumes vertes, brodé d'or qui descendait jusqu'à ses pieds. Elle avait à la main un bouclier orné de cinq petites pyramides faites de duvet blanc, en forme de pommes de pin placées en croix, et tout autour du bouclier se trouvait une frange de plumes blanches; il s'en échappait par le haut un pavillon doré et de la poignée s'élançaient quatre flèches qui d'après les Mexicains étaient les signes représentatifs donnés par le ciel, des grandes victoires dont nous avons parlé. Cette idole tenait à la main droite un sceptre en forme de couleuvre bleu et ondulé, elle portait par derrière une bannière d'or bruni; elle avait aux poignets des bracelets en or et aux pieds des sandales bleues. Tous ces ornements avaient leurs significations que les Mexicains interprétaient à leur manière et l'idole est représentée comme suit [1].

Planche XVIII. — Huitzilopuchtli.

Cette idole, ainsi vêtue, était toujours placée sur un autel élevé, dans une petite pièce tendue d'étoffes et ornée de bijoux, de plumes, d'objets en or et de boucliers de plumes;

1. Planche XVIII. Ceci représente la fameuse idole appelée *Huitzilopuchtli* qu'adoraient les Mexicains, les gens de Tetzcuco et autres peuples, et qu'ils appelaient le *Créateur de toutes choses.*

le tout, le plus galamment agencé. L'entrée de cette pièce était voilée par une tenture en signe de respect et de grande vénération. Tout près de la retraite de ce dieu, il y avait une autre pièce, moins richement décorée, dans laquelle se trouvait une autre idole qu'on appelait *Tlaloc*, dont nous parlerons plus loin. Ces deux chapelles étaient placées sur la plateforme du temple, et pour y arriver, il fallait gravir 120 marches; toutes deux étaient couvertes de figures en relief, dont quelques-unes se rencontrent encore dans les rues de la ville. Ces deux idoles se trouvaient toujours ensemble, car les fidèles les tenaient comme deux divinités amies et d'égale puissance. La plateforme sur laquelle elles reposaient avait 40 pieds carrés; au milieu se trouvait une pierre en forme de pyramide verte et convexe, haute de 5 palmes; quand on y étendait un homme sur le dos, le corps se cambrait naturellement, la poitrine se tendait, facilitant ainsi les sacrifices humains dont nous parlerons plus loin.

Ce temple était fort beau; il y en avait huit ou neuf autres dans le même genre, disséminés sur une grande circonférence avec chacun sa pyramide, sa cour, ses logements et ses dortoirs pour les ministres des temples, et tous ensemble occupaient une place immense. Les entrées de chacun étaient soit à l'orient ou à l'occident, soit au nord ou au midi. Tous ces temples étaient parfaitement blanchis à la chaux, ornés de tours avec créneaux, décorés de nombreuses figures en pierre et soutenus par de larges arcs-boutants. Ils étaient dédiés aux dieux qu'adoraient les Mexicains; mais en dehors de ces temples qui faisaient la gloire de la ville, celui de l'idole principale *Huitzilopuchtli* était le plus grand, le plus beau, le plus somptueux, et c'est celui que nous allons dépeindre le plus minutieusement.

Ce temple avait un mur d'enceinte immense qui entourait une fort belle cour. Cette muraille était construite en pierres de grandes dimensions et couvertes de bas-reliefs représentant des couleuvres s'enlaçant les unes les autres; on appelait cette enceinte *Cohuatepantli*, ce qui veut dire la *muraille des serpents*. Il y avait, au-dessus des chambres et des oratoires où se trouvaient les idoles, un garde-fou très élégant construit en petites pierres noires comme du jais, formant des dessins sur fond blanc et rouge qui du bas faisait le plus bel effet. Ce garde-fou se terminait en créneaux, composés de coquillages. Au pied des piliers se dressaient deux statues d'Indiens assis, avec deux candélabres en mains d'où s'échappaient comme des flammes, des trophées de riches plumes jaunes et vertes avec larges franges de même matière. Il y avait dans l'intérieur de cette cour de nombreux appartements pour les religieux et les religieuses, sans compter ceux qui se trouvaient dans le haut pour les prêtres chargés du service des idoles. Cette cour était si vaste que huit et dix mille Mexicains pouvaient s'y livrer sans difficulté à la danse nationale dont nous avons parlé. Elle avait quatre portes correspondant aux quatre points cardinaux, et à chacune de ces portes aboutissait une belle chaussée de deux à trois lieues d'étendue; il y avait donc au milieu de la ville quatre avenues en croix, très larges, parfaitement entretenues, et qui en étaient une des principales beautés. Il y avait à chacune de ces portes quatre divinités dont les figures faisaient face à chacune des chaussées. Cela vint d'une discussion qui surgit entre ces dieux avant la création du soleil. Les anciens s'imaginent qu'à l'époque de cette création il y eut une dispute entre les dieux au sujet du point de l'horizon où devait apparaître le soleil, chacun voulant qu'il apparût du côté qu'il regardait. Celui de l'Orient finit enfin par l'emporter, parce qu'il fut appuyé par *Huitzilopuchtli* et, depuis cette époque, tous les quatre gardèrent la même position.

En face de la porte du temple de *Huitzilopuchtli*, il y avait trente gradins de soixante mètres de long, que divisait une rue passant dans la cour du temple. Dans le haut, se trouvait un promenoir de trente pieds de large, de la longueur des gradins et parfaitement poli. Au milieu de ce promenoir se dressait, dans le sens de la longueur, une forte palissade de hautes pièces de bois plantées en alignements à une distance de deux mètres les unes des autres. Ces grosses pièces de bois étaient percées de petits trous depuis le bas jusqu'en haut : dans chacun de ces trous, il y avait de légères baguettes sur lesquelles on avait enfilé par les tempes une multitude de crânes humains. Chacune de ces baguettes supportait vingt crânes : ces enfilades de têtes de mort allaient du bas des grandes pièces de bois jusqu'en haut, remplissaient la palissade de guirlandes si régulières et si serrées, que la vue vous remplissait d'admiration et de terreur. Ces crânes étaient ceux des victimes qui avaient été sacrifiées, dont les Mexicains avaient dévoré la chair, mais dont ils rapportaient les têtes aux ministres du temple qui les ajoutaient à la collection. Ils les y laissaient jusqu'à ce qu'elles tombassent en morceaux ; il arrivait aussi qu'ils remplaçaient les vieux crânes par des neufs, ou qu'ils renouvelaient la palissade, afin qu'elle contînt plus de têtes.

On pratiquait au pied de cette palissade une cérémonie au sujet des victimes à sacrifier : on les disposait en files devant la palissade, entourées de gardes qui les surveillaient ; immédiatement, un prêtre, vêtu d'une aube blanche, descendait du haut du temple portant une idole faite d'une pâte de bettes et de maïs pétrie avec du miel ; les yeux de l'idole étaient représentées par des perles vertes et ses dents par des grains de maïs. Le prêtre descendait aussi vite qu'il pouvait les degrés du temple, passait par dessus une grande pierre placée sur le haut d'une espèce de prie-dieu au milieu du temple et qu'on appelait *Quauhxicalli*, ce qui veut dire *la pierre de l'aigle ;* ce prêtre montait par un petit escalier qui était en face de ce monument et descendait par un autre qui se trouvait de l'autre côté et, tenant toujours son idole dans ses bras, arrivait auprès des gens qu'on devait sacrifier, et d'un côté à l'autre allait montrant l'idole à chacun d'eux disant : « Ceci est votre dieu. » Après quoi il descendait, suivi de ceux qui allaient mourir jusqu'à l'endroit où se tenaient prêts les ministres qui devaient les immoler. La manière ordinaire de sacrifier était d'ouvrir la poitrine du patient dont on arrachait le cœur et que l'on jetait tout pantelant sur les escaliers du temple qui se trouvaient baignés de sang. C'était la cérémonie ordinaire qui se pratiquait pour la fête de ce dieu et des autres idoles.

Il y avait dans l'enceinte de ce grand temple, nous l'avons dit, deux monastères ou couvents, l'un de jeunes reclus de dix-huit à vingt ans qu'ils appelaient des religieux. Ils portaient leurs cheveux taillés en couronne comme les moines, les laissant retomber jusqu'à moitié de l'oreille ; mais, sur le derrière de la tête, ils les laissaient croître sur une largeur de quatre doigts, et les tressaient en forme de queue qui leur descendait sur les épaules. Ces jeunes garçons, qui servaient dans le temple de *Huitzilopuchtli*, vivaient dans la pauvreté et la chasteté ; ils faisaient l'office de lévites, toujours aux ordres des prêtres et des dignitaires du temple, à qui ils présentaient l'encensoir, le feu et les ornements sacerdotaux. Ils balayaient les lieux sacrés, ils apportaient le bois pour l'entretien du brasier de l'idole, espèce de lampe qui brûlait éternellement devant l'autel du dieu. Outre ces jeunes gens, il y avait d'autres enfants qui étaient comme des moinillons, aux occupations toutes manuelles et qui consistaient à enguirlander et à orner les temples de roses et de joncs, répandre l'eau sur les mains des prêtres, prendre soin des couteaux de sacrifices et accompagner ceux qui allaient mendier, pour rapporter les offrandes. Tous avaient leurs surveillants qui prenaient soin d'eux et ils vivaient en telle sagesse et recueillement, que lorsqu'ils sortaient en public et que s'y trouvaient des femmes, ils allaient tête basse les yeux fixés au sol sans

les lever jamais pour les regarder. Ils étaient vêtus de
rouge.

Ces jeunes reclus avaient la permission de courir la ville,
quatre par quatre ou bien par six, demander humblement
l'aumône dans les faubourgs ; et quand on ne leur donnait
rien, ils pouvaient aller dans les champs, y cueillir les épis de
maïs dont ils avaient besoin, sans que le maître du champ
eut le droit de s'y opposer ni de s'en plaindre. On leur
donnait cette permission parce qu'ils vivaient dans la pauvreté, sans autre ressource que l'aumône. Ils ne pouvaient
être plus de cinquante. Ils s'exerçaient à la pénitence et se
levaient à minuit pour sonner du cornet à bouquin et de la
trompe marine, au son desquels ils réveillaient les gens ; ils
veillaient à tour de rôle près de l'idole afin d'attiser le feu qui
brûlait devant l'autel, ils prenaient soin de l'encensoir avec
lequel les prêtres encensaient le dieu à minuit, le matin, au
milieu du jour et à la tombée de la nuit. Ils étaient d'une
soumission aveugle à leurs anciens et obéissaient en tous
points aux ordres qu'on leur donnait. Lorsqu'à minuit les
prêtres avaient achevé d'encenser leurs idoles, ces jeunes
gens se retiraient en un lieu spécial ou ils se perçaient les
mollets avec des épines dures et pointues pour en tirer du
sang dont ils se frottaient les tempes jusqu'au bas de l'oreille
et, ce sacrifice accompli, ils allaient aussitôt se laver dans un
étang. Ils ne se couvraient de bitume ni la tête, ni le corps
comme les prêtres, et leur vêtement se composait d'une toile
blanche et grossière. Ils pratiquaient cet exercice et cette rude
pénitence une année entière pendant laquelle ils vivaient dans
le recueillement et les mortifications.

La seconde maison de retraite faisait face à la première ;
elle était destinée aux recluses, jeunes vierges de douze à
treize ans et qu'on appelait les filles de la pénitence. Leur
nombre était celui des garçons. Elles vivaient également
dans la chasteté et la réclusion comme vierges destinées au

service du dieu. Elles n'avaient d'autre occupation que d'arroser et balayer le temple, et de préparer chaque matin le manger de l'idole et de ses ministres avec les provisions que les jeunes gens avaient recueillies dans leurs courses. Le manger qu'elles préparaient pour l'idole, se composait de petits gateaux en forme de mains ou de pieds et d'autres qui ressemblaient à du pain d'épices; elles en faisaient des ragoûts qu'elles plaçaient chaque jour devant l'idole. A leur entrée dans le temple, ces jeunes filles avaient la tête rasée; plus tard, elles laissaient un certain temps repousser leurs cheveux. Dans certaines cérémonies, elles se couvraient de plumes les jambes et les bras et se mettaient du rouge sur les joues; elles se levaient à minuit pour chanter les louanges des dieux et se livraient aux mêmes exercices que les jeunes garçons. Elles avaient des maîtresses qui étaient comme des prieures et des abbesses, qui les occupaient à tresser des étoffes de différentes espèces pour l'ornement des dieux et des temples. Le vêtement qu'elles portaient d'habitude était entièrement blanc, sans dessin ni couleur. Elles pratiquaient les cérémonies pendant un an comme les garçons, après quoi elles abandonnaient le temple pour se marier. D'autres leur succédaient aussitôt, car d'habitude les pères s'engageaient pour leurs enfants et les obligeaient à pratiquer pendant un an cette vie de pénitence, qui consistait, pour les filles comme pour les garçons à se lever à minuit, à se tirer du sang des oreilles et à s'en teindre les joues. Pendant le temps de cette retraite, ils vivaient les uns et les autres dans un recueillement profond et dans la plus grande continence et on les traitait avec une telle rigueur que si l'on relevait dans leur conduite la moindre faute contre la chasteté, quelque légère qu'elle fût, on les tuait aussitôt, disant qu'ils avaient violé la loi de leur dieu et grand seigneur; et comme jeunes filles et jeunes garçons vivaient près les uns des autres, et que les prêtres connaissaient leur peu de résistance et leur faiblesse, ils leur imposaient une règle des plus dures et des plus sévères. Si, par exemple, on voyait entrer quelque rat dans la chapelle du dieu ou bien quelque chauve souris, ou si l'on découvrait quelque voile du temple rongé, ou qu'un rat y eût fait un trou ils en concluaient aussitôt que les jeunes religieuses avaient commis un péché, ou qu'une injure avait été faite à leur dieu, puisque le rat ou la chauve-souris avaient osé offenser l'idole; et l'on ouvrait une enquête pour savoir quel était l'auteur d'un tel sacrilège. Le coupable une fois découvert, quels que fussent son rang et l'influence de sa famille, on l'immolait sans pitié pour venger l'injure qu'il avait faite à son dieu. Ces jeunes garçons et ces jeunes filles devaient appartenir à six quartiers de la ville qui avaient été désignés pour cela et ne pouvaient être choisis autre part.

Deux jours avant la fête de *Huitzilopuchtli*, les jeunes religieuses s'occupaient à moudre une grande quantité de graines de bettes et de maïs rôti, qu'une fois moulues elles pétrissaient avec du miel, et de cette pâte fabriquaient une idole en tout semblable à celle en bois; elles lui mettaient des yeux en perles vertes, blanches ou bleues et pour dents des grains de maïs. L'idole était assise avec tout l'appareil dont nous avons parlé plus haut, et lorsque tout était prêt, les hommes arrivaient portant un costume curieux et riche ressemblant à celui de l'idole, qui après avoir été revêtue de ce même vêtement était assise sur un escabeau bleu reposant sur un brancard avec ses quatre pièces de bois pour être chargée sur les épaules. Le matin de la fête, une heure avant le jour, toutes ces jeunes filles sortaient vêtues de neuf en costumes blancs; et ce jour-là, on les appelait les sœurs de *Huitzilopuchtli*. Elles arrivaient couronnées de guirlandes de grains de maïs rôti et crevés, le cou chargé de gros colliers de même nature qui leur descendaient jusqu'au bas du bras gauche, et les bras depuis le coude jusqu'au poignet étaient couverts de plumes rouges de perroquets; dans ce costume, elles prenaient le brancard du dieu qu'elles chargeaient sur leurs épaules pour le porter dans la cour du temple, où se trouvaient réunis tous les jeunes gens vêtus d'étoffes rouges et couronnés de la même manière que les jeunes filles.

A la sortie de l'idole portée par ces jeunes filles, les jeunes garçons s'avançaient avec le plus profond respect, s'emparaient du brancard qu'ils portaient au pied de l'escalier du temple où tout le peuple se prosternait et prenait un peu de la terre, qu'il portait à sa bouche selon la coutume.

Aux fêtes principales de leurs dieux, cette cérémonie achevée, le peuple s'en allait en procession aussi vite que possible, suivant le dieu qui le précédait, jusqu'à une montagne située à une lieue de la ville, appellée *Chapultepec*, pour y faire une station et un sacrifice. Puis, il repartait avec la même vitesse pour un autre lieu, près de là, appelé *Atlacuyhuayan* où il faisait une seconde station; et de là, se rendait à un autre village, situé à une lieue plus loin et nommé *Coyohuacan* d'où il revenait à Mexico sans s'arrêter. Les Mexicains faisaient ce pèlerinage de plus de quatre lieues en trois ou quatre heures. Ils appelaient cette procession, *ypaina Huitzilopuchtli*, ce qui veut dire, *le chemin rapide et pressé de Huitzilopuchtli*. Arrivés au pied de l'escalier du temple, les jeunes porteurs déposaient le brancard et se procuraient une grosse corde avec laquelle ils attachaient les extrémités du brancard, puis, avec tout le soin possible et le plus grand respect, les uns tirant par le haut, les autres poussant d'en bas, ils enlevaient le brancard et le dieu jusqu'au sommet du temple au bruit des flûtes, des conques marines, des tambours et des acclamations du peuple : et ils montaient avec tant de soin, parce que les marches de l'escalier étaient étroites et raides et l'escalier fort long, de sorte qu'ils ne pouvaient le gravir avec le brancard sur leurs épaules; et pendant le temps de cette ascension, le peuple y assistait dans la cour, craintif et recueilli. L'ascension achevée, on plaçait l'idole dans une chapelle construite avec des roses ; en arrivant, les jeunes garçons jetaient encore des roses de différentes couleurs et en couvraient le temple dedans et dehors. Cela fait, toutes les jeunes filles sortaient dans le costume que nous avons dit, apportant de leur retraite des espèces de gâteaux, composés de pâte de maïs grillé et de semences de bettes, la même dont avait été fabriquée l'idole, et ressemblant à d'énormes œufs ; elles les remettaient aux jeunes garçons qui les montaient sur l'esplanade du temple et les déposaient aux pieds de l'idole jusqu'à ce que l'endroit en fût couvert et n'en pût contenir davantage : on appelait ces œufs *les os de Huitzilopuchtli*. Ces œufs, une fois déposés, se présentaient tous les anciens du temple, prêtres et lévites, et tous les autres ministres, selon leurs grades et dignités, organisation où régnait une étiquette des plus sévères. Ils allaient les uns après les autres, avec leurs voiles de couleurs et de broderies différentes selon leurs offices et leurs dignités, la tête couronnée de fleurs et des guirlandes de roses à leur cou. Après eux, venaient les dieux et les déesses ornés et vêtus de costumes divers ; puis, se rangeant en ordre, autour de la masse des œufs, les prêtres se livraient à certains exercices de chants et de danses qui bénissaient les œufs, les consacraient et les transformaient en chair et en os du dieu ; les sacrificateurs se préparaient aussitôt à faire le sacrifice dans ce grand temple de *Huitzilopuchtli*, qu'on nous représente de la manière suivante [1].

La cérémonie dans laquelle on avait consacré les œufs en chair et en os du dieu étant achevée, œufs que les Mexicains respectaient et adoraient avec la même vénération que nous éprouvons pour le Saint sacrement, les sacrificateurs qui avaient été choisis et nommés à cette haute dignité ce jour-là, se présentaient ; ils étaient six : quatre devaient tenir les pieds

---

1. Planche XIX. Ceci est le temple du Dieu *Huitzilopuchtli*, où l'on enterrait les rois et les grands personnages tels que généraux et ministres du temple.

et les mains de la victime, un autre devait lui tenir le cou et le sixième était chargé de lui ouvrir la poitrine et de lui arracher le cœur. On appelait ces ministres *Chachalmeca,* qui en espagnol pourrait se traduire par *ministre de la chose sacrée;* c'était une dignité suprême des plus enviées et dont les enfants héritaient comme d'un majorat. Le ministre sacrificateur, et qui était le sixième, était révéré et tenu comme un pontife suprême dont le nom se transformait selon la différence des temps et les solennités dans lesquelles on sacri-

Planche XIX. — Le temple de Huitzilopuchtli.

fiait. Son costume était également différent selon les temps où il exerçait son office; le nom qu'on lui donnait était *papa* et *Topilzin.* Son costume se composait d'une espèce de manteau rouge en forme de dalmatique avec une bordure de plumes vertes, d'une couronne de plumes vertes et jaunes sur la tête, d'anneaux d'or où s'enchâssaient des émeraudes, et, dans le milieu de la lèvre inférieure, d'un bijou évidé en pierre bleue. Ces six sacrificateurs étaient teints, ils avaient le visage et les mains enduits d'un noir foncé. Les cinq autres sacrifica-

teurs avaient la chevelure crépée et mêlée de bandelettes de
cuir qui leur ceignaient la tête; ils portaient au front de petits
rondins de papier de couleurs diverses et ils étaient couverts
de dalmatiques blanches semées de dessins noirs. Ce costume
leur donnait une physionomie de démons, et quand on les
voyait sortir dans cet appareil ils inspiraient à tout le monde
la plus grande terreur. Le premier sacrificateur avait à la
main un grand poignard d'obsidienne ou de silex large et très
affilé, et le second une espèce de joug ou de collier de bois
travaillé en forme de serpent. Les six, se trouvant placés
devant l'idole, faisaient leurs génuflexions et se rangeaient
en ordre autour de la pierre convexe, la pierre du sacrifice, et
qui se trouvait en face de la porte de l'oratoire du dieu. Cette
pierre était tellement convexe, qu'en y étendant la victime
sur le dos l'estomac tombait à tel point, qu'il s'ouvrait comme
une grenade, lorsqu'on y enfonçait un poignard.

Les sacrificateurs se trouvant rangés en ordre, on amenait
tous les prisonniers faits pendant la dernière guerre et qu'on
devait sacrifier dans cette fête; accompagnés de gens de
garde, ils montaient le large escalier de la palissade tous à
la file et entièrement nus; un dignitaire du temple, préposé à
cet office, descendait aussitôt portant dans ses bras une petite
idole, la montrait à ceux qui devaient mourir ; il descendait
alors suivi de ces malheureux et montant auprès des sacrificateurs qui attendaient, il leur livrait les victimes une par
une. Les prêtres s'en emparaient, deux tenant les pieds, deux
autres les mains et jetaient la victime renversée sur la pierre
bombée où le cinquième ministre lui appliquait un joug sur
le cou : le grand prêtre alors, avec une adresse extraordinaire, lui ouvrait la poitrine d'un seul coup de son poignard
de silex, de ses mains lui arrachait le cœur, et tout pantelant, le montrait au soleil à qui il offrait les palpitations de
ce cœur sanglant; puis, se tournant vers le dieu, il lui en
frottait le visage. Aussitôt après, on jetait le cadavre de la

victime au bas du temple, où il arrivait le plus facilement du monde, attendu que les escaliers étaient si raides et les galeries étagées pour arriver à la plateforme du temple si étroites, que rien ne pouvait arrêter la chute. C'était ainsi qu'on sacrifiait tous les prisonniers faits à la guerre. Les corps, une fois étalés, au pied du temple, étaient reconnus par ceux qui les avaient faits prisonniers ; il les enlevaient donc et se partageaient les cadavres entre eux et les dévoraient pour célébrer leurs fêtes. Ces sacrifices comportaient toujours quarante à cinquante victimes, car il y avait de ces Mexicains très adroits pour faire des captifs. Toutes les nations voisines en faisaient autant et imitaient les Mexicains dans leurs rites et cérémonies.

Cette fête de *Huitzilopuchtli* se célébrait par toute la terre, parce que c'était une divinité terrible et vénérée, de sorte que, soit par crainte, soit par amour, il n'y avait province ni village qui ne célébrât dans la forme prescrite la fête de l'idole *Huitzilopuchtli* avec le recueillement et le respect avec lesquels nous célébrons la fête du saint sacrement ; aussi appelait-on cette fête *Cohuailhuitl*, ce qui veut dire *la fête de tous*, et ce jour-là, chaque ville sacrifiait les prisonniers qu'avaient faits ses capitaines et ses soldats et l'on assure que leur nombre dépassait mille. C'est dans le but d'avoir des captifs pour les sacrifier que les Mexicains se ménageaient des guerres avec la nation *Tlaxcaltèque*, n'ayant aucune intention de la soumettre, pas plus que les villes de *Huexotzinco Tepeaca, Calpa, Acatzinco, Quauhquechulan, Atlixco* et autres peuples voisins, ce qu'ils auraient pu faire avec la plus grande facilité. Comme ils avaient soumis tout le reste de la terre ils n'avaient pas soumis ces villes pour deux raisons : la première et la principale, c'est qu'ils avaient besoin de ces peuples pour la nourriture de leurs dieux, « *parce que la chair de ces gens leur semblait délicate et des plus savoureuses ;* la seconde raison, c'est que cela leur procurait l'occasion d'exercer leurs bras et de montrer leur vaillance; de sorte que, en réalité, on ne faisait plus la guerre que pour faire des prisonniers afin de les sacrifier. On ne sacrifiait, en effet, que des esclaves achetés pour cela ou les captifs faits à la guerre.

La manière de se procurer des captifs était la suivante : quand approchait le jour d'une fête dans laquelle on devait sacrifier, les prêtres allaient trouver les rois et leur disaient que les dieux mouraient de faim, et qu'ils voulussent bien songer à eux; aussitôt les rois et chefs des diverses localités se préparaient et se donnaient mutuellement avis que les dieux demandaient à manger, qu'ils eussent donc à organiser leurs gens pour le jour convenu; on envoyait alors des messagers dans toutes les provinces intéressées dans le conflit afin qu'elles fussent prêtes pour la rencontre le jour convenu. Les gens se trouvant réunis et les capitaineries et les escadrons en ordre, on se rendait dans le champ où les armées avaient coutume de se réunir et toute l'action consistait de part et d'autre à se faire le plus de prisonniers possible. On songeait beaucoup moins à se tuer qu'à se prendre, le véritable but de ces rencontres étant de se procurer des hommes vivants pour les offrir aux dieux.

C'était là leur manière d'approvisionner leurs dieux de victimes, et lorsqu'on les amenait à la ville, tous les jeunes gens et les serviteurs du temple dans leurs plus beaux atours venaient au devant des prisonniers, en bon ordre, à la file les uns des autres, et ils dansaient et chantaient au son d'un tambour en l'honneur de l'idole que l'on fêtait; et tous les dignitaires, les vieillards et les principaux personnages entonnaient les refrains, dansant autour des jeunes, composant ainsi un chœur des plus attachants, comme ils ont coutume de le faire, ayant toujours les jeunes garçons et les jeunes filles au milieu d'eux. C'était un spectacle auquel toute la ville prenait part.

Il était de règle, observée par tous les Mexicains, qu'en ce jour de fête du dieu *Huitzilopuchtli* on ne mangeât rien autre chose que de cette pâte mêlée de miel avec laquelle on avait fabriqué l'idole. Il fallait manger ce mets le matin et l'on ne pouvait boire ni eau ni quoi que ce soit, que dans l'après-midi, autrement cela eût été un sacrilège. Les cérémonies terminées, on pouvait manger ce qu'on voulait. Entre temps ils éloignaient l'eau des enfants et notifiaient à tous ceux qui avaient l'âge de raison de ne pas boire, sous peine d'encourir la colère du dieu et d'en mourir; aussi observaient-ils cette règle dans toute sa rigueur. Une fois les cérémonies, danses et sacrifices terminés, ils allaient se dévêtir et les prêtres et les dignitaires du temple prenaient l'idole de pâte qu'ils dépouillaient des ornements dont on l'avait couverte et la partageaient en une infinité de morceaux; et depuis les grands seigneurs jusqu'aux gens du peuple, petits et grands, hommes et femmes, enfants et vieillards, tous recevaient cette pâte en communion avec tant de vénération, de crainte et de larmes que cela était admirable; et ils disaient qu'ils mangeaient la chair et les os de leur dieu, faveur dont ils étaient indignes. Les malades réclamaient avec instance cette communion qu'on leur portait avec le plus profond respect. Tous ceux qui avaient communié s'obligeaient à payer une dime de ces grains dont on fabriquait la pâte de l'idole. Les cérémonies de cette communion achevées, un vieillard de grande autorité se levait et proclamait à haute voix les commandements de la loi, à savoir les dix commandements que nous sommes obligés de garder : l'adoration et la crainte du seigneur qu'ils pratiquaient à tel point qu'un simple manquement était puni de mort; la défense de blasphémer; la sanctification des fêtes dans toute leur rigueur, y compris les veilles et les jeûnes; le respect des pères et des mères, des parents, des prêtres et des vieillards : aussi n'y avait-il pas d'hommes au monde qui honorassent avec une telle piété leurs ascendants, car l'on punissait de mort ceux qui man-

quaient de respect à leurs anciens et à leur père. Ce que les
parents recommandaient le plus à leurs enfants, c'était de véné-
rer les vieux de quelque état et condition qu'ils fussent, de
sorte que leurs prêtres étaient tenus dans la plus grande vénération des grands et des petits, des seigneurs et du populaire.
Il était défendu de tuer, mais l'homicide n'était pas puni de
mort. L'assassin devenait à jamais l'esclave de la femme ou des

Planche XX. — Sacrifice à Huitzilopuchtli.

parents de l'assassiné pour prendre sa place dans la famille
et devenir le soutien des enfants que le défunt laissait derrière lui. La fornication et l'adultère leur était en telle horreur qu'en cas de flagrant délit, on attachait une corde au
cou du coupable pour le traîner par toute la ville ou son
corps était frappé et lapidé par les passants; après quoi on

jetait le corps en dehors de la ville afin qu'il fût dévoré par les bêtes féroces. Quant au voleur, on le tuait ou on le vendait pour le montant du vol, et pour le faux témoignage on lui infligeait une peine déshonorante. C'est grâce à cette rigueur que l'on respectait les lois et celui qui était tombé dans quelques-uns des péchés cités plus haut, vivait dans l'angoisse, suppliant les dieux qu'on ignorât ses fautes.

Le pardon des crimes et des délits avait lieu tous les quatre ans en une sorte de Jubilé où l'on remettait les péchés à tous, à la fête d'une grande idole appelée *Tezcatlipuca*, fête que l'on célébrait en grande solennité accompagnée de sacrifices aussi nombreux que pour *Huitzilopuchtli*. La représentation de ce sacrifice est celle qui suit [1] : 1° celui de *Huitzilopuchtli;* et il convient de savoir que ce nom de *Huitzilopuchtli* veut dire *la plume gauche resplendissante;* le nom se composant de *Huitzitzilin* qui est un oiseau de riche plumage, et de cet autre nom, *Opochtli,* qui veut dire côté gauche, faisant ainsi *Huitzilopuchtli,* et les Mexicains lui donnèrent ce nom parce qu'il portait toujours au bras gauche un bracelet d'or avec des touffes de plumes riches.

---

1. Planche XX. C'est de cette manière qu'ils faisaient leurs sacrifices à *Huitzilopuchtli*.

CHAPITRE II

La fête de *Tezcatlipuca* était pour les Mexicains l'une des
plus solennelles; elle se distinguait par le nombre des rites
et cérémonies qui disaient la grande vénération qu'on avait
pour ce dieu, dont la fête égalait presque celle de *Huitzilopuchtli*. On l'appelait la fête de *Toxcatl*, qui était une des fêtes
du calendrier mexicain; on célébrait donc deux fêtes ce jour-
là, celle du calendrier qui était *Toxcatl* et celle de l'idole *Tezcatlipuca* dont la statue était faite d'une pierre noire et brillante comme du jais et revêtue d'ornements divers qui lui
étaient propres. Elle avait des boucles d'oreilles d'or et
d'argent; elle portait dans la lèvre inférieure un bijou en
forme de roseau évidé, en algue marine ou béryl, dans
lequel on mettait une petite plume verte et quelquefois bleue,
ce qui lui donnait de loin l'apparence d'une émeraude ou
d'une turquoise. Ce béryl était une sorte de longue pierre
précieuse. Cette idole portait une tresse de cheveux que reliait
un ruban d'or bruni et qui avait pour couronnement une
oreille d'or sur laquelle on avait peint comme un nuage de
fumée; image des supplications et des prières que lui adressaient les pécheurs et les malheureux. Entre cette oreille et le
ruban s'échappait un grand nombre de plumes blanches de
héron. L'idole portait au cou une plaque d'or d'une telle dimension qu'elle lui couvrait toute la poitrine; elle avait des

bracelets d'or aux deux bras et sur le nombril une belle pierre verte; à la main gauche elle portait un émouchoir de riches plumes bleues, vertes et jaunes qui s'échappaient d'une plaque d'or bruni de forme ronde et brillante comme un miroir, ce qui signifiait que *Tezcatlipuca* voyait dans ce miroir tout ce qui se passait de par le monde. Les Mexicains appelaient cette plaque d'or *Itlachiaya*, ce qui voulait dire son miroir. Dans la main droite, le dieu tenait quatre flèches pour figurer le châtiment qu'il réservait aux pécheurs ; c'était en somme l'idole que les gens redoutaient le plus, de crainte qu'elle ne divulguât leurs péchés. C'était à la fête de ce dieu, fête célébrée tous les quatre ans, qu'il y avait rémission de toutes les fautes ; et ce jour-là, on lui sacrifiait une victime choisie comme ressemblant le plus à l'idole. Elle avait sur chaque coup de pied des grelots d'or et elle portait au pied droit un pied de chevreuil image de la force de son pouvoir et de la rapidité de ses décisions. Elle était enveloppée d'un manteau d'étoffe rouge brodé de dessins noirs et blancs avec une bordure de roses blanches, noires et rouges entourées de plumes et ses chaussures étaient élégantes et riches. C'était là son costume d'habitude.

Le temple de cette divinité était élevé et magnifiquement construit; pour atteindre le sommet il fallait gravir quatre-vingts marches au bout desquelles se trouvait une table de douze à treize pieds de large, et tout auprès, une chapelle large et longue comme une grande salle avec une porte large et basse. Cette pièce était tendue tout entière de belles étoffes de couleurs et de dessins divers. L'entrée de cette salle était toujours voilée par une riche tenture ce qui en rendait l'intérieur entièrement obscur. Les prêtres seuls préposés au culte de la divinité pouvaient entrer dans cette pièce.

Devant la porte se trouvait un autel de la hauteur d'un homme et sur cet autel un piédestal de bois haut d'une palme, sur lequel se dressait la statue en pied de l'idole. L'autel était tendu d'étoffes richement brodées, les poutrelles de la salle étaient peintes et un garde-poussière enrichi de plumes était suspendu au-dessus de l'idole; il était couvert d'insignes, de devises, d'armes de toutes espéces et garni d'or et de pierreries.

On célébrait le dix-neuf mai la fête de *Tezcatlipuca*, qui était la quatrième fête du calendrier mexicain. La veille de cette fête, les seigneurs se rendaient au temple et apportaient un vêtement neuf semblable à celui que portait l'idole que les prêtres avaient soin de dévêtir pour lui endosser le vêtement neuf. Quant au vieux on le gardait avec autant de vénération que l'on garde chez nous les ornements sacrés et peut-être davantage. Il y avait dans cette garde-robe de l'idole une foule d'objets, ornements, joyaux, bracelets et plumes riches qui ne servaient plus à rien, mais que les fidèles adoraient comme le dieu lui-même. Outre les vêtements dont on avait recouvert l'idole, on y ajoutait, ce jour-là, des ornements spéciaux en plumes, des bracelets, de petits parasols et autres objets, et lorsque la parure de l'idole était complète, on enlevait les tentures de la porte afin que tout le monde pût la voir; et quand on avait ouvert, l'un des officiants sortait du temple portant un costume semblable à celui de *Tezcatlipuca*; il avait des roses en mains et une petite flûte de terre cuite au son très aigu dont il jouait en se tournant du côté du levant; il en jouait aussi en regardant le nord, le sud et l'occident et il s'adressait ainsi aux quatre points cardinaux, afin que présents et absents pussent l'entendre; puis il touchait le sol du doigt et, prenant un peu de terre, il la portait à sa bouche et la mangeait en signe d'adoration : tous alors l'imitaient et se prosternaient en pleurant, invoquant l'obscurité de la nuit et le vent, les suppliant de ne point les oublier, ni les abandonner, ou bien qu'ils les enlevassent de cette terre et missent fin aux peines qu'ils enduraient.

Au son de cette petite flûte, les voleurs, les adultères, les homicides et tous les pécheurs en général étaient saisis de crainte et de tristesse, et quelques-uns se troublaient à tel point, qu'ils ne pouvaient nier avoir commis un délit quelconque, de sorte que tous, en ces jours de fête, ne demandaient autre chose à ce Dieu que de cacher leurs fautes, versant des larmes de componction et de repentir et offrant des hommages d'encens pour apaiser la colère divine. Quant aux hommes vaillants et aux vieux soldats qui faisaient partie de l'armée, aux sons de la petite flûte, ils adressaient les prières les plus ferventes au dieu créateur et au seigneur à qui nous devons la vie, au soleil et à tous leurs autres dieux pour qu'ils leurs donnassent la victoire sur leurs ennemis et la force de s'emparer du plus grand nombre possible de captifs pour les sacrifier en leur honneur. La cérémonie dont nous venons de parler se faisait dix jours avant la fête, et pendant ces dix jours, le prêtre jouait de la flûte pour que tous les Mexicains se livrassent en mangeant de la terre à l'adoration et aux prières qu'ils avaient à adresser aux dieux; ce qu'ils faisaient chaque jour les yeux levés au ciel et gémissant comme gens qui regrettaient leurs péchés et leurs fautes; et cette douleur gisait toute dans la crainte qu'ils éprouvaient des châtiments corporels et non pas des peines éternelles auxquelles ils ne croyaient pas, car ils affirmaient qu'il n'y en avait point dans l'autre vie; aussi bravaient-ils la mort avec indifférence, persuadés qu'elle n'était pour tous que le repos final.

Le jour même de la fête de cette idole *Tezcaltipuca*, tous les gens de la ville se réunissaient dans la cour du temple pour célébrer en même temps l'autre fête du calendrier que nous avons dit s'appeller *Toxcatl*, ce qui signifie *chose sèche*, fête dont l'unique but était de demander au ciel de l'eau, comme nous le faisons pour les rogations; les Mexicains célébraient donc toujours cette fête au mois de mai, époque où la terre avait le plus besoin d'eau; les cérémonies commençaient le 9 pour se terminer le 19. Dans la matinée du dernier jour, les prêtres apportaient un brancard orné de draperies diverses et qui avait des anses en nombre égal aux prêtres qui devaient le porter : tous ces prêtres se présentaient la face peinte en noir, avec leur longue chevelure dont les tresses étaient séparées par une bande d'étoffe blanche et revêtus de costumes à la livrée de l'idole; ils plaçaient sur le brancard l'individu dont nous avons parlé et qu'ils appelaient *la ressemblance du dieu Tezcatlipuca* et, l'enlevant sur leurs épaules, ils le portaient publiquement aux pieds des gradins du temple.

Les jeunes garçons et les jeunes filles pensioninares de ce temple sortaient aussitôt munis d'une grosse corde mêlée de grains de maïs rôtis, ils en enveloppaient les anses du brancard, puis en faisaient un collier pour le cou de l'idole et une guirlande pour sa tête. On appelait cette corde *Toxcatl* et cela dénotait la stérilité et la sécheresse de l'époque. Les jeunes garçons s'avançaient entourés d'étoffes rouges et chargés de colliers et de guirlandes de grains de maïs rôtis : les jeunes filles s'avançaient revêtues de parures et d'ajustements neufs, avec des colliers de même matière que les jeunes gens, et sur la tête des tiares faites de petites baguettes toutes recouvertes de grains de maïs, les pieds et les bras emplumés et les joues colorées de rouge. Elles étaient chargées de colliers de grains de maïs dont elles ornaient le cou et la tête des grands personnages en même temps qu'elles leur distribuaient des roses. Une fois l'idole sur le brancard, on répandait sur le sol une grande quantité de feuilles d'une plante qu'ils appellent Maguey et qui sont épaisses et épineuses.

Le brancard, une fois sur les épaules des hommes, ils le portaient en procession tout autour de la cour du temple, précédés par deux prêtres qui balançaient révérencieusement des encensoirs devant l'idole, et chaque fois qu'ils l'encensaient, ils levaient l'encensoir aussi haut qu'ils pouvaient, soit qu'ils s'adressassent au dieu, soit qu'ils s'adressassent au soleil, les priant l'un et l'autre de porter leurs demandes jusqu'au ciel où se dirigeait la fumée de l'encens.

La foule continuait tranquille son mouvement giratoire du côté de l'idole; chacun avait à la main une corde en fibre de Maguey, d'une brasse de long, terminée par un nœud. Avec cette corde ils se donnaient la discipline, se prodiguant mutuellement de grands coups sur les épaules comme on le fait chez nous le jeudi-saint. Toute la cour et les murailles étaient pleines de ramures et de roses, si fraîches et si jolies que c'était plaisir de les voir. La procession terminée, on remontait l'idole à sa place où se rendait aussitôt une foule de gens chargés de roses dont ils inondaient la chapelle et la terrasse; les prêtres prenaient de ces roses en mains et les jeunes garçons du temple en répandaient au dehors; et ce jour-là, l'oratoire restait découvert et sans voile. Cela fait, chacun s'empressait pour offrir des tentures, des joyaux, des pierres précieuses, de l'encens, du bois résineux, des épis de maïs, des perdrix, en un mot toutes les choses qu'ils avaient coutume d'offrir en ces circonstances. Quant aux perdrix qui étaient l'offrande des pauvres, ils les remettaient au prêtre qui leur arrachait la tête et les jetait immédiatement au pied de l'autel où elles perdaient leur sang.

Il y avait aussi des offrandes de vivres et de fruits, chacun donnant ce qu'il pouvait ; les gens les déposaient au pied de l'autel, où les prêtres s'en emparaient pour les porter à leurs demeures. Ces solennelles offrandes terminées, tous se retiraient dans leurs cases pour y prendre leurs repas, et la fête était suspendue jusqu'à ce qu'ils eussent fini de manger; après quoi les jeunes filles et les jeunes garçons du temple, dans les costumes que nous avons dit s'empressaient de servir à l'idole de tous les mets qu'on lui avait offerts et c'étaient d'autres femmes qui faisaient cuire et préparaient ces mets, ayant fait vœu de s'occuper ce jour-là de préparer la nourriture du Dieu et d'y consacrer la journée entière : toutes celles qui avaient fait ce vœu se présentaient à la pointe du jour aux officiers du temple, pour qu'ils leur indiquassent ce qu'elles auraient à faire, et elles le faisaient en toute diligence et avec beaucoup de soin : elles préparaient, du reste, un si grand nombre de mangers et de plats divers que c'était un véritable sujet d'étonnement.

Tous ces mangers étant prêts et l'heure du dîner ayant sonné, toutes les jeunes filles sortaient du temple en procession, chacune avec un morceau de pain dans une main et tenant de l'autre une écuelle pleine de ces ragoûts. Elles étaient précédées par un vieillard qui servait de chambellan ou maître de cérémonies à l'idole et de surveillant pour les jeunes vestales : il était vêtu d'une pelisse qui lui descendait au mollet avec des franges en bordure ; par dessus la pelisse il avait un manteau à capuchon sans manche qui rappelait un san benito : les manches étaient remplacées par des ailes reliées par de larges bandes auxquelles se trouvaient suspendue entre les épaules une calebasse de grosseur moyenne percée de trous, d'où s'échappaient une foule de roses ainsi que d'autres objets fétiches. Ainsi attiffé, le vieux allait précédant les assistants, tête basse, avec la contenance la plus humble ; et en arrivant au pied de l'escalier, il s'inclinait profondément et se plaçait sur l'un des côtés ; les jeunes filles arrivaient alors avec les plats et se mettaient à la file les unes des autres dans le plus profond recueillement. Elles déposaient les plats et le vieux les reconduisait dans leurs cellules. Les jeunes gens leur succédaient ainsi que les serviteurs du temple qui enlevaient tous ces mangers et les portaient dans les appartements des prêtres et des grands dignitaires qui avaient jeûné cinq jours de suite, ne mangeant qu'une fois par jour, vivant séparés de leurs femmes et pendant ces cinq jours se donnant la discipline avec les cordes à nœuds. Ils mangeaient alors de ces mets divins (c'est ainsi qu'ils les appelaient) autant qu'ils en pouvaient manger, ce qui n'était permis qu'à eux seuls. Quand tout le monde avait fini de manger, on se réunissait de nouveau dans la cour pour assister à la fin de la cérémonie : c'était le moment où l'on présentait au peuple un esclave qui pendant toute une année avait représenté l'idole, vêtu et adoré comme le dieu lui-même, et c'était avec le plus grand respect qu'il remettait cet homme entre les mains des sacrificateurs. Ceux-ci, arrivés au devant de lui, le prenaient par les pieds et les mains, pendant que le *papa* lui ouvrait la poitrine, lui arrachait le cœur qu'il élevait aussi haut que possible et qu'il montrait au soleil et à l'idole ainsi que nous l'avons dit plus haut.

La victime qui représentait *Tezcatlipuca* étant morte, les jeunes garçons et les jeunes filles dans le costume que nous avons décrit se rendaient dans un lieu consacré, où les employés du temple jouaient des instruments ; là, placés en ordre près du tambour sacré, ils chantaient et dansaient, et tous les seigneurs revêtus de leurs insignes dansaient en cercle autour d'eux. On ne sacrifiait d'ordinaire en ce jour qu'une seule victime ; ce n'était que de quatre en quatre ans qu'on en sacrifiait d'autres, et cette année-là était année de jubilé et d'indulgence plénière. Au coucher du soleil, alors que les comparses étaient fatigués de jouer des instruments, de chanter, de manger et de boire, les jeunes filles se rendaient à leurs cellules et se chargeaient de grands plats de terre cuite pleins de pâte de maïz mélangée de miel et recouverts de corbeilles ornées de crânes et d'ossements humains en forme de croix, elles portaient une collation à l'idole et montaient jusqu'à la plate-forme qui se trouve devant la porte du sanctuaire, y déposaient leurs plats en présence du maître des cérémonies, puis redescendaient dans le même ordre. Les jeunes garçons s'élançaient aussitôt pour atteindre les escaliers du temple, s'efforçant de se dépasser les uns les autres pour arriver près des plats contenant la collation : les dignitaires du temple notaient avec soin quels étaient le premier, le second, le troisième et le quatrième, sans plus s'inquiéter des autres, jusqu'à ce que tous se jetassent sur la collation qu'ils emportaient comme de saintes reliques. Ceci fait, les officiers et les anciens du temple prenaient au milieu d'eux les quatre jeunes garçons qui étaient arrivés les premiers, ils les ramenaient à leurs demeures où ils les baignaient et les revêtaient de riches vêtements, et de ce jour, les honoraient et les traitaient

Planche XXI. — Tezcatlipuca.

comme des hommes de mérite. L'enlèvement de la collation achevé au milieu de l'allégresse, des rires et des cris, on permettait aux femmes qui avaient préparé le manger de l'idole de regagner leurs maisons; et toutes s'en allaient les unes après les autres. Au moment où elles sortaient, tous les élèves des collèges et des écoles se tenaient à la porte de la cour les mains pleines de balles faites de joncs et d'herbes marines et les leur jetaient en se moquant d'elles, comme des gens qui abandonnaient le service du dieu; elles s'en allaient du reste en toute liberté, et c'est ainsi que se terminait la cérémonie. Le portrait de l'idole est le suivant [1].

1. Planche XXI. Cette idole s'appelle *Tezcatlipuca,* elle était faite d'une pierre noire très brillante.

CHAPITRE III

C'est parce que ce dieu était le Dieu de la pénitence, que son culte comportait un plus grand nombre de cérémonies que les autres et c'est pourquoi nous raconterons dans ce chapitre le détail de ces cérémonies et l'ordre qui régnait entre les dignitaires de ce culte et les prêtres, parce que nous y trouverons tout ce que les Mexicains avaient coutume de faire dans d'autres solennités. Presque toutes, en effet, se trouvaient réunies dans la célébration de cette fête.

Dans la grande ville de Mexico comme dans la ville de *Tetzcuco*, qui étaient toutes deux les plus importantes de cette terre, ville où florissait la plus grande urbanité, où régnait un ordre parfait aussi bien dans les conseils du Gouvernement que dans les cérémonies religieuses, on représentait cette divinité *Tezcatlipuca* de deux manières : la première, ainsi que nous l'avons dépeinte dans le chapitre précédent ; dans la seconde, le dieu était assis majestueux, sur un escabeau et drapé dans une étoffe rouge semée de crânes, avec ossements humains en croix : il tenait de la main gauche un bouclier blanc surmonté de cinq nœuds de coton placés en croix ; il brandissait un dard de la main droite, le bras étendu comme sur le point de le lancer : quatre flèches s'échappaient du bouclier. On lui avait donné l'aspect sévère et irrité; tout son corps était teint en noir et sa tête était couverte de plumes de cailles. On le représentait ainsi parce que c'était le dieu qui envoyait aux autres villes la stérilité, la faim et la peste. Toutes les femmes qui avaient des enfants malades s'efforçaient d'apaiser la colère de cette idole en présentant ces enfants au temple, en présence des prêtres qui les recevaient et les revêtaient des insignes et du costume de l'idole, ce qui consistait à les oindre de l'onction du dieu et à leur couvrir la tête de plumes de cailles et de poules. Les prêtres du temple revêtaient ce même costume quand ils allaient, à travers bois, offrir des sacrifices, ce qui leur procurait la plus grande sécurité, car ils s'y rendaient la nuit.

Le temple de *Tezcatlipuca* n'était pas moins luxueux et orné de tours que celui de *Huitzilopuchtli;* car il était orné à profusion d'images, de figures et de reliefs en ciment qui charmaient la vue. Il comprenait une foule de demeures répandues dans une cour et son périmètre, demeures occupées par les officiers du temple qui exerçaient les plus hautes fonctions.

Il en était de même pour les temples des divinités les plus célèbres, qui étaient ce qu'étaient les cathédrales chez nous. Il y avait aussi là-bas des bâtiments réservés aux enfants qu'on y élevait pour succéder aux vieux prêtres fatigués et qui vivaient dans le recueillement, la pauvreté, l'obéissance, se livrant à toute la rigueur des pénitences infligées aux anciens; il y avait aussi les jeunes filles qu'on y avait recueillies et qu'on y élevait de la manière que nous avons dit.

Le temple de *Tezcatlipuca* était tel que le représente la planche XXII.

Les rites, cérémonies et costumes des prêtres de ce temple et ceux des autres différaient entre eux. Les prêtres de *Tezcatlipuca* n'étaient point élus de la même manière que ceux de *Huitzilopuchtli,* qui devaient nécessairement être choisis dans

certains faubourgs désignés à cet effet. Les premiers étaient
des hommes que leurs parents avaient offerts à la divinité
tout enfants et qui avaient été élevés dans le temple; et d'habitude on les avait voués à l'idole parce qu'on les voyait
malades et qu'on craignait de ne pouvoir les élever; mais
s'ils différaient par le mode d'élection de ceux de *Huitzilopuchtli*, ils n'en différaient point par l'austérité, l'esprit de
pénitence, ni la persévérance et la continuité de leurs pratiques religieuses. Il y avait pour ces enfants une maison
spéciale, espèce d'école distincte de celle du temple et où il y
avait une foule d'élèves groupés sous la direction de maîtres

Planche XXII. — Temple de Tezcatlipuca.

et de vieillards qui leur enseignaient les bonnes mœurs et
les bonnes manières, qui leur inculquait le respect et l'obéissance aux anciens; ils leur donnaient aussi l'instruction qui
leur permit de figurer parmi les gens des hautes classes : on
leur apprenait le chant et la danse; on les entraînait dans les
exercices guerriers, leur apprenant à lancer la flèche et le pieu,
à bien se servir de l'épée et du bouclier; on les dressait à la
vie la plus dure, à mépriser leurs aises, à peu dormir, à manger mal, afin que, dès leur jeunesse, ils fussent entraînés aux

plus pénibles travaux. Il y avait, dans ces maisons de retraite, des gens de la haute noblesse et des gens du peuple et quoique vivant côte à côte, les enfants des nobles étaient mieux soignés et mieux traités et on leur permettait de faire venir leur manger de leurs maisons. Ils étaient recommandés aux maîtres qui s'occupaient d'eux tout spécialement et qui sans cesse leur prêchaient la vertu, la chasteté, le jeune et la modération dans le manger; ils les dressaient à une marche lente et à un maintien plein de dignité, puis les soumettaient à certains travaux en même temps qu'aux exercices les plus pénibles pour bien connaître les vertus qu'ils pratiqueraient le mieux.

Une fois l'éducation des enfants terminée, les maîtres s'efforçaient de bien préciser les aptitudes de chacun d'eux; si, par exemple, ils manifestaient des goûts turbulents, et qu'ils fussent arrivés à l'âge voulu; on profitait de la première occasion, et sous prétexte de leur faire porter la nourriture et les provisions aux soldats, on les envoyait à l'armée pour les rendre témoins de ce qui s'y passait, qu'ils assistassent aux travaux et aux exercices et qu'ils perdissent toute crainte. Il arrivait parfois qu'on les chargeait de pesants fardeaux, afin qu'ils pussent montrer leur force et leur courage et qu'ils fussent plus facilement admis en la compagnie des soldats; si bien, que quelquefois, d'aucuns, après être partis comme porteurs, revenaient capitaines et couverts des insignes des braves, tandis que d'autres mettaient à se signaler une telle ardeur qu'ils restaient ou morts ou prisonniers encore qu'ils préférassent se faire mettre en pièces plutôt que de se rendre; ceux-là du reste, étaient pour la plupart les fils de braves connus, de chevaliers ou de seigneurs; d'autres avaient la vocation religieuse, auquel cas, lorsqu'ils étaient d'âge, on les enlevait à leur retraite pour les amener dans les chapelles du temple où on les revêtait des insignes ecclésiastiques; ils trouvaient là des maîtres et des prélats qui leur enseignaient tout ce qui concernait leur office, et du jour où ils entraient dans le temple, on leur imposait comme premier devoir, de laisser croître leur chevelure ; on les obligeait ensuite à se teindre en noir, des pieds à la tête, y compris cheveux et tout. Cette teinture que l'on employait presque liquide donnait aux cheveux une force et une rugosité telle qu'on les eut pris pour des crins de cheval crépelés. Avec le temps cette chevelure croissait avec une telle vigueur qu'elle leur descendait jusqu'aux jarrets et le poids en était si lourd qu'il leur causait une peine infinie ; car ils ne les coupaient ni ne les rognaient jusqu'à la mort, ou jusqu'à ce que, devenus très vieux, on les récompensât en leur donnant quelque emploi honorable dans la république. Ils portaient cette chevelure en tresses, mêlées de lacets de coton de six doigts de large.

La fumée qui servait à fabriquer leur teinture était la fumée de pin, parce que, de toute antiquité, le pin avait fait l'objet d'une offrande spéciale à leurs dieux, ce qui l'avait rendu précieux et sacré. Ces hommes étaient toujours couverts de cette teinture de la tête aux pieds, ce qui leur donnait l'apparence des nègres les plus noirs. C'était là leur teinture ordinaire, car lorsqu'ils allaient sacrifier et brûler de l'encens dans l'épaisseur des bois dans les cavernes obscures et sauvages où ils avaient des idoles, ils se servaient d'une autre teinture et se livraient à divers exercices pour éloigner la crainte et se donner du courage. Cette espèce d'onguent était composée de reptiles et insectes venimeux tels que araignées, scorpions, millepattes, salamandres, vipères, etc., que capturaient les enfants de leurs collèges. Ceux-ci étaient tellement adroits en ce genre de chasse, qu'ils en avaient toujours une grande quantité à la disposition des prêtres, quand ils en avaient besoin.

La principale occupation de ces enfants était la chasse de ces reptiles ; mais si, occupés d'autre chose, ils en rencontraient sur leur chemin, ils les poursuivaient aussitôt, comme si c'était pour eux question de vie ou de mort ; et c'est ce qui faisait que d'ordinaire ces Indiens n'avaient aucune crainte de ces bestioles vénéneuses parce que, dès l'enfance, ils étaient habitués à les poursuivre. Pour fabriquer ce fameux onguent, les Mexicains prenaient un lot de toutes ces bêtes qu'ils brûlaient dans le brasier allumé devant l'autel, jusqu'à ce qu'elles fussent réduites en cendre, cendre qu'ils jetaient dans un mortier avec beaucoup de tabac, plante dont ces gens se servaient pour mortifier la chair et alléger la douleur : ils mêlaient donc ces cendres et ce tabac qui leur faisait perdre la force de tuer ; puis ils jetaient dans ce mélange quelques scorpions, des araignées et des millepattes vivants, battaient et pilaient le tout, après quoi ils y ajoutaient une graine mise en poudre qu'ils appellent, *Ololiuhqui,* que les Indiens prennent en boisson, boisson qui les prive de jugement et les rend visionnaires. Les Mexicains mêlaient aussi à cette cendre des chenilles noires velues dont le poil seul était vénéneux; ils pétrissaient toutes ces matières avec de la suie et en remplissaient de petites urnes qu'ils plaçaient devant leur Dieu, disant que c'était là son manger; ils l'appelaient donc un mets divin. En se oignant de cette substance, ils devenaient sorciers, ils voyaient et conversaient avec le diable.

Recouverts de cette teinture, les prêtres perdaient toute crainte et se trouvaient pleins d'aspirations féroces; aussi égorgeaient-ils les hommes dans les sacrifices avec la plus profonde indifférence; ils se rendaient seuls dans les bois, dans les cavernes et dans les retraites sombres, lointaines et dangereuses, méprisant les bêtes féroces et persuadés que les lions, les tigres, les loups, les serpents et autres bêtes vivant dans les bois fuiraient leur présence par la vertu de cette teinture divine, ou sinon fuiraient plus encore à la vue de leurs faces démoniaques. Cet onguent servait aussi à la guérison des malades et des enfants; et c'est pourquoi ils l'appelaient le remède divin; de sorte que, de toutes parts, les gens accouraient près des dignitaires et des prêtres comme auprès de sauveurs, pour qu'ils leur appliquassent cet onguent divin, dont on frottait les parties malades. Ils affirment que le patient éprouvait un notable soulagement. Cela devait venir de ce que le tabac et l'*Ololiuhqui* ont une grande vertu d'apaisement et, appliqués comme cataplasmes, ils calmaient la douleur ; et comme ils calmaient la douleur, cela leur paraissait être l'effet d'une influence divine. Les Indiens consultaient ces prêtres, comme nous consultons nos saints ; et les prêtres trompaient ces natures ignorantes, leur faisant croire tout ce qu'ils voulaient, leur faisant accepter leurs remèdes et leurs cérémonies diaboliques, car ils exerçaient sur eux une telle autorité, qu'il leur suffisait de dire quoi que ce fût pour qu'ils le crussent comme un article de foi. Ils imposaient au public mille superstitions ; dans la façon d'offrir l'encens, dans la manière de se couper les cheveux, de se suspendre autour du cou de petits bâtons, des fils ou de petits os de serpents. Il fallait que les Indiens se baignassent à telle ou telle heure, qu'ils veillassent de nuit auprès d'un foyer sacré, qu'ils ne mangeassent pas d'autre pain que celui qu'on offrait aux dieux et qu'ils accordassent toute créance à ces vulgaires sorciers qui, au moyen de certaines graines, leur jetaient des sorts et devinaient toutes choses en regardant dans une terrine les cercles qu'y formait l'eau [1].

Le principal office de ces prêtres était d'encenser les idoles quatre fois dans la nuit et dans le jour : la première fois au lever du jour, la seconde à midi, la troisième au crépuscule et la quatrième à minuit. C'est à cette heure-là que se levaient tous les officiers du temple ; au lieu de cloches ils sonnaient de la trompette ou de la conque marine ; d'autres jouaient de la flûte et entonnaient pendant un bon moment les airs les plus tristes, après quoi l'officier de semaine, vêtu d'une longue robe qui lui descendait jusqu'aux jarrets,

---

1. Ces prêtres sont représentés dans la planche XXIII.

comme une dalmatique, s'en allait, portant d'une main un
encensoir plein de braise qu'il avait prise au foyer divin, de
l'autre une bourse pleine d'encens qu'il jetait dans l'encensoir, et pénétrant dans la chapelle de l'idole il l'encensait avec
le plus grand respect, puis abandonnant son encensoir il
prenait un chiffon avec lequel il secouait la poussière de l'autel et des rideaux qui décoraient le temple. La pièce où se
trouvait l'idole étant saturée de la fumée d'encens, le prêtre

Planche XXIII. — Offrandes et sacrifices à Tezcatlipuca.

quittait le temple et se retirait dans sa cellule. On répétait
chaque jour aux mêmes heures et dans le même ordre les
mêmes cérémonies.

Quant à celle de minuit, lorsqu'elle était achevée, tous
les prêtres se rendaient dans une grande salle garnie d'un
grand nombre de sièges où chacun venait s'asseoir ; chacun
s'armait alors d'une épine de maguey (agave) ou bien d'une
lame d'obsidienne, avec lesquelles ils se saignaient les mollets
près du tibia ; le sang qui s'échappait, leur servait d'une part à
s'enduire les tempes et de l'autre à en couvrir leurs lancettes
qu'ils exposaient sur les créneaux du mur d'enceinte de la
cour, fichées dans des pelotes de paille et qu'ils laissaient

exposées afin que tout le monde les vît, et que chacun se rendît bien compte des supplices qu'ils s'imposaient pour le bonheur du peuple. Il y avait une multitude de ces lancettes dans le temple, puisque les prêtres les mettaient de côté et les gardaient pour en prendre d'autres, car elles ne pouvaient servir qu'une fois; il y en avait donc, nous le répétons, une multitude que l'on tenait en grande vénération en souvenir du sang que ces prêtres avaient offert à leur dieu. Ce sacrifice achevé, tous les prêtres quittaient le temple et s'en allaient ensemble à une petite lagune qui se trouvait à l'Occident et que l'on appelait *Ezapan*, ce qui veut dire, *lieu de l'eau sanglante*, et là ils lavaient le sang dont ils s'étaient frotté les tempes. Ils retournaient alors au temple où ils se oignaient de nouveau de l'onguent noir, après quoi ils ordonnaient à leurs serviteurs de balayer la cour et les escaliers qu'ils devaient couvrir de ramures, puis, ils les envoyaient au bois, car il était de coutume qu'on ne brûlât d'autre bois que celui que ces serviteurs rapportaient, et nul ne pouvait en apporter que ceux chargés du brasier divin, qui ne devait jamais s'éteindre, ainsi que nous l'avons dit plus haut.

En dehors de ces veilles et de ces sacrifices, ces prêtres pratiquaient d'autres sévères pénitences, comme de jeûner cinq et dix jours de suite, la veille de certaines fêtes principales, comme il nous arrive pour les Quatre-Temps. Ils avaient la continence en tel honneur que plusieurs d'entre eux, pour ne point violer leur vœu de chasteté se fendaient la verge, ou se livraient à d'autres étranges pratiques pour se rendre impuissants et ne pas offenser leur Dieu. Ils ne buvaient pas de vin, dormaient peu, car la plupart de leurs exercices se passaient la nuit : comme d'entretenir le feu sacré, d'aller dans les bois procéder aux sacrifices qu'on leur avait demandés et qui étaient nombreux et de toutes sortes. Ces cérémonies consistaient en offrandes d'encens, de boissons et de gommes diverses, en paniers, vases, écuelles, qui étaient comme la monnaie de ces sacrifices. En somme, tous se martyrisaient le plus cruellement et n'étaient en ces atroces souffrances que les dupes du démon ; et ils se livraient à ces pratiques afin que le public les tînt pour des saints et des pénitents ; aussi celui qui pouvait se livrer à la pénitence la plus cruelle le faisait avec joie pour en tirer une vaine gloire.

Ces mêmes prêtres étaient également chargés de l'enterrement des morts et présidaient aux obsèques : ils enterraient les gens dans leurs champs ou dans les cours de leurs maisons. Ils en emportaient quelques-uns à leurs sanctuaires des bois ; ils en brûlaient d'autres dont ils enfermaient les cendres dans les temples ; mais ils les enterraient tous avec leurs vêtements, leurs joyaux et leurs pierres précieuses. Quant à ceux qu'ils brûlaient, ils mettaient les cendres dans des urnes avec leurs bijoux, leurs ajustements et leurs parures quelque riches qu'elles fussent. Ils leur chantaient des offices funèbres avec répons, et les promenaient en grandes cérémonies. Pendant ces offices funèbres, on mangeait et l'on buvait, et s'il s'agissait d'une personne de qualité, on vêtissait tous les gens qui avaient assisté aux funérailles. En certains cas, ils exposaient le mort dans une chambre où ses connaissances et ses amis lui apportaient des présents et venaient le saluer comme s'il eût été vivant ; mais si c'était un roi, on lui offrait des esclaves que l'on sacrifiait sur sa tombe afin qu'ils allassent le servir dans l'autre monde. On tuait également le prêtre particulier, l'aumônier du prince, car tous les grands seigneurs avaient une espèce de chapelain attaché à leur service, et qui célébrait les cérémonies religieuses dans leurs palais ; on le tuait donc pour qu'il continuât d'administrer le défunt. On tuait aussi le chambellan, l'échanson et les nains qui lui avaient été le plus dévoués, car c'était un luxe habituel parmi les seigneurs d'avoir à leur service des nains et une nombreuse domesticité. Bref, on tuait tous les gens attachés à la maison afin que le mort les retrouvât dans l'autre monde, et pour qu'il ne souffrît point de la pauvreté, on enterrait avec lui ses trésors, argent, or, bijoux, pierres précieuses, tentures d'un travail exquis, bracelets, plumes riches et si l'on brûlait le corps, on brûlait également les hommes. Dans ce cas, on recueillait les cendres que l'on enterrait solennellement.

Les obsèques duraient dix jours remplis par des chants lamentables : les officiants promenaient les corps au milieu de cérémonies si nombreuses qu'on ne saurait les énumérer toutes. On revêtait les capitaines et les grands seigneurs de leurs insignes et de leurs trophées, car selon leur valeur et les hauts faits qu'ils avaient accomplis dans le gouvernement et dans les guerres, chacun d'eux avait ses armes et son blason. On transportait tous ces insignes devant le corps à l'endroit où le défunt devait être enterré ou brûlé, et cela composait une procession solennelle à laquelle prenaient part les prêtres et les dignitaires du temple dans leurs divers costumes, les uns offrant de l'encens, d'autres chantant, pendant que d'autres jouaient sur la flûte et le tambour des airs funèbres qui avivaient la douleur des parents et des vassaux. Le prêtre qui officiait avait endossé les insignes et les attributs de l'idole à qui le défunt s'était voué, car il était de coutume que chaque seigneur se consacrât plus particulièrement au culte de l'un des dieux, ce qui lui attirait un grand honneur et beaucoup d'estime. Ces insignes, en général, étaient celles de la chevalerie : on portait celui que l'on devait brûler à l'endroit désigné ; on l'entourait de bois résineux, ainsi que tous les objets qui lui avaient appartenu, et l'on y mettait le feu que l'on entretenait avec d'autre bois jusqu'à ce que l'incinération fût complète. Après quoi venait un prêtre dans un appareil démoniaque, qui, un grand bâton à la main, remuait les cendres en s'agitant comme un possédé et d'une si féroce manière, qu'il terrorisait tous les assistants. Quelquefois ce ministre endossait d'autres costumes suivant la qualité du défunt. La manière dont ils disposaient des morts est représentée planches XXIV et XXV.

C'était aussi les prêtres qui mariaient, et de la manière suivante : ils plaçaient le fiancé et la fiancée devant l'officiant, qui s'emparait des mains des jeunes gens et leur demandait s'ils voulaient se marier? sur leur réponse affirmative, il prenait un coin du voile dont la jeune fille avait la tête cou-

Planche XXIV. — Un enterrement.

verte et un coin du vêtement du garçon qu'il reliait par un nœud. Une fois attachés, on les conduisait à la maison de la jeune fille où se trouvait un foyer allumé autour duquel on leur faisait faire trois fois le tour, après quoi tous les deux s'asseyaient l'un près de l'autre et le mariage était conclu.

Les Mexicains étaient fort jaloux de la pureté de leurs épouses, si bien que s'ils ne les trouvaient point vierges, ils les accablaient d'injures, à la grande honte et confusion des parents qui n'avaient pas su veiller sur leur fille.

Quant à celle qui apportait sa virginité, on la fêtait par de grandes réjouissances et par de nombreux présents à la jeune femme et à ses parents, par de riches offrandes aux dieux et par deux bouquets, dont l'un dans la maison de l'époux et l'autre dans celle de la jeune femme; et lorsqu'on la ramenait chez elle, les témoins se remémoraient tout ce que l'un et l'autre avaient apporté de provisions et de biens, en terres, maisons, joyaux et vêtements.

Les pères gardaient mémoire de cet inventaire, car si les époux venaient à se séparer (comme il leur arrivait souvent

Planche XXV. — Un enterrement. On brûle le corps.

en cas de dissentiment), ils se partageaient leurs biens au prorata de ce que chacun avait apporté, après quoi ils étaient libres de se marier comme ils l'entendaient. On donnait alors les filles à la femme et les garçons au père, avec recommandation de ne jamais se réunir de nouveau sous peine de mort. C'était une loi qui s'observait avec la plus grande rigueur.

Les Mexicains pratiquaient aussi le baptême, de la manière suivante : ils scarifiaient les oreilles et le membre des nouveau nés (c'est-à-dire qu'ils pratiquaient la circoncision); mais cette coutume se pratiquait principalement pour les enfants des rois et des grands seigneurs.

A la naissance, si c'était un garçon, les prêtres le lavaient,

puis ils lui mettaient à la main droite une petite épée et à
la main gauche un petit bouclier; ils faisaient cela quatre
jours de suite, pendant que les parents offraient aux dieux
de riches présents en son honneur; si c'était une fille,
après l'avoir lavée quatre fois, ils lui mettaient entre les
mains un petit appareil pour filer et un modèle de tapisserie
pour tisser.

Ils plaçaient au cou d'autres enfants un carquois rempli
de flèches et des arcs à leurs mains, et quant aux enfants du
peuple, ils leur donnaient les insignes des astres sous l'influence desquels ils étaient nés ; ce dont avaient décidé les
astrologues. Si le signe avait décidé que tel enfant serait
peintre on lui mettait un pinceau à la main; si tel autre devait
être charpentier, on lui donnait une petite hache et ainsi de
suite. Toutes ces cérémonies se passaient devant le représentant de l'idole qui, ainsi que nous l'avons dit, était un
esclave que l'on sacrifiait le jour de la fête du Dieu, et celui-
ci étant mort, on en offrait un autre qu'on livrait aux prêtres,
et chaque année on renouvelait le présent afin que jamais ne
manqua la représentation vivante du Dieu. Aussitôt que cet
homme entrait en exercice, on commençait par le bien laver,
on le vêtait des ornements et des insignes de l'idole dont il
portait le nom et, pendant une année entière, il allait par la
ville, honoré, respecté, adoré comme le dieu même; il était
toujours suivi de douze hommes de garde pour empêcher sa
fuite et, suivi de cette garde, il pouvait aller où il voulait, et si
par hasard il s'échappait c'était le chef des gardes qui prenait
sa place et que l'on sacrifiait. Cet Indien occupait l'apparte-
ment le plus en honneur dans le temple; il y mangeait et
buvait, et c'était là que les seigneurs et les grands venaient le
servir et l'adorer ; c'est là qu'ils lui apportaient à manger avec
tout le cérémonial en usage pour les princes; quand il se
promenait dans la ville, il était accompagné de seigneurs et
de grands personnages et il avait à la main une petite flûte

dont il jouait pour avertir les gens de sa présence, et aussitôt les femmes venaient au devant de lui avec leurs enfants sur les bras et elles les lui montraient en s'inclinant comme devant un dieu. La population, en général, faisait de même. La nuit on l'enfermait dans une cage à forts barreaux de bois pour qu'il ne pût s'échapper et cela jusqu'au jour de fête où on le sacrifiait, ainsi que nous l'avons dit.

CHAPITRE IV

DE L'IDOLE APPELÉE « QUETZALCOHUATL » DIEU DES CHULULTECS,
QUI ÉTAIENT DES MARCHANDS RENOMMÉS DE CETTE TERRE

Quoique, dans le chapitre précédent, nous ayons dit en substance tout ce qui touchait au culte des dieux que les Indiens adoraient, cependant comme il s'agit d'une idole appelée *Quetzalcohuatl*, spéciale aux marchands de cette région, habitant une grande ville du nom de *Chulula;* que ces gens étaient riches et qu'ils adoraient leur dieu dans des cérémonies extraordinaires et somptueuses, nous lui consacrerons une mention particulière. Tous les marchands adoraient et fêtaient à qui mieux mieux cette idole, si bien, que le jour où l'on célébrait sa fête ils dépensaient tout ce qu'ils avaient gagné dans l'année afin d'étaler aux regards des villes voisines la grandeur et la richesse de *Chulula*. Le temple de cette idole était des plus remarquables ; dans une pièce longue et large la statue du dieu se trouvait placée sur un autel richement décoré, avec autour d'elle une profusion de richesses, or, argent, joyaux, plusieurs riches étoffes précieuses et d'un travail exquis. Cette statue avait le corps d'un homme avec une tête d'oiseau dont le bec était surmonté d'une crête et de verrues, et dont la langue protubérante avait une rangée de dents. La figure était jaune, du bec à la moitié du visage que partageait une bande noire allant des yeux jusqu'au-dessous du bec ; elle avait sur la tête une mitre de papier pointue, noire, blanche et rouge ; de cette mitre pendaient des bandelettes peintes terminées par des anneaux; elle portait au cou un large ornement d'or, imitant des ailes de papillon, reliées par un nœud de peau de chevreuil rouge; elle s'enveloppait dans une draperie brodée noire, rouge et mêlée de plumes avec des intervalles blancs; elle avait aux jambes des chausses d'or et aux pieds des sandales d'or; elle avait à la main droite un instrument de bois en forme de faucille et à la main gauche un bouclier de plumes blanches et noires, provenant toutes d'oiseaux de mer, avec de grandes franges très épaisses de ces mêmes plumes. C'était là le costume ordinaire de l'idole, costume que l'on modifiait en diverses solennités.

On célébrait la fête de ce dieu, de la manière suivante : quarante jours avant la célébration de cette fête, les marchands se procuraient un esclave bien fait, sans tache ni tare, et sans imperfection ni cicatrice provenant de maladies, coups ou blessures. On le revêtait du costume même de l'idole pour qu'il la représentât pendant ces quarante jours; avant de le vêtir, on le purifiait en le lavant deux fois dans le réservoir que les Indiens appelaient le réservoir des dieux, et, une fois purifié, on l'habillait identiquement comme l'idole. Pendant ces quarante jours, cet homme était fort vénéré et quand il sortait il avait une garde d'honneur et une foule de gens qui l'accompagnaient. On le mettait en cage pendant la nuit afin qu'il ne pût s'échapper; on l'en tirait le matin pour le mettre en un lieu proéminent où on s'empressait à lui servir des mets choisis, et lorsqu'il avait mangé on lui mettait des guirlandes de roses au cou et des rameaux verts à la main. Les gens l'accompagnaient alors par la ville où il allait chantant et dansant afin qu'on le reconnût pour l'image du dieu; et, dès qu'il se mettait à chanter, les femmes et les enfants sortaient aussitôt de leurs maisons pour le saluer et lui offrir des présents comme à un dieu.

Neuf jours avant la célébration de la fête, deux vénérables vieillards, dignitaires du temple, se présentaient devant lui et, s'inclinant, lui disaient à voix basse et très humblement : « Seigneur, sache que dans neuf jours tu n'auras plus à chanter, ni à danser, car il te faudra mourir. » Il répondait alors : « Que la volonté de Dieu s'accomplisse. » Les Indiens appelaient cette cérémonie, *Neyolmaxiltiliztli* qui voudrait dire l'*Avertissement*; et quand ils annonçaient cette fatale nouvelle au prisonnier, ils le regardaient avec la plus grande attention, et s'ils le voyaient s'attrister et ne plus danser avec le même entrain que de coutume et comme il leur plaisait de voir, ils se livraient à une pratique répugnante, qui consistait à enlever des couteaux de sacrifice tous les fragments de sang coagulé qui leur étaient restés des précédentes opérations; ils composaient de ces affreux débris une boisson qu'ils mélangeaient de cacao et qu'ils lui donnaient à boire, persuadés que cela lui enlevait la mémoire, qu'il recouvrait insensiblement sa bonne humeur et qu'il acceptait la mort avec joie, cette boisson l'ayant ensorcelé; et s'ils tenaient tant à lui enlever tout signe de tristesse, c'est que cette tristesse eut été de très fâcheux augure et l'annonce de quelque grand malheur. Le jour de la fête arrivé, vers les minuit, après avoir régalé le prisonnier de musique et d'encens, les sacrificateurs s'en emparaient et le sacrifiaient selon la coutume; ils offraient alors le cœur à la lune, puis le jetaient à l'idole, après quoi ils lançaient le corps au bas des degrés du temple où le recueillaient ceux qui l'avaient offert, c'est-à-dire les marchands dont c'était la fête; ceux-ci emportaient le cadavre à la maison du plus riche d'entre eux, où on en confectionnait des plats divers pour célébrer au lever du soleil le banquet de la cérémonie. On commençait par rendre grâce à l'idole par une danse qu'ils célébraient en attendant le jour et pendant que se préparaient les chairs de la victime. Tous les marchands se joignaient à ce banquet

et spécialement ceux qui se livraient au commerce des esclaves
et qui tous les ans étaient chargés de fournir un sujet représentant le dieu.

Cette idole était, nous l'avons dit, l'une des principales de
ce royaume et le temple qui lui était consacré jouissait d'une
grande renommée : l'escalier de la pyramide sur laquelle il
s'élevait comptait soixante marches et la plateforme qui la
terminait était très curieusement blanchie à la chaux. Au
milieu se trouvait une grande pièce ronde, ressemblant à
un four, et dont la porte était si étroite et si basse qu'il fallait
se baisser beaucoup pour y entrer. Ce temple possédait les
mêmes appartements que les autres temples, et qu'habitaient
les prêtres, les jeunes garçons et les jeunes filles dont nous
avons parlé. Cette jeunesse était gouvernée par un seul
prêtre qui ne la quittait jamais et que l'on appelait le *semai-
nier* ; car, en supposant qu'ils fussent trois ou quatre religieux
affectés au service d'un temple, chacun d'eux servait une
semaine sans pouvoir s'éloigner un instant ; l'office du semai-
nier, en dehors de l'enseignement des jeunes élèves, consistait à faire résonner chaque matin un grand tambour à
l'heure où le soleil se lève, comme nous le faisons pour
sonner l'*Angelus*. Ce tambour était si grand que sa grosse
voix rauque s'entendait par toute la ville : à ce bruit, les gens
gardaient un si profond silence que l'on eût cru la ville
déserte ; toute transaction s'arrêtait, et la population s'inclinait
dans une tranquillité recueillie. A l'aube, quand le jour paraissait, il le faisait retentir de nouveau, en signe du lever du jour,
de sorte que les voyageurs et les étrangers, à ce signal, se
hâtaient de poursuivre leur route n'ayant pu jusqu'à cette
heure, sortir de la ville. Ce temple avait une cour de moyenne
grandeur, où, le jour de la fête du dieu, l'on donnait de
grands bals, des réjouissances et de gracieux intermèdes ; il
y avait à cet effet un petit théâtre de trente pieds carrés, que
l'on enguirlandait et que l'on décorait ce jour-là avec tout le

luxe possible : on l'entourait d'arceaux composés de toutes
espèces de roses et de plumes aux plus brillantes couleurs; on
y entremêlait une foule d'oiseaux, de lapins et d'autres bestioles inoffensives. C'était là que les gens se rendaient après
leurs dîners; les acteurs de ces intermèdes ou de ces farces
paraissaient alors simulant des sourds et des enrhumés, des
boiteux, des aveugles et des manchots, qui venaient demander
leur guérison à l'idole : les sourds répondaient par des coqs-
à-l'âne, les enrhumés arrivaient toussant et se mouchant et les
boiteux boitant et se plaignant de leur infirmité, faisaient rire
les assistants; d'autres venaient déguisés en reptiles, d'autres
en scarabées, en crapauds et en lézards, et tous, selon leurs
déguisements, improvisaient des fables et des plaisanteries
que goûtaient fort les spectateurs.

Ils imitaient également toutes sortes de papillons et
d'oiseaux de couleurs diverses, au moyen de vêtements tirés
du temple et dont ils revêtaient des enfants qui se pendaient
dans les branches d'arbres plantés dans la cour du temple, où
les prêtres les couvraient de petites balles avec des sarbacanes.

Ces amusements se terminaient par un grand bal; et c'est
ainsi que se célébraient les principales fêtes.

La figure de l'idole *Quetzalcohuatl,* dont le nom veut dire
serpent aux plumes riches est celle reproduite par la planche XXVI.

En dehors de ces idoles, les Indiens en avaient beaucoup
d'autres, dont les rites et les cérémonies étaient à peu près
les mêmes et dont nous ne dirons rien. Nous parlerons
cependant d'un autre sacrifice qu'ils pratiquaient dans certaines fêtes, et qu'ils appelaient *Tlacaxipehualiztli,* qui veut
dire *écorchement des hommes,* parce que, dans certaines fêtes,
ils prenaient un esclave, ou des esclaves selon que le besoin
s'en faisait sentir; ils les décapitaient, puis les écorchaient
et revêtaient de leurs peaux certaines personnes désignées
à cet effet, celles-ci se répandaient dans les maisons et dans

les marchés des villes en chantant et en dansant ; tout le
monde était tenu de leur offrir quelque chose et ils frap-
paient à la figure avec un morceau de cuir plein de sang
coagulé ceux qui ne leur donnaient rien. Cette cérémonie durait
jusqu'à ce que les dépouilles fussent corrompues et pendant
ce temps, les danseurs, recueillaient d'abondantes aumônes
qui se convertissaient en choses utiles pour le service des
dieux.

Dans plusieurs de ces fêtes on organisait un combat entre
le sacrificateur et le sacrifié ; cela se passait de la manière suivante : les Indiens attachaient l'esclave par le pied sur une

Planche XXVI. — Quetzalcohuatl, dieu Cholultecas..

grande pierre ronde ; ils lui mettaient en mains une épée et
un bouclier avec lesquels il avait le droit de se défendre le
mieux qu'il pouvait. Le sacrificateur, également armé d'une
épée et d'un bouclier, s'avançait alors et si le sacrifié sortait
vainqueur de ce combat, il était non seulement gracié, mais

traité comme un grand capitaine; mais, s'il était vaincu, il était sacrifié sur la pierre même où il avait combattu.

La planche XXVII représente ce combat.

Ces Indiens avaient aussi des déesses, dont la principale se nommait *Toci*, ce qui veut dire, *notre aïeule*, et qui, nous l'avons rapporté dans l'histoire des rois, était la fille du roi de *Culhuacan*. Cette jeune princesse fut la première victime qu'ils écorchèrent sur l'ordre de *Huitzilopuchtli* et qui, dès lors, devint sa sœur. Depuis cette époque, les Mexicains pratiquèrent cet écorchement dans leurs sacrifices, prétendant que leur dieu voulait être adoré de cette manière. Quant

Planche XXVII. — Combat entre un sacrificateur et un esclave.

à la coutume d'arracher les cœurs, ce fut le dieu lui-même qui la leur enseigna lorsqu'il les arracha à ceux qu'il avait châtiés à Tula, ainsi que nous l'avons raconté dans l'histoire du Mexique. C'est ce qui nous explique pourquoi ces révoltantes pratiques ne soulevèrent pas l'indignation des peuples. Elles étaient imposées par le démon lui-même qui, en cas de désobéissance, les eût châtiés fort cruellement, et c'est aussi pourquoi ils avaient pour ce dieu tant de respect et de crainte.

Nous allons, dans le chapitre suivant, parler de quelques-unes de ces déesses qui se ressemblent toutes un peu.

DÉESSES

DE L'UNE D'ELLES QUI S'APPELAIT « TOCI », CE QUI VEUT DIRE
« NOTRE AIEULE »
ET QUI ÉTAIT FILLE DU ROI DE CULHUACAN

L'une de ces déesses eut un fils, grand chasseur, que les
Tlaxcaltèques choisirent pour leur dieu; car ils étaient eux-
mêmes de grands chasseurs, leurs terres étant des mieux dis-
posées pour la chasse. Ceux-ci, en riches seigneurs qu'ils
étaient, ne dépensaient pas moins pour leurs fêtes que les
nations d'alentour; mais les chasseurs se distinguaient tout
particulièrement. Lors de leurs fêtes ordinaires, ils avaient
l'habitude de se réunir au lever de l'aurore; appelés par le
son des conques, ils arrivaient munis d'arcs et de flèches, de
filets et d'autres instruments de chasse; ils portaient leur
dieu et, suivis d'une immense foule de gens, ils se dirigeaint
vers la cîme de la montagne où l'on avait planté des bosquets au milieu desquels s'élevait un autel magnifiquement
décoré; ils s'avançaient avec grand bruit de trompes, de conques marines, de flûtes et de tambours. Arrivés à une certaine
hauteur, ils entouraient la montagne et mettaient le feu aux
herbes d'où s'échappaient une multitude d'animaux, chevreuils, daims, lapins, lièvres, renards, loups, etc., qui fuyaient
devant le feu pour gagner la cîme de la montagne; les chasseurs les poursuivaient en poussant de grands cris, en souf-
flant dans leurs conques et les accompagnaient jusqu'à la cîme,
aux pieds de l'idole, où les animaux se trouvaient en si grand

nombre, qu'ils roulaient les uns sur les autres, les uns se jetant sur les gens, les autres bondissant sur l'autel au milieu des cris de joie des chasseurs. Ceux-ci s'emparaient donc d'une foule de pièces. Ils sacrifiaient à l'idole les chevreuils et les grands animaux en leur arrachant le cœur comme ils avaient l'habitude de le faire dans les sacrifices humains, et, ce devoir accompli, ils se chargeaient de toutes les victimes qu'ils ramenaient, ainsi que l'idole. Ils rentraient en ville au son de leurs instruments et se rendaient au temple où ils replaçaient l'idole avec la plus grande vénération. Tous alors s'occupaient de la

Planche XXVIII. — Divinité des Tlaxcaltèques, dieu de la chasse.

cuisson de ces victuailles, immense festin auquel ils invitaient tout le monde. Le repas terminé, ils procédaient à leurs cérémonies et danses accoutumées en l'honneur de la divinité dont la figure est représentée, planche XXVIII.

Ces gens avaient aussi leur calendrier, d'après lequel ils notaient leurs fêtes, qu'ils célébraient, nous l'avons dit, tous les vingt jours, qui composaient leurs mois et n'en

contenaient pas davantage. La semaine était de treize jours
que les Indiens représentaient au moyen de figures diverses
de reptiles et de bestioles, chacune désignant un jour, comme
cela se verra dans la planche qui reproduit la semaine, planche XXIX. Ces mêmes figures servaient pour le mois en y
ajoutant d'autres figures pour désigner les sept autres jours
qui en manquaient. Ces figures servaient encore à l'appellation
des enfants, selon le jour de leur naissance; on les nommait

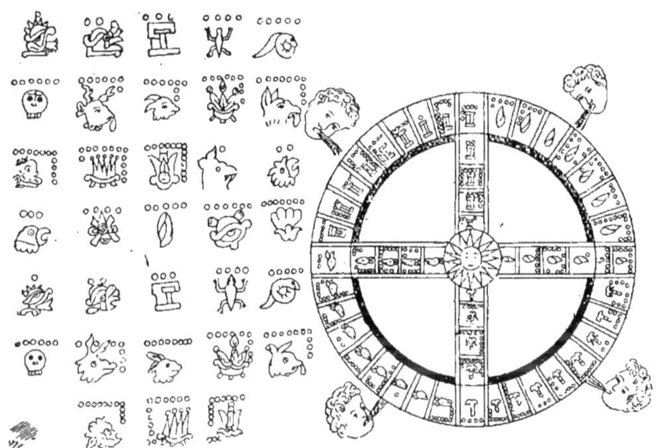

Planche XXIX. — Calendrier mexicain.

donc couleuvre, lapin, lézard, etc. Chacune de ces figures,
d'après les nécromanciens et les devins, comportait une signi-
fication et répondait à une destinée, destinée que l'on prédisait
à l'enfant d'après le jour où il était né. Ces mêmes figures se
répétaient chaque semaine et chaque mois, sans addition,
sauf pour le nombre des jours jusqu'à la fin de l'année qu'ils
distinguaient par quatre signes seulement.

Ils appelaient la première année, maison, la seconde, lapin,
la troisième, roseau, qu'ils représentaient par un petit tronc
épanoui en deux palmes vertes; quant à la quatrième, ils l'appelaient silex, qu'ils représentaient par une pointe de flèche

parce que généralement leurs pointes de flèche et leurs lances
étaient en silex. Avec ces quatre signes, ils comptaient et énu-
méraient tous les événements, qui se succédaient dans le
temps, et spécialement les plus mémorables, disant à tel silex,
ou à telle maison de tel siècle, il est arrivé telle chose. Le siècle était de *cinquante-deux ans*, au bout desquels on procédait
à une cérémonie qui avait lieu la dernière nuit qui terminait *la
roue*, ce qui veut dire le siècle.

Cette nuit-là, les Indiens brisaient tous leurs vases et étei-
gnaient tous les feux, disant : que c'était à la fin d'un siècle
que le monde devait finir, que c'était peut-être celui-là même
auquel ils assistaient, et que, puisque c'était la fin de toutes
choses, ils n'auraient plus besoin désormais ni de rien cuire,
ni de manger, qu'en conséquence ils n'auraient plus besoin
ni de feu, ni d'ustensiles et qu'il ne leur restait plus qu'à se
débarrasser de leurs batteries de cuisine. Le signe qui devait
leur annoncer cette fin du monde, c'était la disparition du
soleil qu'on ne reverrait plus à l'horizon. Ces Indiens veillaient donc toute la nuit, attendant avec l'anxiété la plus
vive que l'aurore naquît, et lorsqu'ils voyaient se dessiner le
jour, ils faisaient retentir les flûtes, tambours, conques marines et autres instruments en signe d'allégresse, disant que
Dieu leur accordait un autre siècle de *cinquante-deux ans*.

Le premier jour de ce nouveau siècle, ils allumaient un
feu nouveau, achetaient des vases neufs pour préparer leurs
aliments, puis tous se rendaient là où le grand prêtre avait
fait jaillir ce feu nouveau ; ils étaient précédés par une procession solennelle de gens qui comme eux allaient rendre
grâce aux dieux de leur avoir envoyé le soleil et de leur
avoir accordé la vie pour un autre siècle encore. Ils peignaient cette roue qui représentait le siècle, de quatre
couleurs différentes, chaque treize années ayant leur couleur
et spécifiant les propriétés que les années de chaque
treizaine pouvaient avoir, tenant les unes pour malheureuses

et stériles, les autres pour heureuses et abondantes ; toutes plus ou moins, selon les considérations diverses qu'ils attachaient aux unes et aux autres.

Leur manière de compter les années sur cette roue était circulaire, entremêlant les quatre signes comme nous l'avons dit. Pour bien se faire entendre, ils plaçaient sur chaque signe son numéro d'ordre par un ou plusieurs zéros, commençant à compter depuis la croix qui est au milieu de la roue près de la figure du soleil, passant à la figure qui suc-

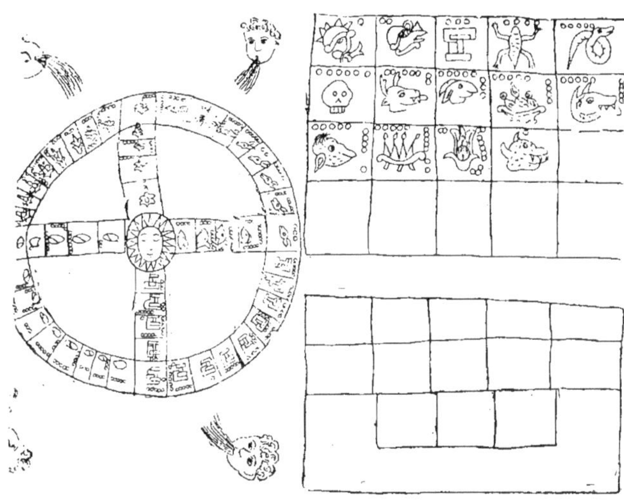

Planche XXX. — Calendrier mexicain.

cède à la première, c'est-à-dire de *maison* à *lapin,* puis à *roseau* et à *silex,* etc. Ces quatre signes de l'année servaient également pour les jours de la semaine et pour les mois, car les Indiens les tenaient pour les quatre figures principales et capitales du calendrier, de sorte qu'elles entraient dans tous leurs computs des temps. Leur année avait le même nombre de jours que la nôtre ; elle commençait à l'époque où les plantes poussaient un nouveau jet jusqu'à l'année suivante où elles recommençaient à germer. C'était donc en mars, quand les plantes reverdissaient, et c'est pour cette raison qu'ils appelaient l'année *Xihuitl*, qui signifie les feuilles vertes ; quant à la roue ils l'appelaient *toximolpili* et *Xiutlal-pili*, qui veut dire un *faisceau de feuilles vertes*, c'est-à-dire un faisceau d'années. Ils avaient leurs bissextiles comme nous et qu'ils appelaient les *jours inutiles*, et voilà tout ce que je puis dire de la manière dont ces Indiens comptaient le temps et dont les planches XXIX et XXX représentent le calendrier.

FRAGMENTS

NUMÉRO I

NOTICES RELATIVES AU RÈGNE DE « MOTECUCZUMA ILHUICAMINA

Les principaux personnages mexicains étant réunis, le roi leur fit part de ce que demandait le roi de *Tetzcuco*, et tous donnèrent la parole à *Tlacaellel*, qui répondit : « Puissant seigneur, nous acceptons tous la paix avec plaisir ainsi que les trêves, mais à la condition que nous ne perdions rien ni de notre autorité, ni de nos droits; il ne faut pas que les nations qui nous entourent puissent croire que nous avons accepté ces trêves par crainte ou timidité et que toutes, voisines ou lointaines, veuillent en conclure avec nous, trêves qui seraient pour nous sans utilité comme sans profit. Il faut que ces peuples comprennent bien que nous sommes assez puissants pour soumettre le monde et qu'ils soient convaincus que nous avons soumis *Tetzcuco*, cette ville si riche et si grande. Il sera donc convenu que les gens de *Tetzcuco* viendront à notre rencontre avec le plus grand nombre d'hommes qu'il leur sera possible et que nous irons au devant d'eux dans la plaine de *Chicunauhtla* ou de *Chiquiuhyotepetl*, placés sur leur territoire, ou nous ferons savoir qu'ils nous ont défiés. Là, nous ferons, les uns et les autres, le simulacre de nous livrer bataille; mais dès la première rencontre, nos adversaires devront tourner casaque et s'enfuir jusqu'à leur capitale où nous les suivrons sans tuer ni blesser aucun

d'eux; nous feindrons de faire des prisonniers et la poursuite
ira jusqu'à *Tecuciztlan* ; arrivés là, les capitaines seulement et
les seigneurs continueront jusqu'à *Tololtzinco* et là, le roi de
Tetzcuco fera mettre le feu à son temple, et la guerre sera
terminée; nous resterons par le fait victorieux avec une
gloire sans tache, tandis que nos adversaires n'auront subi
ni dommage ni vraie défaite ; mais leurs ouvriers resteront
à notre disposition quand nous aurons besoin d'eux ; et nous
laisserons les nations et les villes voisines profondément
impressionnées de notre victoire. Le roi et l'assemblée
approuvèrent la combinaison de *Tlacaellel*, et il fut chargé
d'aller trouver le roi de *Tetzcuco* pour lui dire ce qu'on avait
résolu. Celui-ci accepta cette combinaison et donna des
ordres pour que tout se passa comme il avait été convenu.
La comédie terminée et les Mexicains ayant imposé à Tetzcuco les lois qu'ils imposaient aux vaincus, la paix fut
signée.

Ce roi *Motecuczuma* le vieux régna douze ans en paix et
tranquillité, obéi et respecté de toutes les villes et provinces
voisines : ce fut, à cette époque, qu'à l'imitation de Salomon
et sur le conseil de *Tlacaellel* et des grands de sa cour, il
commença la construction du temple qu'il voulait élever à
son dieu *Huitzilopuchtli* ; à cet effet, il convoqua tous les rois
et seigneurs des provinces vassales pour qu'ils envoyassent
leurs gens et des matériaux.

Pour les ornements et les grandes figures, il fallait de
grands blocs ; voyant les gens de toutes les provinces accou-
rir à ses ordres, le roi et *Tlacaellel* envoyèrent des messagers
près des seigneurs de *Chalco,* les suppliant de vouloir bien les
aider en cette circonstance puisqu'ils avaient les plus beaux
matériaux dans leur territoire; les quatre seigneurs chargés
de cette ambassade, en expliquèrent le but au roi de *Chalco*
qui les reçut très froidement, les engageant à revenir un
autre jour pour avoir sa réponse.

Ils revinrent le jour suivant et on leur répondit que les *Chalcas* étaient bien résolus à ne rien accorder de ce qu'on leur demandait et qu'en cas de besoin, ils prendraient les armes ; ce fut toute la réponse que les envoyés rapportèrent à leur roi et à *Tlacaellel*.

Les *Chalcas* se préparèrent immédiatement à la guerre contre les Mexicains, qui s'y préparèrent également, et qui, sous les ordres de leur général *Tlacaellel*, sortirent en grand nombre de Mexico.

Les deux armées en vinrent aux mains et se battirent avec tant de valeur que le combat dura tout le jour, sans avantage marqué pour l'une ou l'autre armée, toutes deux perdant un grand nombre des leurs. La nuit venue, les Mexicains se retirèrent à Mexico, de crainte de quelque mouvement des villes vassales; mais, pour fatiguer les *Chalcas*, *Tlacaellel* envoya, pendant cinq jours de suite, des escouades de troupes fraîches escarmoucher avec eux, escarmouches dans lesquelles les *Chalcas* eurent le dessous; le sixième jour, les Mexicains, quelque peu réconfortés, reposés et bien armés, allèrent trouver l'ennemi dans l'endroit où ils l'avaient laissé et l'attaquèrent avec une telle vigueur, qu'ils le firent reculer jusqu'à *Tlapitzahuayan* ; là, le combat cessa; chacune des deux armées établit ses gardes et se reposa cinq jours. En cette occasion, *Motecuczuma*, *Tlacaellel*, ainsi que les gens de la cour firent vœu de célébrer une grande fête en cas de victoire et de sacrifier à leur dieu tous les *Chalcas* qu'ils feraient prisonniers.

Le cinquième jour, les deux armées se chargèrent de nouveau et les Mexicains firent reculer les *Chalcas* jusqu'en un lieu appelé *Cohuatitlan*, qui se trouve du côté de *Tepopolan*, mêlée dans laquelle périrent une foule de *Chalcas*. On raconte qu'il n'y eut pas un soldat, voire même un enfant de l'armée mexicaine qui n'eût tué ou fait prisonnier un ou deux *Chalcas;* de sorte que le nombre des captifs dépassa cinq cents.

Tous furent sacrifiés au dieu *Huitzilopuchtli*, ainsi que les Mexicains en avaient fait vœu.

Le sacrifice de feu que les Mexicains offraient à leur dieu se pratiquait de la manière suivante : ils faisaient un grand feu dans un énorme trou, qu'ils appelaient foyer divin, dans lequel ils jetaient les victimes vivantes ; mais avant qu'elles n'expirassent, ils leur arrachaient le cœur qu'ils offraient à leur dieu et teignaient de leur sang les escaliers et l'intérieur de la pièce.

Les Mexicains, gorgés de chair humaine, se mirent en campagne le jour suivant et rencontrèrent les *Chalcas* entre *Tepopolan* et *Amecameca* : les armées en vinrent aux mains et la bataille dura toute la journée avec pertes énormes des deux côtés. Dans cette rencontre, les *Chalcas* tuèrent trois frères de *Motecuczuma* et comptèrent un cousin germain du roi de Mexico parmi leurs captifs ; c'était un jeune homme des plus vaillants nommé *Ezhuahuacatl* et dont ils voulurent faire leur roi.

Les *Chalcas* lui ayant fait part de leur intention, il répondit que cela était fort bien, mais il leur demanda que, avant de procéder à son élection et avant que lui-même donnât son consentement, ils voulussent bien faire dresser un mât d'une vingtaine de brasses et qu'ils y fissent construire une plate-forme pour se divertir avec les Mexicains. Il avait dit à ceux-ci qu'il mourrait avec eux si on ne leur rendait à tous la liberté, qu'il préférait mourir que régner, et que, du reste, il y était résolu en partant pour la guerre. Les *Chalcas* firent aussitôt dresser le mât et l'avertirent qu'il était prêt. Il sortit alors avec tous les Mexicains prisonniers après les avoir priés de se munir d'un tambour, au son duquel ils se mirent tous à danser autour du mât. Après la danse, il prit congé de ses Mexicains en leur disant : « Mes amis, je vais mourir en brave. » Puis, il grimpa jusqu'à l'extrémité du mât et ayant atteint la plateforme, il se mit de nouveau à chanter et à danser, puis il s'écria : « *Chalcas*, vous saurez que vos jours serviront à payer ma mort, que vous deviendrez les esclaves de mes fils et de mes neveux et que mon sang royal sera payé par le vôtre. » Ce disant, il se jeta du haut en bas et fut mis en pièces.

Épouvantés autant que surpris, les *Chalcas*, frappés de terreur par le discours du prince mexicain, exterminèrent les autres prisonniers à coups de flèches; c'était leur manière de sacrifier, car, leur dieu étant le dieu de la chasse, c'était ainsi qu'ils lui offraient des victimes.

Les Mexicains, désespérés de la mort de tant d'illustres guerriers et résolus de les venger, se rendirent sur le champ de la dernière bataille avec tous les hommes valides de Mexico; cet endroit se trouvait dans le voisinage des maisons d'*Amecameca* et près d'une colline appelée *Itztopatepec;* ce fut là qu'ils firent halte et qu'ils dressèrent leurs tentes avec le serment de ne revenir à Mexico que morts ou victorieux. Ce fut aussi là que les rejoignirent les Chalcas encore que redoutant un mauvais sort; les Mexicains gagnèrent, en effet, la bataille de *Amecameca* et *Chalco :* ils respectèrent les femmes et les vieillards qui leur jurèrent obéissance comme vaincus.

D'autres disent que cette guerre dura trois ans. Les *Chalcas* vaincus, *Motecuczuma le vieux* voulut que l'on perçât les narines de tous ceux qui s'étaient distingués dans cette guerre et qu'ils entrassent à Mexico, avec des plumes et des bijoux d'or enchâssés dans leurs narines en manière de moustaches, traversant de part et d'autre les cartilages : ce qui fut fait. Mais il voulut que les plus braves des *Chalcas* fissent de même, disant qu'ils devaient partager l'honneur puisqu'ils s'étaient distingués par la même bravoure que les Mexicains; et depuis cette époque les deux peuples restèrent amis et alliés.

Les Mexicains, de retour dans leur ville, se reposaient après avoir enterré leurs morts; quand le roi *Motecuczuma* apprit que les gens de *Tépéacac* avaient assassiné tous les marchands de *Mexico*, de *Tetzcuco*, les *Tepanecs* et les *Coyohua-cas* qui fréquentaient de conserve les marchés des environs. Il appela immédiatement *Tlacaellel* et ses conseillers, leur conta ce qui s'était passé, et, d'un commun accord, tous résolurent de faire la guerre aux gens de *Tépéacac*. On leur envoya donc quatre hauts personnages, qui, en arrivant à *Tépéacac*, s'entretinrent avec le seigneur du pays et lui dirent que *Motecuczuma*, *Tlacaellel* et tout le peuple mexicain lui envoyaient un bouclier, une épée et des plumes, pour qu'il en ornât sa tête et qu'il les attendît; qu'ils avaient résolu de venger leurs morts et qu'ils lui déclaraient la guerre. Le roi de *Tépéacac*, nommé *Coyolcul*, leur répondit qu'ils s'en allassent à la grâce de Dieu, qu'il se réjouissait de ce qui s'était passé et qu'ils fissent tout ce que bon leur semblerait.

Motecuczuma, au reçu de cette nouvelle, réunit ses troupes, prépara son matériel de guerre et se mit en route. Peu à près il arrivait à une montagne appelée *Cohuapetlayo*, qui se trouve près de la ville de *Tépéacac*, et, de là, il envoya ses Mexicains et ses alliés explorer le pays et s'informer des moyens de résistance que pouvait offrir l'ennemi; et lorsqu'il apprit que les gens de *Tépéacac* ne s'étaient en rien préoccupés de cette guerre, *Motecuzuma* se montra très offensé; il donna l'ordre aux troupes de se séparer, leur indiqua les postes qu'elles devaient occuper dans le combat et les assura que tout serait terminé avant le lever du jour. L'armée se divisa en quatre corps : l'un s'en fut à *Tecalco*, le second à *Quauhtlinchan*, le troisième à *Acatzinco*, et le quatrième resta près de *Tépéacac*, et tous, vers la quatrième heure, firent leurs signaux, se concentrèrent en un point, et à l'heure convenue, se jetèrent sur les gens de *Tépéacac,* prirent d'assaut le temple et le palais, massacrant les hommes et dépouillant les maisons, s'emparèrent des quatre villes, de sorte que, lorsque le soleil parut à l'horizon, tout était en leur pouvoir comme *Motecuczuma* le leur avait promis. Mais les gens de *Tépéacac* soit crainte, soit lâcheté, ne se défendirent point ; on dit seulement que les personnages principaux de la ville, leur prince en tête, s'avancèrent en pleurant, les mains croisées, au devant des Mexicains devant lesquels ils se prosternaient, criant miséricorde, demandant pardon de leur méfait et s'offrant comme esclaves et vassaux.

Dans la onzième année du règne de *Motecuczuma* le vieux, il y eut de grandes chutes de neige ; il neigea pendant six jours consécutifs et la neige, dans les rues, vous montait jusqu'aux genoux.

A cette époque les Mexicains jouissaient d'une tranquillité relative, quand leur vint la nouvelle que les *Guastecas* avaient attaqué et massacré tous les marchands qui parcouraient leur province, ainsi que les divers départements de l'empire, et qu'après avoir commis ce délit, ils avaient entouré tous leurs villages de cinq enceintes de murs épais pour les défendre.

Les Mexicains, tenus au courant de ce qui se passait, prirent les armes, se mirent en route et arrivèrent bientôt en vue des ennemis ; là, d'après l'ordre de *Tlacaellel*, ils établirent une embuscade de 2,000 soldats des plus courageux qu'ils dissimulèrent sous de la paille et qui devaient s'élancer sur les derrières des *Guastecas ;* les Mexicains se retirèrent donc comme il avait été convenu, bientôt suivis par les ennemis, qui, pris entre les deux troupes, furent anéantis. Grâce à ce stratagème, les Mexicains rapportèrent de cette campagne de riches dépouilles et un grand nombre de captifs pour sacrifier à leur dieu.

Motecuczuma, voulant faire de ces captifs un sacrifice solennel, demanda conseil à *Tlacaellel* qui lui répondit : « Seigneur, il faut faire le sacrifice de l'écorchement, et pour cela il faut chercher une pierre assez grande pour qu'on puisse y procéder à la cérémonie. » *Motecuczuma* le pria de faire comme il l'entendrait, mais il voulut que la pierre fut ronde et que tout autour sur la circonférence on sculpta la guerre d'*Azcaput-*

zalco, ce qui fut exécuté, et ce fut sur cette pierre que se célébra en grande pompe le sacrifice auquel assistaient tous les seigneurs des villes et des provinces voisines.

Ce sacrifice terminé, les Mexicains envoyèrent des messagers à *Cuetlaxtlan* pour y demander des escargots et autres coquilles employées pour le culte de leurs dieux. Quand ces messagers arrivèrent à *Huilizapan* ou plutôt *Ahuilizapan*, les seigneurs de cette ville donnèrent avis de la chose au seigneur de *Cuetlaxtlan*, chez qui se reposaient les seigneurs de *Tlaxcalan;* la nouvelle étant connue, le seigneur de *Cuetlaxtlan*, entraîné par les conseils des *Tlaxcaltecs*, envoya l'ordre aux gens de *Ahuilizapan* de massacrer les ambassadeurs de Mexico et tous les marchands mexicains et leurs alliés; l'ordre fut exécuté et l'on tua tous ces malheureux, sauf deux habitants d'*Itztapalapan* qui s'échappèrent et vinrent annoncer la nouvelle à *Motecuczuma*.

Ayant appris ce qui s'était passé, *Motecuczuma* convoqua *Tlacaellel* et tout son conseil de guerre et leur donna l'ordre de se préparer à marcher contre *Ahuilizapan* (que nous appelons *Orizaba*); s'étant mis en route, les Mexicains arrivèrent bientôt près de la place, où ils établirent leur campement : ils envoyèrent des espions pour s'informer de l'ennemi et placèrent des sentinelles. Ils apprirent ainsi qu'il n'y avait aucun mouvement de troupes dans *Ahuilizapan*, quoique les gens fussent parfaitement sur le qui vive et prêts à tout événement. Les Mexicains marchèrent à leur rencontre et les attaquèrent avec tant de violence qu'ils en couchèrent un grand nombre par terre : l'ennemi se défendait, du reste, avec une telle valeur qu'il ne fit pas un moindre massacre des Mexicains; cependant, à la fin de la journée, les gens d'*Ahuilizapan*, ainsi que leurs alliés, furent défaits. Se voyant perdus, les seigneurs de *Cuetlaxtlan* et des autres villes voisines que les Mexicains pillaient et ravageaient, demandèrent pardon selon la coutume, et les Mexicains arrêtèrent la poursuite et le massacre.

De retour à Mexico avec quelques prisonniers, le roi envoya comme gouverneur de cette province de *Cuetlaxtlan*, un vaillant Mexicain nommé *Pinotl*, chargé de cimenter la paix, d'organiser l'obéissance et de veiller à la rentrée des impôts.

Il y avait dans la *Mixteca* un village fameux, où plutôt une ville appelée *Cohuayxtlahuacan* où se tenait un célèbre marché fréquenté par toutes les nations, par une infinité de marchands, mais spécialement de la province de Mexico. Les seigneurs de cette ville, je ne sais à quel propos, mandèrent à leurs sujets, de surveiller le départ des marchands de Mexico, de les surprendre et de les dépouiller sans en épargner un seul. La chose se fit comme ils l'avaient ordonnée ; seuls les gens de *Tultitlan* échappèrent en se cachant. Quelques-uns d'entre eux vinrent apporter à Mexico la nouvelle du massacre et contèrent à *Motecuczuma le vieux* ce qui s'était passé : celui-ci avisa sur-le-champ *Tlacaellel*, ainsi que les rois de *Tetzcuco* et de *Tacuba*, et fit tout préparer pour une campagne contre les gens qui leur avaient fait un tel outrage ; il avisa également toutes les villes voisines de Mexico, de sorte que l'on réunit pour combattre les *Mixtecs* l'armée la plus nombreuse qu'on eût encore vue. *Motecuczuma* voyant que *Tlacaellel* était vieux et qu'il ne pouvait entreprendre un aussi pénible voyage, nomma comme général de cette armée l'un des principaux et des plus valeureux seigneurs de Mexico, qui s'appelait *Quaunochtli* et pour lieutenant un autre seigneur appelé *Aticocyahuacatl* et leur donna l'ordre de partir.

En arrivant sur les frontières de *Cohuayxtlahuacan* les Mexicains établirent leur camp et se préparèrent au combat ; puis ils s'avancèrent en armée jusqu'à ce qu'ils aperçussent les ennemis, et les voyant venir en bon ordre, braves et vaillants, les Mexicains se jetèrent sur eux avec de grands cris et, pénétrant dans leur masse, ils en firent un tel carnage que le champ fut semé de leurs cadavres et qu'ils se retirèrent en

leur ville où les Mexicains les suivirent ; ils prirent d'assaut
le temple qu'ils incendièrent ainsi que toutes les maisons ; ils
firent également un grand nombre de prisonniers, de sorte
que les seigneurs de la ville se rendirent et vinrent implorer
miséricorde les mains croisées et se déclarant les vassaux de
leurs vainqueurs.

Les armes rendues, les *Mixtecs* se livrèrent aux Mexicains
comme vassaux et s'engagèrent à leur livrer chaque année de
riches tributs ; sur cette promesse, les Mexicains s'en retournèrent contents et glorieux, chargés de richesses et emmenant de nombreux esclaves pour sacrifier à leurs dieux.

Après leur entrée victorieuse à Mexico, *Tlacaellel* conseilla
à *Motecuczuma* de faire sculpter une pierre qui représenterait la
figure du soleil et qu'on appellerait *Quauhxicalli*, ce qui veut
dire *la coupe des aigles*. Le roi la commanda et voulut que
pour son inauguration, on sacrifia les prisonniers qu'on avait
ramenés de *Cohuayxtlahuacan*. Cette pierre est celle qu'on voit
aujourd'hui à la porte du Sagrario de la cathédrale et l'on a
l'intention d'en faire des fonts baptismaux. Cette pierre présente la figure du soleil sur sa face supérieure et, autour
de la tranche, les victoires que *Motecuczuma* Ier remporta à
Tepeacac, à *Tochpan*, dans la *Huaxteca* et à *Cohuayxtlahuacan*,
le tout admirablement sculpté au moyen d'instruments de
pierre ; car les ouvriers n'avaient pas alors d'autres outils [1].

A cette époque, où les Mexicains jouissaient de quelque
tranquillité, les *Tlaxcaltecs*, rongés par l'envie de rivaliser avec
les Mexicains et de leur nuire de quelque façon, s'en allèrent
trouver les gens de *Cuetlaxtlan* et, leur promettant aide et
secours, leur persuadèrent de secouer le joug Mexicain et de
tuer le gouverneur qu'on leur avait imposé à la dernière

---

1. Cette pierre de sacrifice, le pendant de celle bien connue de Tizoc, et l'un des
monuments les plus précieux de l'antiquité aztèque, ne fut pas convertie en fonts baptismaux ; elle resta là où la vit l'historien et fut enfouie, il y a peut-être 75 ans, sur la
grande place de Mexico, où il serait sans doute facile de la retrouver.

guerre ; ce qu'ils firent incontinent. Cette révolte occasionna le retour des Mexicains à *Cuetlaxtlan* avec un grand nombre de troupes. Les gens de *Cuetlaxtlan* s'avancèrent au devant des Mexicains ; une mêlée furieuse s'engagea dans laquelle les Mexicains restèrent victorieux. Comme les *Maceguales*, qui étaient les gens de la plèbe dans ces républiques, furent témoins de la défaite et du massacre de leurs maîtres, ils allèrent trouver les Mexicains, auxquels ils se plaignirent de leurs seigneurs et tyranneaux, disant que c'était eux qui avaient voulu la guerre, que c'était eux qu'il fallait châtier, tandis que les *Maceguales* n'y étaient pour rien, eux qui payaient les tributs et non leurs maîtres.

Les Mexicains, convaincus de la justesse des réclamations des *Maceguales*, leur ordonnèrent de s'emparer de leurs seigneurs et de les amener enchaînés. Ce qu'ils firent en toute diligence. Les Mexicains les leur remirent en garde avec ordre de les bien surveiller jusqu'à ce que *Motecuczuma* ait décidé de leur sort. En attendant, le tribut fut doublé, et jamais en cette occasion, les *Tlaxcaltecs* ne vinrent au secours des *Cuetlaxtecs*; ils restèrent cois.

L'armée de retour à Mexico, le général rendit compte au roi de ce qu'il avait fait et comme quoi toute la province de *Cuetlaxtlan* se trouvait tranquille et pacifiée : il lui dit aussi qu'il ramenait prisonniers les principaux habitants contre qui les *Maceguales* demandaient justice. *Motecuczuma*, avec son conseil, ayant examiné cette affaire, ordonna que tous ces personnages eussent la tête tranchée ; mais il voulut qu'on la leur tranchât par derrière et que cette décollation fût exécutée par deux auditeurs du conseil suprême avec l'épée à deux mains, à lame d'obsidienne. Cette exécution tranquillisa les *Maceguales* à qui on envoya un nouveau gouverneur de Mexico, et à qui l'on donna d'autres seigneurs pris dans la nation. De retour à Mexico, les officiers chargés de cette affaire en rendirent compte à l'empereur.

Motecuczuma, ayant appris qu'il y avait au *Guazacualco* une foule de choses rares en or, demanda à *Tlacaellel* s'il ne serait pas à propos d'envoyer chercher de ces choses précieuses pour en décorer le temple de *Huitzilopuchtli?* Sur l'approbation du vieux ministre, on envoya des courriers et des ambassadeurs. Ceux-ci, arrivés au *Guazacualco,* rendirent compte de leur commission, et furent reçus par les seigneurs du pays avec la plus grande bienveillance; ils s'efforcèrent de procurer aux Mexicains beaucoup plus de choses qu'ils ne demandaient, et les courriers chargés de ces présents s'en retournèrent par un village appelé *Mictlan* situé à quelques lieues de la ville de *Huaxacac.* Les gens de *Huaxacac* ayant appris leur arrivée, les attendirent à leur sortie du village de *Mictlan,* les assassinèrent, les dépouillèrent de tout ce qu'ils avaient et laissèrent leurs cadavres à la merci des vautours.

Motecuczuma, voyant que ses messagers tardaient beaucoup et qu'il n'en avait pas de nouvelle, fut pris d'une grande inquiétude sur leur sort et se préparait à les envoyer chercher, quand arrivèrent des marchands d'*Amecameca* qui venaient de *Guazacualco :* ceux-ci apportaient la nouvelle, que les gens de *Huaxacac* avaient massacré les courriers de *Motecuczuma.* Le roi en éprouva la plus vive douleur; il fit appeler *Tlacaellel,* lui conta ce qui s'était passé et lui demanda s'il n'était point juste de déclarer la guerre à ces misérables? Ils tombèrent d'accord et il fut résolu qu'on la ferait, aussitôt la construction du temple achevée, afin d'en célébrer la dédicace avec les captifs qu'on ramènerait si l'on était victorieux. On donna donc des ordres pour hâter l'achèvement du temple.

Le temple achevé, *Motecuczuma* envoya immédiatement l'ordre à tous les seigneurs de son royaume de se préparer à une guerre d'extermination contre les gens de *Huaxacac;* il leur faisait part en même temps de ce qui s'était passé et les priait d'être prêts le plustôt possible. L'armée, composée d'un nombre immense de soldats, arriva bientôt en vue de *Huaxa-cac* où elle établit ses tentes qui entouraient toute la ville, de sorte que personne ne pouvait fuir. Se voyant entourés par l'armée mexicaine, les gens de *Huaxacac* furent frappés de crainte et commencèrent à trembler. Le jour suivant, après avoir fait manger leurs troupes, les capitaines mexicains leur communiquèrent les ordres de *Motecuczuma* qui voulait que la ville fût détruite et ruinée de fond en comble, que la plaine fût dévastée, qu'il n'y restât ni une plante, ni un arbre, et qu'on ne tuât aucun des ennemis qui pourraient être pris vivants. Ces recommandations faites, l'attaque commença et les Mexicains exécutèrent en peu de temps les ordres qu'on leur avait donnés, de sorte qu'il ne resta pas un homme, pas une femme, pas un enfant, et qu'on n'épargna pas plus les vieillards que les chats. Pas une maison, pas un arbre ne resta debout et les vainqueurs, suivis d'un nombre infini d'esclaves, rentrèrent à Mexico où ils furent reçus avec les cérémonies accoutumées.

Les prisonniers de *Huaxacac* ayant été livrés pour être sacrifiés le jour de la dédicace du temple, *Motecuczuma* et *Tlacaellel*, se voyant les maîtres craints et respectés de toutes les provinces de cette terre, pensèrent que, dorénavant, il n'y aurait plus de guerre et que, par suite, ils n'auraient plus de prisonniers à sacrifier à leur dieu qui en exigeait beaucoup. Ils résolurent de remédier à cet étrange cas de la manière suivante : il fut convenu, qu'étant en état d'hostilité constante avec les *Tlaxcaltecs*, les soldats Mexicains se rendraient dans les marchés de cette province, soit à *Tlaxcalan*, *Huexotzimo*, *Cholula*, *Atlixco*, *Tliliuhquitepec* et *Tecoal*, et que là, au lieu de bijoux, ils achèteraient des prisonniers avec leur sang pour procurer des victimes à leur dieu. Le roi et son conseil trouvèrent cette combinaison parfaite parce que, outre les victimes qu'elle amènerait pour *Huitzilopuchtli*, elle aurait l'avantage d'entretenir le goût des armes chez les Mexicains, ce qui était une garantie de plus pour la sûreté de l'empire.

Et, pour que cette loi eût pleine exécution, *Tlacaellel*, au nom du roi et des grands seigneurs, publia une ordonnance disant que tout Mexicain qui ramènerait de ces marchés quelque prisonnier, serait, selon son mérite, récompensé par un ou plusieurs bijoux que lui livrerait le trésor royal; que tout individu noble ou non, fut-il de royale lignée, ne pourrait porter d'autres vêtements que ceux de la basse classe, à l'exception de ceux qu'il aurait pu conquérir dans ces marchés; ils pouvaient aussi exiger de leurs prisonniers la rançon qu'ils jugeaient à propos et que *Motecuczuma* autorisait: de sorte que, par cette guerre, on connaissait aussitôt les lâches et les vaillants, et tous ceux qui ne se montraient pas en riches costumes, fussent-ils de sang royal, passaient pour des gens de peu que l'on employait aux choses les plus viles. En résumé, c'était une loi inviolable éditée par *Tlacaellel* que l'homme qui ne jouait aucun rôle à la guerre, serait tenu pour un être méprisable, qui ne parlerait ni ne mangerait avec des braves; qu'il serait en outre repoussé de toute société honorable, qu'il serait pour ainsi dire excommunié, éliminé comme un membre pourri et sans valeur, mesures extrêmes qui valurent aux Mexicains mille vertus civiles et militaires.

Cette ordonnance fut publiée par tout le royaume avec ordre de s'y conformer le plus strictement sous peine de mort. Tout le royaume se réjouit de cette loi qui permettait aux jeunes gens de s'exercer à la guerre, d'acquérir du bien et, dans une réunion générale des grands du royaume, tous remercièrent le roi et *Tlacaellel*.

Le roi *Motecuczuma* profita de cette réunion pour s'adresser aux seigneurs de sa cour et les prier de réunir chacun autant d'hommes qu'ils pourraient, afin de réédifier et peupler la ville de *Huaxacac*. Le roi de *Tetzcuco* donna soixante hommes avec leurs femmes et leurs enfants, le roi de *Tacuba* en donna tout autant; et chaque seigneur donna ce qu'il put;

mais la ville de Mexico donna six cents de ses citoyens avec leurs femmes et leurs enfants à qui le roi ainsi qu'à tous autres octroya la terre de la province pour qu'ils se la répartissent entre eux; il nomma seigneur et vice-roi de la nouvelle ville son cousin *Atlacol*, fils de son oncle *Ocelopan*, qui fut tué dans la guerre des *Chalcas*; puis, ayant assemblé tous les émigrants, le roi leur fit une allocution pour les encourager, leur accordant droits, exemptions et privilèges, les engageant à diviser la ville en autant de faubourgs qu'il y avait de nations et à en faire une ville dans le genre de celle de Mexico. En arrivant à *Huaxacac* les nouveaux propriétaires tracèrent leur ville et la peuplèrent comme les y avait engagés *Motecuczuma le vieux*.

L'année mille quatre cent cinquante-quatre, que les Indiens appellent d'après leur calendrier *Celochtli*, ce qui veut dire *un lapin*, et les deux années suivantes, sous le règne de *Motecuczuma le vieux* et premier de nom, l'eau fut si rare dans cette terre de la Nouvelle Espagne, que les nuées parurent être fermées, comme au temps d'Élie; il ne tomba pas une goutte de pluie et le ciel se montra impitoyable, si bien, que les fontaines et les sources tarirent, que les lits des rivières furent à sec, que la terre brûlait comme incendiée, coupée de profondes crevasses, de sorte que la stérilité fut si grande et le manque de toutes choses si complet, que les hommes commencèrent à souffrir et à maigrir, qu'un grand nombre moururent de faim et que d'autres s'enfuirent pour chercher autre part des moyens de subsistance.

Le roi *Motecuczuma*, voyant que sa capitale et toutes les villes des environs se dépeuplaient et que de toutes parts ses sujets criaient famine et se plaignaient de leur grande misère, fit appeler les majordomes, intendants et trésoriers qu'il avait installés dans toutes les villes de son royaume et leur demanda quelle quantité de maïs, haricots, piments et autres semences et légumes il pouvait y avoir dans les greniers impériaux : ils répondirent que ces magasins en contenaient une quantité considérable et qui pourrait soulager en partie les souffrances de la classe pauvre. *Tlacaellel*, en homme touché de tant de misère, engagea le roi à se hâter de faire venir toutes ces provisions à Mexico. Le roi ordonna sur les conseils de son vieux ministre qu'il se fabriquerait chaque jour telle quantité de pain, telle quantité d'*atolé* et qu'un certain nombre de canoas chargées de ces vivres entreraient dans la ville, où ils seraient répartis entre les pauvres et les nécessiteux. Seulement; il voulut aussi que le pain fût converti en *tamals* et que chaque tamal fut applicable à une tête d'homme; il défendit qu'on introduisit du maïs en grains, et qu'on en introduisit autre part, sous peine de mort. Sur cet ordre, vingt canoas chargées de pain et dix chargées d'*atolé* commencèrent chaque jour à entrer à Mexico : en outre, le roi avait installé des répartiteurs qui, ayant convoqué toute la population pauvre des faubourgs, jeunes et vieux, petits et grands, leur distribuaient le pain, à chacun selon ses besoins et remettaient pour chaque enfant une grande écuelle d'*atolé*.

Après une année entière que dura cette distribution, les vivres que contenaient les greniers s'épuisèrent et le roi n'eut plus rien à offrir à ses sujets affamés; il réunit alors tous les habitants de la ville, vieux et jeunes, hommes et femmes, et leur offrit un dernier repas des restes de ses provisions, et quand ils eurent mangé, il les fit tous vêtir et leur adressa le discours le plus consolant qui fût en son pouvoir; après quoi, tous ces Indiens poussèrent de grands gémissements et fondirent en larmes.

En cette situation désespérée, tous abandonnèrent Mexico à la recherche d'une vie meilleure, cherchant à gagner certains villages que l'on disait habités par des gens riches qui les nourriraient. Les malheureux y vendaient leurs enfants et, pour un jeune garçon, on donnait au père et à la mère un petit panier de maïs, on s'engageait en outre à nourrir l'enfant tant que durerait la disette. Beaucoup parmi ces pauvres gens qui s'en allaient courir les villages, tombaient morts sur les chemins.

NOTES RELATIVES A LA CONQUÊTE, DEPUIS L'ARRIVÉE DE CORTES
A TETZCUCO, JUSQU'A LA PRISE DU GRAND TEMPLE DE MEXICO

.... *Ixtlilxuchitl* fut donc avisé que Cortes et ses amis avaient pris le chemin de traverse et qu'ils devaient arriver là où nous avons dit; il partit aussitôt, faisant le tour de *Tetzcuco*. On avait également averti *Cohuanacotzin* et ses autres frères qui s'en furent à la recherche d'*Ixtlilxuchitl*; ils le rencontrèrent accompagné de ses gens près de *Tepetlaoztloc* : ils s'embrassèrent, car c'était la première fois qu'ils se trouvaient réunis, depuis les dissensions dont nous avons parlé. Ils causèrent d'une foule de choses et *Cohuanacotzin* lui raconta ce qui se passait à Mexico, et comment le roi *Cacama* son frère était auprès de *Motecuczuma* qui l'avait chargé de recevoir les Espagnols et qu'il était venu sur l'ordre de *Cacama* préparer à *Tetzcuco* des vivres et des présents au cas où ils se décideraient à passer par là, et puisqu'il avait la certitude qu'ils devaient prendre cette route, il était convenable qu'ils les invitassent à s'arrêter dans la ville; *Ixtlilxuchitl* répondit qu'il ferait comme on le désirait.

1. Tout ce chapitre paraît avoir été biffé dans l'original. (Note de l'éditeur.)

———

CHAPITRE [V] [1]

Qui raconte comment *Ixtlilxuchitl* et ses frères reçurent les chrétiens et ce que *Motecuczuma* prépara à Mexico, quand il apprit leur arrivée à *Tetzcuco*.

Les Espagnols furent ravis, dans le haut de la montagne, par le spectacle enchanteur de tant de villes et villages. Il y eut quelque projet de retourner à *Tlaxcalan*, afin de revenir en plus grand nombre, mais Cortes les ayant harangués, s'y opposa, et l'on commença la marche sur *Tetzcuco*. Ils campèrent cette nuit dans la montagne, et comme ils cheminaient le lendemain, ils rencontrèrent à une bonne lieue de leur point de départ *Ixtlilxuchitl* et ses frères, avec une suite si nombreuse qu'elle éveilla la défiance de Cortes. Mais, grâce aux interprètes, il fut persuadé que ces gens venaient comme amis, ce dont il se réjouit fort.

Comme ils arrivaient près des chrétiens, *Ixtlilxuchitl* demanda le capitaine; on le lui montra; il se dirigea vers lui avec une joie incroyable et le salua à sa manière. Cortes répondit à son salut. Le prince de *Tetzcuco* en le voyant, resta stupéfait de voir un homme si blanc avec de la barbe et dont l'aspect avait une telle majesté; Cortes, de son côté, fut également surpris de le voir lui et ses frères, mais spécialement *Tecocoltzin* aussi blancs que des Espagnols. Le prince par l'entremise de Marina et d'Aguilar pria le capitaine de passer par *Tetzcuco*, où il s'efforcerait de le bien recevoir. Cortes y consentit et le remercia, lui disant qu'une fois dans la ville, il lui ferait connaître les raisons de sa venue. En atten-

---

1. Ce chapitre et les suivants n'ont plus de numéros d'ordre dans le manuscrit. Nous leur en donnons un pour rendre les références plus faciles.

dant et sur la prière d'*Ixtlilxuchitl*, Cortes et ses gens goûtèrent aux vivres qu'avaient apportés les Indiens de *Tetzcuco*,
après quoi les deux troupes se dirigèrent vers la ville, dont la
population se hâtait au-devant d'elles en poussant de grandes
acclamations, Les Indiens se jetaient à genou devant les
Espagnols et les adoraient comme les fils du soleil leur
dieu, disant que les temps prédits par leur cher empereur
Netzahualpitzintli étaient arrivés.

C'est de cette façon qu'ils entrèrent et qu'ils furent logés
dans le palais impérial, où nous les laisserons se reposer, pour
nous occuper des choses de Mexico. Il arrivait à tous moments des courriers de *Motecuczuma* qui se réjouissait beaucoup de la réception que ses neveux avaient faite à Cortes,
et plus encore de ce que *Cohuanacotzin* et *Iztlilxuchitl* se fussent entendus, parce que la retraite d'*Iztlilxuchitl* eut amené
la retraite des garnisons qu'il entretenait sur les frontières;
mais, de toutes façons, c'était à la grâce de Dieu.

CHAPITRE [VI]

Comment Cortes fit connaître à *Ixtlilxuchitl* par interprètes la loi évangélique, et comment le prince se fit baptiser avec ses frères, sa mère
  et grand nombre de gens, et des mesures que *Motecuczuma* prit à
  Mexico et ce qui en résulta.

Cortes, reconnaissant de l'affection et de la bonne grâce
avec laquelle l'avaient reçu *Ixtlilxuchitl* et ses frères, voulut,
en échange, et par l'intermédiaire d'Aguilar, son interprète,
leur faire connaître la loi de Dieu. Il réunit donc les frères
et quelques personnages, leur fit part de son intention et
leur dit comment l'empereur des chrétiens les avait envoyés
de si loin pour leur faire connaître la loi du Christ. Il leur

exposa le mystère de la création de l'homme et sa chute,
le mystère de la Trinité et celui de l'Incarnation pour le
rachat de l'homme, le mystère de la Passion et de la Ré-
surrection ; puis il montra un crucifix qu'il éleva et devant
lequel les Espagnols se prosternèrent, imités par *Ixtlilxuchitl*
et ses compagnons. Cortes passa ensuite au baptême et con-
cluant son discours, il leur dit que l'empereur Charles, rempli de pitié pour des créatures qui se perdaient, l'avait envoyé dans le seul but de les sauver ; il leur demandait donc
en son nom et les suppliait qu'en reconnaissance, ils se déclarassent ses vassaux ; que c'était aussi la volonté du pape
de qui maintenant ils dépendaient, et qu'il les sommait de
répondre. *Ixtlilxuchitl* lui répondit en son nom et au nom
de ses frères, qu'il avait parfaitement compris ces mystères ;
qu'il rendait grâce à Dieu qu'on l'eut éclairé ; qu'il voulait être
chrétien et reconnaître l'empereur. Il demanda qu'on lui
montrat le Christ et l'adora, ainsi que ses frères, au suprême
contentement des chrétiens qui en pleuraient de joie. Ils
demandèrent à être baptisés, et Cortes et le prêtre qui étaient
là, leur dirent qu'ils les mettraient entre les mains de gens
qui les instruiraient ; *Ixtlilxuchitl* les remercia, mais les supplia de les faire baptiser tout de suite, puisqu'ils renonçaient
dès l'instant à l'idolâtrie, ajoutant qu'ils avaient parfaitement
compris les mystères de la foi.

Quoiqu'il y eut parmi les Espagnols une grande opposition à cette mesure, Cortes consentit à ce qu'on les baptisat ;
il fut le parrain du prince et on lui donna le nom de Hernando, parce que son empereur s'appelait ainsi ; enfin, tout
se passa avec la plus grande solennité. Aussitôt que *Ixtlilxu-*
chitl et son frère *Cohuanacotzin* eurent endossé leurs vêtements royaux, ils jouirent des prémices de la loi évangélique, puisqu'ils furent les premiers baptisés, Cortes étant le
parrain du prince qu'on appela Hernando ; quant à *Cohuaña-*
cotzin il s'appela Pedro, Pedro de Alvarado étant son

parrain, tandis que *Tecocoltzin* s'appela également Fernando et ce fut encore Cortes son parrain.

Les chrétiens continuèrent ainsi à donner leurs noms aux Indiens qu'ils baptisaient, et, s'il eut été possible, on en aurait baptisé ce jour-là plus de vingt mille. En tout cas, on en baptisa beaucoup. *Ixtlilxuchitl* s'en alla aussitôt auprès de sa mère *Yacotzin* pour lui raconter ce qui s'était passé et lui dire qu'il désirait qu'elle se fît également baptiser. La princesse répondit qu'il devait avoir perdu la tête pour s'être aussi vite laissé convaincre par une poignée de barbares tels que ces chrétiens. Ce à quoi *don Hernando* en colère, répliqua, qu'à tout autre que sa mère, une pareille réponse eût coûté la tête, mais qu'il fallait qu'elle se résolût à la cérémonie, qu'elle le voulût ou non, et qu'il s'agissait du salut de son âme. La bonne dame le pria doucement de se retirer, qu'elle réfléchirait à ce qu'elle aurait à faire; mais lui, sortant du palais, fit mettre le feu à deux quartiers de la ville où elle pouvait se trouver, parce que d'aucuns disaient l'avoir vue dans un temple d'idole. Finalement, elle revint disant qu'elle voulait être chrétienne; il la mena donc auprès de Cortes qui la fit baptiser en grande pompe; il fut le parrain de la princesse que l'on appela Dona *Maria*, comme étant la première Indienne christianisée. On en fit de même pour les infantes, ses filles, qui étaient quatre, ainsi que pour nombre d'autres Indiennes. Pendant les trois ou quatre jours que les Espagnols restèrent à *Tetzcuco*, ils baptisèrent un grand nombre de gens comme nous l'avons dit [1].

A la suite de cette affaire dont *Motecuczuma* connut les détails, il fit appeler son neveu *Cacama*, *Cuitlahuacatzin* son frère, ainsi que d'autres seigneurs pour leur demander conseil; il leur fit un long discours, à savoir si l'on recevrait ou non

---

1. A partir de là, toute la fin de ce chapitre paraît avoir été biffée dans l'original. (Note de l'éditeur.)

les chrétiens et de quelle manière; ce à quoi répondit *Cuitla-huacatzin*, qu'il ne les recevrait d'aucune façon. *Cacama* répondit le contraire, disant que ces gens étant à leur porte, ce serait manquer de courage que de ne pas les laisser entrer, que de plus il ne convenait pas à un grand seigneur comme l'était le roi son oncle, de refuser les ambassadeurs d'un grand prince comme l'était celui qui les envoyait; que, de plus, si ces gens exigeaient des choses qu'il ne lui plût pas de leur accorder, il pouvait les en punir, ayant à sa disposition tant d'hommes valeureux. C'était, ajouta-t-il, la seule manière d'agir; *Motecuczuma* l'approuva avant que personne eut pris la parole pour s'y opposer. *Cuitlahuacatzin* s'écria : « plaise à nos dieux, que vous n'introduisiez dans votre maison qui vous en chasse plus tard et s'empare de votre royaume, et peut-être vous en repentirez-vous trop tard. » Ce fut sur cet avis que se termina le conseil et quoique tous les seigneurs présents appuyassent l'opinion de *Cuitlahuacatzin*, *Motecuczuma* résolut de recevoir les Espagnols, de les loger et de les héberger; il donna l'ordre à *Cacama* d'aller au devant d'eux et il mit son frère aux arrêts dans son palais d'*Iztapalapan*.

CHAPITRE [VII]

Qui traite du départ de Cortes et de ses gens de *Tetzcuco* pour Mexico et comment les *Tlaxcaltecs* s'en retournèrent chez eux.

Cortes ayant consulté don *Hernando* sur son départ pour Mexico, celui-ci l'y engagea, mais à la condition qu'il n'emmènerait pas avec lui les *Tlaxcaltecs*, parce qu'ils étaient les ennemis acharnés des *Culhuas* et que cela pourrait amener des conflits. Cortes partit donc, accompagné de don *Hernando* et de son frère *Hernando Tecocoltzin* qu'il emmenait comme otages et vassaux de l'empereur (ainsi que *don Hernando* l'avait reconnu le jour de son baptême); ce jour-là ils arrivèrent à *Iztapalapan* où *Cuitlahuacatzin* attendait Cortes, ayant tout préparé, banquets et présents pour le recevoir le plus solennellement possible. Le prince logea Cortes dans son palais, et cette même nuit, un grand nombre de seigneurs Mexicains arrivèrent à *Iztapalapan*, chargés par *Motecuczuma* de souhaiter la bienvenue au capitaine espagnol et lui dire qu'il l'attendait à Mexico. Le lendemain, Cortes se mit en route pour la capitale, et il y avait tant de gens par les chemins, acccourus pour voir choses si nouvelles qu'on ne saurait le croire. Le roi étant avisé que Cortes approchait ordonna à *Cacama* de faire ce dont il l'avait chargé; le prince partit donc revêtu des ornements royaux, portant au cou une magnifique chaîne en pierres précieuses et porté sur un trône; il avançait sur la chaussée où se trouve aujourd'hui *San Anton*; là, Cortes descendit de cheval et *Cacama* de son trône et tous deux s'avancèrent au devant l'un de l'autre, chacun saluant à sa manière : le roi mit au cou de Cortes sa belle chaîne de pierreries et comme Cortes voulait l'embrasser, les grands seigneurs Mexicains s'y opposèrent, les souverains étant de nature divine [1]. Mais le roi le prit par la main et ils entrèrent dans la ville, entourés de rois, de grands seigneurs et de vaillants capitaines; ils arrivèrent de la sorte au palais et *Motecuczuma* vint les recevoir, porté sur un trône en or et sous un dais magnifique; à ses côtés marchait quatre grands seigneurs, ses vassaux, et ce fut ainsi qu'il vint de son palais jusqu'à la place. En arrivant près de Cortes, il descendit de son trône soutenu par les bras de deux seigneurs, les majordomes de son royaume; Cortes alors mit un genou en terre et lui tendit les mains; le prince se baissa, le releva, l'embrassa en lui souhaitant la bienvenue et lui mit au cou une

---

1. Corrigé dans l'original. N. D. E.

autre chaîne de pierreries d'une valeur inestimable, plus une fleur faite avcc des pierres précieuses, en témoignage de son affection.

Cortes s'agenouilla de nouveau, reçut le présent et lui mit une chaîne d'or au cou comme il avait fait à *Cacama*. C'était l'Indienne *Marina* qui servait d'interprète; mais il n'y eut que quelques paroles d'échangées, par suite de la foule énorme qui se pressait pour voir les Espagnols; si bien que *Motecuczuma* fit signe à la foule de s'éloigner. Puis il donna le bras gauche à son neveu *Cacama* et s'avança, entouré de rois et précédé de capitaines et de seigneurs. La foule s'ouvrit pour que le cortége pût arriver au palais royal, l'ancienne demeure d'*Axayacatzin*, le père de *Motecuczuma;* ce fut dans une grande salle de ce palais où l'empereur tenait conseil que *Motecuczuma* s'assit ayant Cortes à sa droite. Il fit alors signe aux gens de s'éloigner et donna l'ordre que l'on s'occupat d'installer les chrétiens et leurs amis et qu'on leur procurat des vivres en abondance, puis *Motecuczuma*, par l'entremise des interprètes, adressa à Cortes le discours suivant : « Seigneur, soyez le bienvenu, reposez-vous dans ce palais qui est vôtre et réconfortez-vous; ma personne et mon empire sont au service de votre empereur au nom de qui vous êtes venu; moi-même, seigneur capitaine, je serai à votre disposition, et quant au trésor dont j'héritai de mon père, il sera chaque fois que vous le désirerez au service de l'empereur; et comme vous devez être fatigué, je m'en tiendrai là pour aujourd'hui », et *Motecuczuma* se retira. Cortes demeura frappé de la majesté du souverain Mexicain; le roi parti, Cortes visita le palais et les appartements destinés à ses troupes. Peu après, on lui servait le dîner le plus opulent qui ait jamais été donné au monde : le service en était parfait et la vaisselle d'or. Ce fut ainsi que se passèrent quelques jours.

CHAPITRE [VIII]

Qui traite des faits et gestes de *don Hernando Ixtlilxuchitl* [1] après le départ de Cortes et de ses amis, et de ce qui fut décidé après l'accueil qui fut fait à Cortes, entre lui et *Motecuczuma* [2].

Cortes, étant à Mexico, *don Hernando Ixtlilxuchitl*, heureux d'avoir reçu la loi de Dieu, et plein d'ardeur pour sa nouvelle croyance, s'occupa d'apprendre la langue espagnole, en même temps qu'il s'entraînait dans les choses de la foi, en compagnie du capitaine Alonso de Zuñiga et d'un jeune garçon appelé *Tomas;* puis, laissant à *Tezcuco* une garnison suffisante, il se mit à courir ses provinces pour demander à ses vassaux et à ses amis d'être prêts à faire tout ce qui pourrait se présenter si Cortes avait besoin de quelque chose. Cela fait à son entière satisfaction, il revint à la ville où il s'occupa de répandre les pratiques de notre sainte foi catholique, de façon que s'il y avait eu des prêtres espagnols, il eut fait baptiser tout son peuple; puis, il renversa et incendia les temples, brisa les idoles et mit les choses en tel état que les Indiens étaient frappés d'épouvante.

Mais, retournant à Mexico, nous dirons qu'un jour, dans la matinée, *Motecuczuma* vint rendre visite à Cortes qui le reçut avec le plus grand respect. Le roi lui demanda, par ses interprètes, s'il avait été satisfait? Cortes lui répondit que tout avait été parfait, et qu'il lui en rendait mille grâces. Alors le roi, s'informant des hommes de sa troupe, lui demanda quelle espèce de gens c'était, s'ils étaient des serviteurs ou

---

1. Tout ce chapitre paraît avoir été raturé dans l'original. N. D. E.

2. L'auteur du manuscrit écrit les noms mexicains tantôt d'une façon tantôt d'une autre, et le traducteur n'a point corrigé; c'est ainsi qu'il écrit *Motecuczuma* et *Motecuzuma, Ixtlilxuchitl* et *Ixtlilxuchitl, Tlaxcaltecs* et *Tlascaltecs,* etc.

des vassaux, s'il y avait parmi eux des gens de distinction, afin de leur rendre les honneurs qui leur seraient dus.

Cortes lui répondit que tous étaient ses amis et ses compagnons, qu'ils étaient tous ses égaux, sauf son titre à lui de capitaine. *Motecuczuma* s'en réjouit fort, et ordonna qu'on eut les plus grands égards pour tous les Espagnols. Cortes lui dit alors qu'il avait à lui parler de choses délicates et importantes qu'il ignorait; et il lui parla du grand prince, au nom duquel il était venu, se déclara heureux que le roi put l'écouter, et par l'entremise d'*Aguilar* et de *Marina,* il l'initia aux mystères de la foi, comme il l'avait fait à *Tetzcuco* pour *don Hernando Ixtlilxuchitl.* Il lui fit donc savoir quel était son empereur, *don Carlos,* et comme il était le chef de l'empire chrétien, et ce qu'était le pape, et comment il était également venu en son nom, et que ces deux grands princes qui avaient entendu parler de lui *Motecuczuma,* éprouvaient une profonde douleur qu'un grand seigneur comme lui fut aveuglé au point de pratiquer l'idolâtrie, et qu'il venait spécialement pour le supplier de se faire baptiser; que l'empereur l'en suppliait également et lui offrait son amitié, et ce, à la condition qu'il le reconnut, lui, empereur des chrétiens, comme son souverain?

Motecuczuma, qui avait écouté Cortes avec la plus grave attention, lui répondit : qu'il se réjouissait d'avoir entendu parler de ces mystères divins, qu'il était heureux de devenir l'ami de l'empereur, et qu'en l'honneur de cette amitié et de cette nouvelle religion qu'il lui faisait connaître, il lui paierait, chaque année, un tribut ; que, pour le moment, il lui attribuerait une part de ses trésors en compensation des frais qu'il avait dû faire : sur quoi Cortes, s'inclinant, remercia le prince. Il y a des opinions diverses. Certaines entre autres, qui prétendent que *Motecuczuma* se fit aussitôt baptiser et qu'il prit le nom de *don Juan;* d'autres prétendent que non et qu'il mourut sans avoir reçu le baptême. Quoi qu'il en soit, *Mote-*

cuczuma prit Cortes par la main et lui montra tout le palais;
il lui dépeignit les maisons royales de son père et lui fit voir
un grand trésor provenant également de ce prince, lui disant que lorsqu'il s'en irait, il le lui donnerait pour l'empereur. Cortes lui rendit grâce et resta confondu de l'importance de ce trésor. Ces deux personnages se séparèrent alors
et chacun s'en retourna à son palais. Le prince, par la suite,
revint souvent visiter Cortes et se plaisait en sa compagnie.

CHAPITRE [IX]

Où l'on traite de la prison de *Motecuczuma*, à quelle occasion eut lieu
l'évènement, ce qui en résulta, et comment *Cacama* et son frère *don
Pedro* s'en furent à *Tetzcuco*.

Les choses étant en l'état que nous avons dit, Cortes se
demanda comment, en s'emparant du roi, il pourrait sortir
avec avantage de sa position. Confiant en la valeur et l'amitié d'*Ixtlilxuchitl* et de l'armée qu'il avait sur la frontière, il
prit une détermination; et, sous le prétexte que *Cuauhpopoca*,
seigneur de *Mextillan* (ou, d'après ce que l'on sut plus tard,
certains de ses vassaux), avait assassiné un chrétien, et, fei-
gnant de croire que la faute en remontait à *Motecuczuma*,
qui n'avait pas puni le meurtrier; il donna l'ordre de s'emparer du prince dans son palais. Ayant donc instruit ses gens
et les ayant placés comme il convenait, Cortes se rendit au
palais de *Motecuczuma* qui, ne se doutant de rien, reçut Cortes
avec le plus grand plaisir; mais Cortes lui fit mauvais visage
et lui en donna la raison par son interprète, en se plaignant
hautement de *Cuauhpopoca* qui disait n'avoir agi que sur
l'ordre de *Motecuczuma*. L'empereur répondit qu'il ignorait
absolument eette affaire; il ajouta que, fort désireux que
Cortes crût à son innocence, il allait envoyer de ses gens

pour s'emparer de *Cuauhpopoca* ; et, ôtant de son doigt un anneau sur lequel était gravé son portrait, il le donna à deux seigneurs, avec ordre de se rendre auprès de *Cuauhpopoca*, qu'ils rencontrèrent près d'*Otumba*. Mais cela ne suffit point à Cortes qui, bien qu'on amenat *Cuauhpopoca,* dit au prince qu'il convenait, pour le bien et la tranquillité de ses soldats, qu'il vînt habiter près de lui, dans son palais, où il serait regardé comme un autre lui-même et d'où il pourrait gouverner comme avant; qu'il prenait cette mesure pour apaiser ses compagnons qui étaient indignés et se plaignaient. *Motecuczuma* s'y refusa par trois fois; mais, pour ne pas alarmer ses sujets, il se résigna, et tous deux, entourés de quelques Espagnols, s'en allèrent au palais de Cortes. Celuici engagea l'empereur à faire savoir à ses sujets qu'il accompagnait le capitaine de bonne volonté, et, pour s'occuper plus efficacement de son salut. Il demeura donc prisonnier [1].

A cette nouvelle, et voyant son oncle prisonnier, le roi *Cacama* fit venir son frère *don Pedro Cohuanacotzin* et tous deux s'en allèrent à *Tetzcuco* avec l'intention de lever des troupes pour combattre les Espagnols; mais cette démarche fut sans effet, car *don Hernando* s'interposa et *Motecuczuma* luimême donna l'ordre que l'on ramenat *Cacama* à Mexico, comme nous le dirons par la suite.

CHAPITRE [X]

Où l'on parle de la mort de *Cuauhpopoca* et du roi *Cacama,* et comme quoi Cortes mit *Motecuczuma* aux fers et ce qui se passa entre *don Hernando,* son frère *Don Pedro* et *Cacama* [2].

Les deux seigneurs chargés du sceau royal partirent pour

---

1. A partir de là, jusqu'à la fin du chapitre, tout est raturé dans l'original.
2. Le titre de ce chapitre est biffé dans l'original.

s'emparer de *Cuauhpopoca*. En passant à *Tetzcuco,* ils surent de *don Hernando Ixtlilxuchitl* où il était et l'ayant rencontré à *Otumba,* ils le ramenèrent à *Tetzcuco* où *don Hernando* lui apprit pourquoi *Motecuzuma* le demandait. Le pauvre *Cuauhpopoca* répondit au prince qu'il ne savait rien de cette affaire et qu'il voulait aller voir le roi. *don Hernando* l'approuva et il s'en fut à Mexico où *Motecuczuma,* apprenant son arrivée, le fit remettre aux mains de Cortes sans même daigner le recevoir. Cortes le fit pendre sur la place publique, ce qui, partout, répandit l'épouvante.

Cependant *Cacama* et son frère se hâtaient de réunir des troupes; mais *don Hernando* s'y opposa et leur dit de ne point engager de lutte contre les chrétiens qui étaient ses amis et les sujets de l'empereur *don Carlos.* Le roi *Cacama,* qui n'avait pas assisté au baptême de son frère et qui n'était pas baptisé, répondit qu'il lui importait peu, et les deux frères se séparèrent brouillés; mais *don Hernando* avait une si grande influence sur les Indiens qu'un petit nombre seulement suivit *Cacama.* Tout cela se savait à Mexico et Cortes en parla à *Motecuczuma,* disant qu'il serait bon qu'il allat lui-même à *Tetzcuco* pour réduire *Cacama* à l'impuissance; mais le prince l'en dissuada [1], disant que *Cacama* était fort orgueilleux et seigneur des *Culhuas* et des *Chichimecs,* que sa capitale était une place forte et que l'affaire pourrait mal tourner. Cortes suivit ce conseil, d'autant mieux que le prince s'engageait à faire venir *Cacama* pour le lui livrer. Il le fit donc appeler par divers seigneurs et *Cacama* vint à *Tetzcuco* où, sous les plus cauteleux prétextes, on l'amena jusqu'à la lagune, où il fut saisi et embarqué pour Mexico. *Motecuczuma,* en grande terreur de Cortes qui l'avait mis aux fers, ne voulut pas voir son neveu et le livra au capitaine espagnol. Puis un beau

---

1. Depuis cette phrase le manuscrit est biffé jusqu'à l'endroit que nous signalerons. N. D. E.

matin on trouva mort, le pauvre *Cacama*, dernier roi et héritier direct de l'empire *Chichimec*, âgé de vingt-cinq ans à peine et prince accompli.

Pendant que ces choses se passaient à Mexico, et en l'absence de *don Hernando* [1] qui était allé apaiser une révolte à *Otumba*, révolte causée par la mort de *Cuauhpopoca*, *don Pedro*, son frère et frère de *Cacama*, sachant qu'on l'avait emmené prisonnier, avait rassemblé une foule de gens pour aller à Mexico le délivrer. Mais, à cette nouvelle, *don Hernando* se rendit en toute hâte à *Tetzcuco* où il harangua les troupes avec son éloquence accoutumée et les dissuada d'en rien faire ; à ce moment, arriva la nouvelle de la mort du roi *Cacama*, ce dont *Hernando* et les Indiens furent profondément affligés, *don Hernando* surtout qui se plaignit de Cortes au capitaine *Zuñiga*, non tant pour la mort de son frère, que parce qu'il l'avait laissé mourir sans baptême. Il accepta cependant le fait sans trop en vouloir à Cortes, par suite de l'amitié qu'il avait pour lui et de la foi qu'il avait jurée à son nouvel empereur.

CHAPITRE [XI]

Qui traite de l'arrivée de *Pamphilo de Narvaes* et de ce qui se passa entre les deux capitaines, et ce que fit *Pedro de Alvarado* à Mexico pendant l'absence de Cortes.

Sur ces entrefaites *Narvaez*, envoyé par *Velasquez* pour s'emparer de *Cortes*, arriva avec neuf cents hommes. Aussitôt que Cortes l'apprit, il s'efforça de traiter avec *Narvaez* et lui demanda du secours, mais comme il le refusa, Cortes quitta Mexico et courut au devant de lui ; là il s'efforça de débaucher ses hommes et de les attirer à son service, et il

---

1. Là s'arrête la partie biffée. N. D. E.

réussit. Une nuit, il surprit *Narvaez* sans défiance, s'en empara et s'en retourna à Mexico avec ses nouvelles troupes, content et glorieux.

Pendant ce temps-là, *don Pedro de Alvarado*, qui était resté à Mexico comme lieutenant de Cortes, pria *Motecuczuma* de convoquer tous les seigneurs ses sujets pour qu'ils voulussent bien représenter leur danse nationale, le *Mitote*, afin de donner aux Espagnols une idée des grandeurs de l'empire. Le roi y consentit : tous les principaux seigneurs du royaume répondirent à son appel et se réunirent parés de leurs bijoux les plus précieux dans la grande cour du temple où ils avaient l'habitude de célébrer cette fête. *Pedro de Alvarado*, ayant laissé quelques gens auprès de *Motecuczuma* pour le garder dans le palais, se rua avec tout ce qui lui restait d'hommes sur les pauvres danseurs dont ils massacrèrent la plupart et qu'ils dépouillèrent de leurs richesses. A la nouvelle de cet attentat, la ville entière se souleva et peu s'en fallut que les Espagnols ne périssent. Ils réussirent cependant à se réfugier dans leur palais, où *Pedro de Alvarado* osa raconter à *Motecuczuma* ignorant tout, que pendant leur sortie pour voir la fête, ils avaient été attaqués par le peuple, qu'ils s'étaient défendus et qu'ils en avaient tué beaucoup : mais que devant tant de monde, ils avaient dû regagner leur quartier, et qu'il priait Son Altesse de sortir et de parler à ses sujets.

Motecuczuma qui, ne sachant rien, ne pouvait que croire ce qu'on lui disait, monta sur le toit de la maison, d'où il harangua le peuple ; mais celui-ci le hua et l'appela lâche. De plus, les Mexicains n'abandonnèrent pas le siège du palais qu'ils avaient entrepris et livraient chaque jour de nouveaux assauts réclamant le roi ; mais lui, cherchait à les apaiser et les maintint jusqu'à l'arrivée de Cortes, qui pénétra dans la ville de Mexico avec un bien plus grand nombre d'hommes.

CHAPITRE [XII]

Qui raconte l'entrée de *Cortes* à Mexico et comment mourut *Motecuczuma*.

Cortes, en route pour Mexico à la tête de sa nouvelle et brillante compagnie. arriva à *Tetzcuco* le jour même que *don Hernando* arrivait de la province qu'il possédait de l'autre côté de Mexico, là où est aujourd'hui *Guadalupe*. Il y était allé dans le but de secourir les chrétiens, en attaquant les Mexicains par cette chaussée, afin de faire diversion aux attaques que ceux-ci dirigeaient contre eux (encore que ceux-ci n'en pussent être avertis, bloqués qu'ils étaient par les Indiens) et la raison de son retour à *Tezcuco* était de rassembler un plus grand nombre d'hommes pour pénétrer dans la place, par la chaussée d'*Iztapalapan*; aussi, quand Cortes le vit avec tant de monde, il l'en félicita vivement et l'approuva dans tout ce qu'il avait fait. Le capitaine voulait partir sur le champ, mais *don Hernando* le retint jusqu'au jour suivant et lui donna cinquante mille hommes avec *don Carlos* pour général. Il fit de plus enrôler des hommes dans toutes ses provinces, de sorte qu'en deux jours il réunit, dit-on, plus de deux cent mille hommes. Ayant reçu la nouvelle que l'on refusait l'entrée de la ville à Cortes et à sa troupe, il se jeta sur le quartier où se trouve aujourd'hui *San Anton*, qui était le quartier le plus fortifié de Mexico par suite des canaux profonds et des ponts qui avaient été détruits. Mais les Mexicains, apprenant que c'était *Ixtlilxuchitl* qui dirigeait l'attaque, se retirèrent : les Tetzcucains entrèrent dans la ville et rétablirent les ponts. Ils passèrent trois jours à cette besogne, trois jours pendant lesquels les Mexicains continuaient leurs assauts contre la demeure des Espagnols, tandis que *Mote-*

cuczuma cherchait en vain à apaiser ses sujets en les haraguant du haut de la terrasse du palais. Les chrétiens eussent certainement tous péri, si, grâce à Dieu, Cortes, connaissant le danger, n'eut avec l'aide de *don Hernando* fait lever le siége. Cortes resta donc avec les siens et *Hernando* se retira à *San Anton*.

Cortes apprit alors l'affreux attentat dont *Pedro de Alvarado* s'était rendu coupable et il en parut très affecté, encore que quelques-uns prétendent qu'*Alvarado* n'avait agi que selon ses ordres. Finalement, le marquis se voyant à la tête de neuf cents Espagnols et de nombreux alliés Indiens prit une résolution qui amena de nouveaux événements. Et ce fut (Dieu seul connaît la vérité), au matin de ce jour qu'on trouva mort le malheureux *Motecuczuma* qui, la veille, pendant qu'il s'adressait à ses sujets, avait reçu une pierre à la tête. Mais en admettant qu'il eût été frappé par cette pierre, elle ne pouvait certes lui faire grand mal, puisqu'il était mort depuis plus de cinq heures. On ajoute, que les Espagnols, le montrant à son peuple, et cachant avec soin le coup d'épée dont ils l'avaient frappé, s'écrièrent que les Mexicains avaient tué leur roi. Mais la fureur du peuple se tourna contre eux et les assauts se continuèrent plus violents, et si *don Hernando* ne s'était pas trouvé à Mexico avec son armée, tous eussent infailliblement péri.

CHAPITRE [XIII]

Comment, d'accord avec les Espagnols, Cortes s'enfuit de Mexico et comment *don Hernando* s'en fut à *Tetzcuco* pour lui envoyer des secours dans sa retraite.

Cortes se trouvait alors dans la situation la plus critique : il n'avait d'autre aide à attendre que de *don Hernando;* mais c'était l'aide la plus efficace, puisque, lorsqu'il était engagé dans cette lutte sans merci, le prince opérait une diversion en attaquant les Mexicains du côté de *San Anton,* de manière à les attirer à lui et à procurer une trêve à ceux de la forteresse. (Les Espagnols appelaient ainsi leur demeure, je ne sais pourquoi.)

Voyant que, malgré tout, il ne pourrait résister, Cortes résolut de quitter la ville pendant la nuit. Il s'éloigna donc avec la moitié de ses gens par la chaussée de *Tacuba* et en si grand silence, qu'il parvint jusqu'à *San Hipolito,* sans que les Indiens se fussent aperçu de sa fuite. C'est là qu'il fut attaqué, là que succombèrent une foule de ses nobles alliés et quelques Espagnols. Il échappa, cependant, et quant aux malheureux qui étaient restés dans la forteresse, les Mexicains se délectèrent de leurs membres épars, comme le racontent les anciens et comme nous le disent les manuscrits indiens.

Don Hernando, qui venait d'engager une grande bataille avec son oncle *Cuytlahuatzin,* qui avait succédé à *Motecuczuma,* ayant appris ce fâcheux événement, envoya des ordres dans ses provinces pour que l'on prodiguat à Cortes tous les secours dont il pouvait avoir besoin, et, lorsque les Mexicains voulurent poursuivre ou renouveler leurs attaques, ses gens leur firent face et les continrent. Les Espagnols s'en furent donc cheminant, lorsque, dans l'une des plaines qui séparent *Otumba* de *Cempohualan,* arriva *don Carlos* qui, sur l'ordre de son frère *Hernando,* amenait plus de cent mille hommes et des vivres au secours de Cortes. Mais Cortes, ne connaissant pas ces gens, fit prendre les armes à ses hommes, et bien que *don Carlos* se fût mis de côté et lui montrât les vivres, Cortes et les siens se jetèrent sur le capitaine porteur de l'étendard et s'en emparèrent; reconnaissant *don Carlos,* Cortes le chargea de dire à *don Hernando* qu'il emmenait ses frères avec lui, qu'il serait heureux de le voir à *Tlaxcala,* si possible, et qu'il n'oubliât pas la question religieuse. Ce fut sur ces paroles qu'il se sépara de *don Carlos* pour aller camper à *Cempohuallan,* où il fut bien reçu; le jour suivant, il arriva, en vue de *Tlaxcala,* où, trois des chefs de la République vinrent au-devant de lui, avec une grande suite et des vivres. Le jour d'après, il atteignit *Tlaxcala,* où on le reçut avec des transports d'amitié, mais au milieu du deuil des femmes *Tlaxcaltèques* [1].

1. Vraie ou fausse, cette relation nous ouvre des horizons nouveaux, éveille notre défiance et nous fait douter de la bonne foi de Cortes; il y a là grave matière à réflexion et plusieurs faits historiques à remettre en place.

Cortes dans ses lettres est fort intéressant, mais que de fois nous le surprenons altérant sciemment la vérité : à Tlascala déjà il nous affirme avoir lutté victorieusement contre plus de 100,000 guerriers. De sorte que, dit-il « avec une demi douzaine de couleuvrines, cinq ou six arquebusiers, 40 arbaletriers et les 13 cavaliers qui me restaient, je leur fis subir de grandes pertes, sans recevoir d'autre dommage de leur part que la faim et la fatigue de cette journée de combat. » C'est déjà bien extraordinaire, mais voilà qui est plus fort : Quelques jours après, continue le conquérant, « les Tlascaltecs attaquèrent mon campement avec plus de *cent quarante-neuf mille hommes*; ils se ruèrent sur nous avec une telle rage, qu'ils pénétrèrent dans le camp, où ce fut une affreuse mêlée à l'arme blanche; nous parvînmes cependant à les chasser. Dieu nous protégeait ouvertement... » Or, Alfred Chavero, l'une des premières autorités en fait d'américanisme, nous apprend dans une note annexée à l'histoire de Tlascala de Diego Muñoz Camargo, p. 186 et 187, que les Tlascatlecs ne pouvaient lever une armée de plus de *8,000 hommes*. Nous voilà loin des 149,000 guerriers qu'il défait avec l'aide de Dieu. Voici du reste cette note si intéressante : « l'auteur, Camargo, nous a dit que *Tecoac* était à la frontière de Tlascala, et que d'un autre côté cette frontière se trouvait à *Hueyotlipan*; de sorte que, anciennement, le district de Tlaxco et les seigneuries de Tizatlan et de Quiahuiztlan se trouvaient limitées par les localités citées plus haut. Nous pouvons donc affirmer que la seigneurie de Tlascala n'occupait en surface guère plus que la moitié de l'état actuel de Puebla. Si nous ajoutons que nombre des habitants vivaient de la chasse et que les peuples chasseurs occupent des territoires fort étendus par rapport à leur population, on ne saurait admettre que plus de 10,000 hommes se levèrent à l'arrivée de Cortes ».

« Nous pouvons du reste nous appuyer sur d'autres documents pour éclaircir ce point. D'après l'organisation de nos anciennes villes, tous les hommes valides étaient soldats. Nous sommes fondés à croire que les Tlascaltecs donnèrent à Cortes la plus grande partie de leur armée pour l'accompagner à Mexico, et nous savons que cette armée ne comptait que 6,000 soldats; nous pouvons en conclure que l'armée tlascaltèque tout entière ne s'élevait pas à plus de 8,000 hommes. Si nous considérons maintenant que les vieillards, les femmes et les enfants étaient huit ou dix fois plus nombreux que les hommes valides, il en résultera que la seigneurie de Tlascala tout entière ne comptait guère que 80,000 habitants. »

CHAPITRE [XIV]

Traite des choses que fit Cortes à *Tlaxcala* et dans certains lieux des environs et comment *don Hernando* eut une entrevue avec son frère *don Pedro*, au sujet des chrétiens.

A l'arrivée de *Cortes* à *Tlaxcala*, il y eut diverses consultations, entre les seigneurs de la République, à savoir si on

« Ceci nous permettra d'expliquer comment Cortes put résister aux Tlascaltecs dans les différentes rencontres qu'il eut avec eux. Nous avons vu que ces Indiens n'attaquaient pas avec leur armée en masse, mais par fractions, de sorte que chaque fois ils se présentaient avec deux ou trois mille hommes qu'il était facile à Cortes de repousser avec ses 1300 Totonaques et ses 400 soldats bardés de fer, et surtout avec ses chevaux et ses canons qui quoique peu nombreux jetaient la mort et l'épouvante dans les rangs ennemis. »

La situation de Cortes à Tlascala, était excellente et malgré tout il dut combattre plus de huit jours pour avoir raison de ses adversaires ; mais à Otumba quelle différence !

Cortes s'échappe, fuyant de Mexico où il a tout perdu, ses munitions et ses armes, son artillerie, tous ses canons, arquebuses, arbalètes, etc. Il ne lui reste plus que quelques hommes, 23 cavaliers avec leurs épées et leurs lances.

Lorsqu'il rentra de Vera Cruz à Mexico, il avait réuni avec la troupe de Narvaez 1,300 soldats dont 96 cavaliers, 80 arbalétriers et 80 escopettes ; combien d'hommes a-t-il laissés à Mexico ?

Veytia dit,	500	Espagnols	4,000	Indiens
Herrera	300	id.	2,000	id.
Gomara	450	id.	4,000	id.
Tapia	600	id.	800	id.
Juan Cano	1,170	id.		
Bernal Diaz	970	id.		

Parmi ces chroniqueurs et historiens celui qui mérite le plus notre confiance, c'est assurément Bernal Diaz del Castillo qui prit part à tous les combats livrés à Mexico et comptait parmi les échappés à la fureur des Indiens. Mêlé à cette troupe qui se retirait toujours luttant pour gagner le territoire de Tlascala, il devait mieux que personne connaitre le chiffre des manquants, il ne restait donc à Cortes que 330 soldats dont 23 cavaliers, et dans quel état se trouvaient ces malheureux. Cortes lui-même va nous le dire :

« Des 24 chevaux qui nous restaient, pas un qui put courir, pas un cavalier qui put lever le bras et pas un misérable soldat, qui, tous blessés, put faire un mouvement. »

La veille même de la journée d'Otumba il perd un cheval « que mes pauvres Espagnols, dévorèrent avec le cuir, tant nous étions affamés, nous dit le conquérant. Depuis l'accueillerait, ou non. La majorité s'étant déclarée en sa faveur, ses hommes et lui furent parfaitement reçus. Ce fut là que les Espagnols purent se remettre de leurs fatigues et

notre fuite de la grande ville, nous n'avions, en effet, pour nous soutenir que du maïs bouilli et rôti en quantité insuffisante et des herbes que nous ramassions dans les champs, voyant chaque jour s'accroître le nombre de nos ennemis pendant que chaque jour nous nous affaiblissions davantage. Je fis fabriquer, la nuit, des brancards et des béquilles pour que les plus écloppés que nous portions en croupe, pussent se soutenir et marcher seuls, de façon que mes cavaliers fussent libres de combattre en toute liberté. »

Or, c'était la veille même du jour ou Cortes fut assailli à Otumba par une multitude d'Indiens que les historiens portent à cent et deux cent mille guerriers et c'est avec cette troupe de 300 affamés et estropiés, sans armes autres que des lances et des épées que Cortes met en déroute cette multitude et qu'il massacre 20,000 hommes ! cela ne paraît-il pas étrange et plus qu'étrange, absolument absurde.

Et cependant la plupart des historiens admettent le fait sans le discuter ; c'est que la lettre de Cortes qui raconte la bataille, avait paru, avait flatté l'orgueil castillan, avait fait légende et l'on ne pouvait sans humiliation pour les conquérants, rétablir la vérité et discuter cette victoire.

Prescott lui-même qu'on aurait pu prendre pour un homme sérieux exagère comme à plaisir la légende et c'est lui qui en admettant l'armée indienne de 200,000 hommes nous raconte que les Espagnols en massacrèrent 20,000. Que disent les autres historiens ? Le père Duran qui a cependant copié le manuscrit Ramirez ne le suit point en cette affaire et se tait sur l'intervention des Tetzcuco, mais il affirme que Ixtlilxochitl leur roi aida beaucoup Cortes par sa valeur et ses troupes dans le siège de Mexico.

Sahagun raconte dans son ch. xxvi* que la bataille d'Otumba fut livrée près d'un monticule appelé Tonan, (notre mère) et nous dit simplement que les Espagnols tuèrent beaucoup de Mexicains et que le reste, fut mis en fuite.

On ne reconnaît guère en cette bataille la vaillance et la fureur déployée par les Aztecs qui, ayant affaire à la troupe de Cortes avec ses canons, ses arquebusiers et ses 10,000 alliés indiens, les chassèrent de Mexico après en avoir exterminé les quatre cinquièmes. Ces mêmes héros, au nombre de plus de cent mille, se retirent vaincus et décimés devant trois cents malheureux écloppés ! Cela est tout à fait invraisemblable. Veytia appendice, vol. III. p. 381, nous parle d'Ixtlilxochitl le filleul futur de Cortes, qui déjà, au sujet des victoires de Tlascala lui adressait toutes ses félicitations et l'invitait à suivre son voyage par Teotlalpan où il réunirait ses troupes aux troupes espagnoles pour faire la guerre au roi de Mexico.

Il y a là un précédent, Clavigero, tome II, p. 74, nous dit qu'au sortir de Mexico, après leur défaite, les Espagnols étaient réduits à un tel état de faiblesse par suite de leur petit nombre, de leurs fatigues et de leurs blessures, que si les Mexicains les eussent suivis, pas un n'eut survécu, et c'est après cette remarque si judicieuse que l'auteur, étrange contradiction ! nous fait assister à la surprenante victoire de ces mêmes hommes épuisés sur 200,000 Indiens.

La relation de Diego Muñoz Camargo, l'historien de Tlascala varie quelque peu et nous offre un grand intérêt. Chap. vi, p. 225.

guérir leurs blessures. Une fois remis, ils coururent les environs à la recherche des Mexicains, escarmouches dont ils revinrent toujours vainqueurs; ce qui confirma Cortes dans sa résolution de retourner à Mexico. Il en fit part aux seigneurs de *Tlaxcala,* qui promirent de l'aider afin de se délivrer de la tyrannie des Mexicains. Voulant faire construire des navires, Cortes leur demanda de lui fournir le matériel, des planches et des chevilles : ils le lui promirent. Fort de cette promesse et de l'arrivée fort à propos de navires espagnols venant de Cuba, il partit pour *Tetzcuco* où *don Hernando* se trouvait fort compromis. Pendant son absence, son frère *don Pedro,* venu de Mexico à *Tetzcuco,* avait persuadé aux *Tetzcucains* d'aider son oncle *Cuitlahualzin* à combattre les chrétiens, et il fit si bien, que si *don Hernando* n'était pas arrivé à temps, il aurait pu réunir deux cent mille hommes. Mais *don Hernando* accourut à cette nouvelle et, grâce à son éloquence persuasive, ramena ses gens qui laissèrent *don Pedro* retourner seul à Mexico, où son oncle venait de mourir de la petite vérole qu'un nègre de Narvaez avait communiquée aux In-

Il dit : « Les troupes qui attendaient les Espagnols à Otoumpan, où autrement dit les llanos de Aztaquémécan était composées de gens de la province de Tetzcuco appelés Aculhuaques du royaume de Netzahalpitzintli. Camargo rend compte de la grande bataille, mais il ajoute que les gens d'Otoumpan prétendent que ces trcupes n'étaient pas sorties au-devant des Espagnols pour les attaquer, ni les tuer, mais qu'elles venaient célébrer des fêtes annuelles selon la coutume des Indiens, et que, se livrant à certaines manœuvres de guerre, elles voulurent profiter des circonstances pour en finir avec les Espagnols, qui revenaient de Mexico blessés et dans l'état le plus lamentable, mais qu'elles n'y avaient pas été poussées par les Mexicains. Voilà qui abonde un peu dans le sens du manuscrit.

Qnand aux historiens en général, anciens ou modernes, ils admettent la légende ; c'est dire qu'ils ont eu en mains les lettres de Cortes qu'ils ont aveuglément acceptées :

Tels Oviedo, liv. XXXIII, ch. XII.

Herrera, déc. 11, liv. X, ch. XIII.

Torquemada, liv. IV, ch. LXXIII.

La plupart même brodent et amplifient : Ixtlilxochitl chap. LXXXIX admet une armée de 200,000 hommes; il est suivi dans cette voie nous l'avons vu par Prescott et par Orozco y Berra; eh bien, ils ont eu tort. Il y a là un mystère, mais il est plus que probable que le manuscrit Ramirez nous dit la vérité.

D. C.

diens; maladie dont mourut une multitude de gens. Les Mexicains élurent à sa place un neveu de *Motecuczuma* appelé *Quauhtemoc* [1], seigneur de *Tlaltelolco* à Mexico, grand pontife, homme terrible et de la plus grande valeur.

CHAPITRE [XV]

Qui raconte comment *Cortes* et ses *Tlaxcaltecs* entrèrent à *Tetzcuco*, et comment on y construisit les navires; comment on assiégea Mexico, les Indiens ayant pour général *don Hernando Ixtlilxuchitl*.

Parti de *Tlaxcala*, Cortes atteignit *Tetzcuco* en deux jours par une nouvelle route; *don Hernando* avait envoyé deux de ses frères au devant de lui pour lui offrir les clefs de la ville. Cortes reçut les princes et vint en leur compagnie à *Tetzcuco* où il fut reçu avec d'incroyables démonstrations. Le même jour, *don Hernando* s'en fut à *Otumba* pour hâter l'enrôlement de ses hommes, et pendant son absence, quelques *Tlaxcaltecs*, poussés par de vieilles rancunes, mirent le feu au palais du roi *Netzahualpitzintli*, ce que voyant, les habitants s'enfuirent dans la montagne et dans la lagune. *don Carlos* en avertit *Cortes* qui, aidé des principaux Indiens, courut éteindre le feu.

On rapporte que Cortes leur fit dire, par son interprète doña *Marina*, qu'ils n'eussent rien à craindre maintenant qu'ils avaient pour roi *don Hernando*, fils de *Netzahualpitzintli*, qui était un autre lui-même. Cette communication rassura les Indiens. Lorsque *don Hernando* revint et qu'il apprit ce qui s'était passé, il voulut punir les *Tlaxcaltecs*; mais Cortes intervint, et l'on n'en exécuta que deux ou trois qui avaient mené cette affaire, ce qui occasionna la

---

1. *Quauhtemoc*, seigneur de *Tlaltelolco*, fils d'une sœur de *Motecuczuma*.

révolte des autres qui s'en retournèrent à *Tlaxcala*. Cela prouve bien que ce ne sont point les *Tlaxcaltecs* qui aidèrent à prendre Mexico, mais *don Hernando Ixtlilxuchitl*, avec ses deux cent mille vassaux. Sur ces entrefaites, arriva *Pedro de Alvarado* qui était resté à *Tlaxcala* avec quelques Espagnols; il était accompagné de milliers de *Tlaxcaltecs* apportant les planches et les clous pour la construction des brigantins. On se mit aussitôt à l'ouvrage, *don Hernando* ayant procuré les manœuvres et les ouvriers. Ces brigantins achevés et l'armée étant réunie, le prince fit creuser un canal qui allait à la lagune pour y lancer les navires qui, une fois flottant dans les eaux du lac, offraient le plus beau spectacle qui se put voir. Puis, il organisa ses compagnons et, confiant à *Tecocoltzin* son frère, la garde de *Tetzcuco*, avec mission de lui fournir des vivres, les brigantins s'élancèrent dans la lagune suivis d'une multitude de canoas sous les ordres de *don Carlos*. Cortes et *don Hernando*, accompagnés des Espagnols et de l'armée indienne, s'en furent par terre jusqu'à Mexico, où ils répartirent leurs forces et donnèrent leurs ordres pour la bataille.

CHAPITRE [XVI]

Qui raconte comment le roi *Quauhtemoc* réunit son conseil et engagea ses sujets à se rendre. Comment ceux-ci refusèrent, etc.

Le nouveau roi de Mexico, considérant les forces qu'amenait Cortes, réunit les membres de son conseil et leur exposa la situation, leur rappelant la prophétie qui annonçait la ruine des Mexicains par *Ixtlilxuchitl;* qu'il les engageait donc à se rendre aux meilleures conditions possibles, et que cela valait mieux que de mourir exterminés par les Indiens et les Espagnols. Ils refusèrent. Il revint à la charge trois fois, leur disant qu'il était temps encore de traiter : ils répondirent qu'ils préféraient la mort à l'esclavage de cette maudite race espagnole. Il fut donc convenu qu'il valait mieux mourir que se rendre.

Cette résolution connue de Cortes, le capitaine donna ses ordres à *Ixtlilxuchitl* pour le siège de la ville, et se mettant aussitôt à l'œuvre, ils eurent une multitude d'escarmouches et de batailles et mirent plus de 60 jours à ce siège mémorable : car si les chrétiens gagnaient le jour quelque avantage, ils le perdaient la nuit, et, pour en gagner de nouveau, ils éprouvaient chaque fois une plus grande difficulté, tant à cause de ceux qui se noyaient dans les canaux que de ceux qui succombaient dans les engagements. Du côté de la lagune, les difficultés étaient non moins grandes, car les brigantins qui ne pouvaient pénétrer dans la ville, erraient au large et n'avaient d'autre utilité que de garder ce côté de la lagune. *don Hernando* en parla à Cortes, disant qu'il était vraiment honteux d'un aussi triste résultat, que le nombre des Espagnols diminuait à vue d'œil et qu'il lui proposait d'entrer avec ses hommes que suivraient les Espagnols et qu'au fur et à mesure qu'ils s'empareraient d'une rue, ils en détruiraient les maisons dont les matériaux serviraient à combler les canaux, sauf ceux par où pourraient pénétrer les brigantins et qu'il jugerait des résultats de cette manœuvre. Cortes l'approuva et il fut fait, ainsi que l'avait dit le prince, de façon que dans la conquête de cette ville, ce fut *don Hernando* qui eut toutes les initiatives.

CHAPITRE [XVII]

Comment, en suivant les conseils de *don Hernando* [1], les événements de
la guerre tournèrent à l'avantage des assiégeants qui s'emparèrent de
la plus grande partie de la ville et ce qui s'ensuivit.

Suivant l'ordre qui avait été donné et confirmé par Cortes,
quelques brigantins pénétrèrent dans les grands canaux suivis d'une multitude de canoas, pendant que les autres croi-
saient autour de la ville : pour *don Hernando,* il arriva justement à l'heure convenue, détruisant les maisons, arrachant
les arbres, comblant les fossés et gagnant toujours du ter-
rain. Le combat était sans quartier et le nombre des gens
qui mouraient ne saurait se dire. En diverses occasions,
l'héroïque *don Hernando* signala sa valeur comme on pourra
en juger par le fait suivant : en arrivant au grand temple
(tous les autres avaient déjà été dévastés), où s'étaient retirés
des seigneurs et des capitaines qui voulaient faire montre de
leur valeur dans la défense des faux dieux, *don Hernando*
arriva au pied de la pyramide. Il s'élança pour en gravir les
degrés, ayant à son côté son oncle *don Andres Achcatzin,*
guerrier fameux, seigneur de *Chiyautla* et qui commandait à
50,000 hommes, et le vaillant Cortes qui, en cette occasion,
arriva seul, de sorte que ces trois personnages seulement
s'élancèrent à l'assaut de la pyramide et arrivèrent à l'esplanade au milieu des plus grands périls. Là se trouvait la
grande idole (Huitzilopuchtli) chargée d'ornements composés de pierres précieuses, avec un masque en or semé de
pierreries et une chevelure tellement couverte de bijoux que
l'un et l'autre étaient sans prix. Cortes s'empara du masque

1. Il s'agit là de don Hernando Ixtlilxochitl, le filleul de Cortes.

et *don Hernando* de cette chevelure qu'il adorait autrefois, puis il coupa la tête de l'idole et la montrant aux Mexicains qu'il interpellait à haute voix, il leur dit : « Regardez vos faux dieux et voyez leur impuissance, avouez-vous vaincus et recevez le baptême et la loi de Dieu, qui est la seule véritable. » En ce moment on lui lançait une telle quantité de pierres qu'il fallut que son oncle don Andres le couvrit de son bouclier ainsi que Cortes, car ils se trouvaient tous deux dans l'endroit le plus exposé aux projectiles. Enfin, il leur lança la tête de l'idole.

Fin du Manuscrit.

CONCLUSION

Nous croyons devoir ajouter à l'appréciation de Fernando Ramirez celle non moins précieuse de Manuel Orosco y Berra. Toutes deux viennent affirmer la haute importance du manuscrit. Orozco y Berra, dit :

Codex Ramirez. J'appelle ainsi, un précieux manuscrit du XVIe siècle que découvrit don Fernando Ramirez et qu'il conserva pour le plus grand bien de notre histoire ancienne. Outre sa grande valeur personnelle, il faut bien constater qu'il fut la source où vinrent puiser pour leurs chroniques, le père Duran, Tézozomoc et le jésuite Acosta. L'ordre du récit est le même dans les trois auteurs et maintes fois ils copièrent mot à mot le manuscrit.

Je n'ai point à répéter ce que nous a dit F. Ramirez de ce précieux document; mais lorsque j'en devins possesseur je me mis à l'étudier avec soin et j'en tirai les observations suivantes :

L'œuvre se compose d'une série de planches hiéroglyphiques dessinées à la plume et qui, malgré leur imperfection ont conservé leur caractère primitif. Ces dessins servent de base à la relation qui semble grouper à l'entour ses épisodes historiques. Cela nous ferait supposer que l'ouvrage ne serait que la traduction largement interprétée de quelque manuscrit hiéroglyphique des vieux Mexicains. Cette traduction s'est efforcée de suivre la vraie tradition mexicaine. « D'après l'étude que j'ai faite des diverses chroniques connues du XVIe siècle, j'ai remarqué qu'en général elles ont suivi les traditions acolhuas, ou qu'elles les ont mêlées aux traditions mexicaines; mais aucune d'elles ne nous donne une relation exacte des idées historiques de l'ancien Mexique. C'est là ce que nous apporte le manuscrit Ramirez, c'est là son immense mérite, il est en même temps la source la plus pure et peut-être la seule véritablement autorisée où nous pouvons puiser la connaissance des événements historiques touchant la ville de Ténochtitlan. Tout fait supposer que ce manuscrit parut peu de temps après la conquête et en langue mexicaine. Il dut jouir d'une grande célébrité, car nous savons qu'il en existait au moins trois traductions : l'une faite par le jésuite Tovar, avec ou sans illustrations, qui servit au père Acosta et qui causa l'erreur de Clavigero qui attribua l'œuvre originale à Tovar. Une autre copie, peut-être l'original, se trouvait sans doute à Santo Domingo et servit de base à l'histoire du dominicain Duran. Si copie, elle dut être beaucoup plus complète que celle que je possède, car les planches du père Duran sont en couleur et plus nombreuses. Il est vrai que le Dominicain, ou d'autres copistes après lui enlevèrent aux figures une partie de leur originalité en voulant en perfectionner le dessin.

L'exemplaire que j'ai entre les mains, le seul qui ait survécu, appartenait aux Franciscains. On pourrait, au besoin, supposer l'existence d'une quatrième copie, fait que n'a point signalé F. Ramirez; car Tezozomoc aussi bien que Duran et Acosta, se servit du même manuscrit pour son histoire et ce serait, en ce cas, la quatrième copie en question.

De toutes manières, l'histoire typique de l'empire mexicain se rencontre seulement chez Duran et Tézozomoc. En lisant ces chroniques, il nous semble assister aux faits et gestes de ces Tenochca dont nous croyons entendre le langage brillant et expressif; eh! bien, ces chroniques ne sont que la reproduction de ce manuscrit, plus prolixes, il est vrai, mais sans jamais s'éloigner de son style et de sa manière dans leurs relations des événements historiques. Voilà pourquoi je considère ce codex comme la source la plus importante de l'histoire de Mexico, et pourquoi je lui ai donné le nom de Ramirez, en témoignage de reconnaissance à l'historien qui nous l'a conservé.

TABLE DES MATIÈRES

CHAPITRE [X]

CHAPITRE [XI]

CHAPITRE [XII]

CHAPITRE [XIII]

CHAPITRE [XIV]

CHAPITRE [XV]

CHAPITRE [XVI]

CHAPITRE [XVII]

LE PUY-EN-VELAY

IMPRIMERIE RÉGIS MARCHESSOU

RECUEIL DE VOYAGES ET DE DOCUMENTS

POUR SERVIR A L'HISTOIRE DE LA GÉOGRAPHIE

Depuis le XIIIe jusqu'à la fin du XVIe siècle.

Publié sous la direction de MM. Ch. SCHEFER, de l'Institut, et H. CORDIER